追寻"有我之境"的思政课堂

李勇斌 著

苏州大学出版社
Soochow University Press

图书在版编目(CIP)数据

追寻"有我之境"的思政课堂 / 李勇斌著. --苏州：苏州大学出版社, 2024.7. -- ISBN 978-7-5672-4850-2

Ⅰ．G633.302

中国国家版本馆 CIP 数据核字第 2024DH0110 号

书　　名：追寻"有我之境"的思政课堂
著　　者：李勇斌
责任编辑：孙佳颖
装帧设计：吴　钰
出版发行：苏州大学出版社(Soochow University Press)
出 版 人：蒋敬东
社　　址：苏州市十梓街1号　邮编：215006
印　　装：苏州市古得堡数码印刷有限公司
网　　址：www.sudapress.com
邮　　箱：sdcbs@suda.edu.cn
邮购热线：0512-67480030
开　　本：700 mm×1 000 mm　1/16　印张：15.25　字数：242 千
版　　次：2024 年 7 月第 1 版
印　　次：2024 年 7 月第 1 次印刷
书　　号：ISBN 978-7-5672-4850-2
定　　价：52.00 元

凡购本社图书发现印装错误，请与本社联系调换。
服务热线：0512-67481020

自序：杏坛树下的似水流年

1998年6月，我从江南小城的一所师范专科学校毕业，成为一名人民教师。对教育的初心，源自那段教育实习的青葱岁月。实习学校在一个江南小镇上，是一所不大的初级中学。实习教师的"客人"身份，让我有机会走进学生的心灵世界。课堂上，我幽默风趣的语言，赢得了孩子们的喜爱。课堂外，我与孩子们一起排练节目，一起登台表演。我与孩子们的相处就像曹文轩小说《草房子》里描写的那样，亦师亦友。一学期的实习光阴很快溜走，与孩子们告别是在一个阴雨簌簌的日子。孩子们挤在教学楼的走廊上，眼巴巴地望着接我们的车渐行渐远。车上几名女教师的眼泪像雨水一样簌簌直流。现在回想起来，正是孩子们天使般的无邪与爱唤醒了我作为一个师范生的角色感与责任感。

初为人师的滋味

带着几分喜悦和憧憬，我回到母校镇江市丹徒县大港中学（今江苏省大港中学），成为一名政治教师。20世纪90年代末，学校的办学条件依然简陋。几名单身教师挤在一间低矮破旧的宿舍里。宿舍门口的几片空地，是教师种菜养花的"自留地"。学校最现代化的教学设备就是实物投影。作为县级中学，学校对教师的要求很高。当时教师的流动非常频繁。教师如果工作态度不好，教学成绩不行，很快就会被调至偏远的乡镇学校。现实的教育环境，没有实习时期那样轻松闲适、温情脉脉。为了站稳脚跟，在参加工作的最初几年里，我与其他年轻教师一样如履薄冰，充满"拼命三郎"的干劲。

一次偶然的机会，让我在高手如云的教师队伍里脱颖而出。学校一年一度的青年教师基本功比赛开始了。作为头一年参加工作的新教师，原本可以不参加。我却格外珍惜这一展身手的好机会。经过学科测试、教具制作、课堂教学等几轮的精心准备与比拼，我最终获得文科组一等奖第一名。望着校园橱窗里我的获奖照片，一股初为人师的喜悦从内心深处升腾。

　　读教育硕士是我专业成长的"凤凰涅槃"。我学会用研究的眼光看待教学，用批判的思维审视教育。这期间受卢梭《爱弥儿》、苏霍姆林斯基《爱情的教育》等书的影响，我尝试将爱情教育引入高中校园，受到学生的热烈欢迎。我所开设的市级主题班会课"爱，你准备好了吗？"反响热烈。该课堂实录发表于《班主任之友》，我也因为这篇文章被《班主任之友》评为年度"优秀作者"。爱情教育最大的收获就是走进了学生心灵世界，学生愿意就原本难以启齿的情感话题与教师进行敞开心扉、开诚布公的交流。我先后在《中国德育》《教师月刊》《浙江教育科学》《江苏教育》等杂志发表了《一个高中班主任的爱情教育札记》《我的爱情教育尝试》《情感"蜗居"岂能强拆》《卢梭爱情教育思想的启示》等系列化德育文章。

教学主张刷新专业成长

　　我喜欢美学，一直尝试用美学理论改造思政课堂。我在王国维的《人间词话》里找到了"有我之境"的美学理论。2014年10月29日，我迎来教育生涯刻骨铭心的高光时刻。凭着多年来对教学实践的悉心揣摩，凭着多年来对教学理论的上下求索，我一举夺得江苏省高中思想政治优质课比赛一等奖第一名。随后，我又开发出系列化"有我之境"教学课例，如"征税与纳税——二叔的歧路人生""价值判断与选择——堂弟的爱情保卫战""传统文化的继承——一个政治教师的文化乡愁"等。2015年，我代表江苏参加在武汉举行的中学德育课堂观摩展示培训活动，获全国一等奖。"有我之境"的思政课因为融入教师自身的人生故事，在引发情感共鸣、落实立德树人课程目标方面具有明显的优势。一位教师对我的课是这样评价的："听李老师的课，要强忍着泪水！他用源源不断的潺潺流水，浇灌你干涸的心田。他的课润泽灵魂，点亮生命，聚焦人性，启迪智慧。他用课堂演绎自己的人生，他用自己的榜样示范引领学生求真向善。"

2016 年，我成为江苏省第十四批特级教师。2018 年，我被评为正高级教师，并成为江苏省首届领航名师项目成员。项目组导师杨启亮教授的一席话始终萦绕在我心头：职称的本质就是称职，职称是发展的，教师要以可持续发展的学术研究，来丰富自己可持续发展的职称内涵。我不敢有丝毫懈怠，在实践中继续丰富和完善教学主张。我 2020 年获第五届江苏省教育科学优秀成果奖一等奖，2021 年获江苏省教学成果奖特等奖，2022 年被遴选为江苏省"苏教名家"培养工程培养对象。苏州教育电视新闻以"'有我之境'！看文艺范政治教师如何将政治课变成'信仰课'"为标题，对我进行专题采访报道。2023 年获得苏州市首届"圣陶园丁奖"。回首往事，我深感教师的职业幸福来自不断刷新自我的创造性生活。我在日记中写道："生命的喜悦需要多少精心准备与漫长等待啊！这瞬间无比巨大的幸福暖流，是漫长人生道路上弥足珍贵的精神彩虹。一个人生命中能够绽放几次绚烂的彩虹呢？"

将"文艺"进行到底

背上行囊，远走天涯，以散步的姿态寻找古典山水、教育乐土和精神故乡，这是我的人生格言和生命美学。我是一名具有审美型人格特征的"文艺范"教师，喜欢文学美学、戏剧电影、音乐绘画等。很多时候我像拉斐尔名画《雅典学院》里的人物，在美的世界里凝神观照、流连忘返。我觉得教师专业成长的方向、路径与教师的人格特征、精神气质是紧密相连的。一名教师要教好书育好人，首先应该建设好自己的内在秩序与"精神宇宙"，搭建好教育教学实践与自己人格特征、精神旨趣相契合的桥梁。教师的成长，一定是因为做最好的自己。

我热爱文学。对于中国古典文学，我一往情深。我喜欢先民在《诗经》里表现出的那份大胆率真，喜欢《古诗十九首》的自然素朴，喜欢建安文学的慷慨悲壮，喜欢陶渊明笔下的田园生活，喜欢唐诗的大气、宋词的婉约、元曲的诙谐，喜欢《红楼梦》的女儿情怀和悲剧意识，喜欢中国古典诗词"摆渡人"叶嘉莹先生的深情讲座。对于中国现代文学，我既崇敬"五四"以来以鲁迅为代表的"文化战士"，致力于批判国民性、改造社会的责任担当；也欣赏以沈从文为代表的"乡土隐士"守护传统、呵护人性的诗意写作。对于西方文学，我也广泛涉猎。莎士比亚戏剧文采华丽、意味深远；俄罗斯与生活苦难做斗争的现实主义小说思想厚重，启人深思；日本文学清淡隽永，善于表现生活细节中的美丽与哀愁。文学既涵养了我的人文情怀，也让我懂得在课堂教学中诗意的表达。

我坚持写作。少年时代，我就喜欢用日记记录生活，虽然写写停停，但是始终未曾放弃。对于我而言，写作是心灵的自传。人在漂泊，心在诉说，没有化作文字便觉得生命如同飘零的浮萍、断线的风筝一样没有根基。从形而上的角度说，写作可以安顿灵魂，找回"被遗忘的时光"。近年来我创作发表了多篇生活散文：《乡土童年》表现在城市职场打拼的中年人对乡土生活的无限向往和对童年往事的深切怀念；《圌山踏青》描写家乡"黄明节"踏青祭祖的习俗；《乡村的惆怅》表达对城镇化大潮中传统文化流离失所的担忧；《苏州拾梦记》探寻我的祖父辈与苏州同里古镇的历史渊源；《西湖的一日》反映中国人游走于儒道之间的人生处世哲学；《奔丧》记录亲人的生死离别；等等。我的生活日记和散文经常作为课程资源用于课堂教学，是我"有我之境"教学主张的坚实支撑。

我迷恋山水。老子说得好——"天地有大美而不言"，大漠孤烟，长河落日，春江潮水，海上明月，枯藤老树，小桥流水，大自然呈现给我们的是一幅幅千姿百态、美不胜收的动人景象。所以，卢梭呼吁：把所有的书都合上，将自然这本书打开。我努力创造机会让学生投入大自然的怀抱，去体验那种"我见青山多妩媚，料青山见我应如是"的物我两忘境界。因为一个人只有经常性地体验这种超功利的审美状态，才能淡化人生的荣辱得失与悲欢离合，才能领悟"人，诗意地栖居在大地上"的真谛。美学家宗白华称赞晋人"向外发现了自然，向内发现了自己的深情"，古代山水诗人对"宇宙的人情化""生活的艺术化",不正是笔者孜孜以求的审美境界和人生哲学吗?

"子在川上曰:逝者如斯夫!"在教育的历史长河里,我跋山涉水、逆流前行。在光阴的故事中,我从一个意气风发的青年,渐渐地变成年过不惑、两鬓斑白的中年人。教育之梦,道阻且长。可是那座江南小镇,那段青葱岁月,那份师生情感,却像昨日梦里的一个影子,永远定格在我记忆深处,成为一缕挥之不去的教育乡愁。

目录
Contents

第一章 思政课"有我之境"的问题提出 / 001

 第一节 思想政治课程改革 20 年 / 001
  一、课程标准的嬗变 / 001
  二、课堂教学的变革 / 004
 第二节 经验与课程的重新审视 / 005
  一、回归生活世界是新课程主要的课程理念 / 005
  二、师生经历是思政课重要的课程资源 / 007
  三、思想政治课程学科知识的哲学思考 / 010
 第三节 被"遗忘"的生活世界 / 011
  一、思政课脱离生活的表现 / 012
  二、思政课脱离生活的原因 / 015

第二章 思政课"有我之境"的教学主张 / 017

 第一节 思政课"有我之境"的美学溯源 / 017
  一、《人间词话》的教学启示 / 017
  二、两首元曲的比较分析 / 021
 第二节 思政课"有我之境"的教学理论 / 024
  一、"有我之境"的教学内涵 / 024
  二、"有我之境"的价值追寻 / 027
  三、"有我之境"的教学原则 / 028
  四、"有我之境"的心理机制 / 032
  五、"有我之境"的育人功能 / 036
  六、"有我之境"的评价标准 / 038

第三节　思政课"有我之境"的叙事转型　　/ 039
　　　　一、叙事与教育关系概述　　/ 039
　　　　二、叙事教学的理论概述　　/ 043

第三章　思政课"有我之境"的实践探索　　/ 058

　　第一节　思政课"有我之境"的实践范式　　/ 058
　　　　一、思政课伦理叙事　　/ 058
　　　　二、思政课文本叙事　　/ 064
　　　　三、思政课图像叙事　　/ 071
　　　　四、思政课音乐叙事　　/ 078
　　　　五、思政课意象叙事　　/ 082
　　第二节　思政课"有我之境"的课例开发　　/ 089
　　　　一、讲述教师的心路历程　　/ 090
　　　　二、聚焦学生的真实问题　　/ 093

第四章　思政课"有我之境"的课例研究　　/ 097

　　第一节　思政课"有我之境"的特色分析　　/ 097
　　　　一、艺术的真实　　/ 097
　　　　二、文学的表达　　/ 101
　　　　三、审美化的改造　　/ 106
　　　　四、人文化的追求　　/ 112
　　第二节　思政课"有我之境"的比较研究　　/ 116
　　　　一、3类教学情境的比较　　/ 116
　　　　二、3种人物形象的比较　　/ 121
　　　　三、3种课堂境界的比较　　/ 127
　　第三节　思政课"有我之境"的教学反思　　/ 130
　　　　一、江苏省教学新时空课例实录("生命可以永恒吗？")　　/ 130
　　　　二、全国一等奖课例实录("消费及其类型")　　/ 137
　　　　三、讲好中国故事之一　　/ 142
　　　　四、讲好中国故事之二　　/ 147
　　　　五、讲好中国故事之三　　/ 151

第五章　思政课"有我之境"的教师素养　　　　　　　/ 158

第一节　树立理想信念　　　　　　　　　　　　/ 159
　　一、坚定政治信念　　　　　　　　　　　　　/ 159
　　二、坚守教育情怀　　　　　　　　　　　　　/ 161
第二节　投身社会生活　　　　　　　　　　　　/ 163
　　一、增强社会实践　　　　　　　　　　　　　/ 163
　　二、勤于记录反思　　　　　　　　　　　　　/ 164
第三节　提升人文素养　　　　　　　　　　　　/ 166
　　一、致敬人文经典　　　　　　　　　　　　　/ 167
　　二、坚守教育立场　　　　　　　　　　　　　/ 169

附录　思政课"有我之境"的心灵札记　　　　　　/ 189

第一节　爱情教育系列　　　　　　　　　　　　/ 189
　　一、主题班会：爱，你准备好了吗？　　　　　/ 190
　　二、活动反思　　　　　　　　　　　　　　　/ 195
　　三、个案研究　　　　　　　　　　　　　　　/ 199
　　四、思想赏析　　　　　　　　　　　　　　　/ 202
　　五、爱情比较　　　　　　　　　　　　　　　/ 205
　　六、永恒难题　　　　　　　　　　　　　　　/ 208
　　七、综合探究　　　　　　　　　　　　　　　/ 210
第二节　人生的艺术化　　　　　　　　　　　　/ 213
　　一、人生艺术化的哲学思考　　　　　　　　　/ 214
　　二、人生艺术化的生活随笔　　　　　　　　　/ 215

后记　　　　　　　　　　　　　　　　　　　　　/ 229

第一章

思政课"有我之境"的问题提出

第一节 思想政治课程改革 20 年

2001年教育部颁布《基础教育课程改革纲要（试行）》，正式拉开了我国第八次基础教育课程改革的序幕，简称"新课改"。新课改的20年是一段充满艰辛探索和遭遇质疑挑战的不平凡的旅程。曾有人质疑新课改是"穿新鞋走老路"[1]，也有人批判新课程理论基础源于西方建构主义、后现代主义等思想，不够"本土化"，是"拿外国理论说中国事"。笔者不以为然。有谁会指责患者吃西药而没有服中药呢？以"知识传递"为中心的传统教学论不是从苏联"进口"的吗？当下思想政治课程（简称"思政课"）所倡导的议题教学不也是借鉴国外的理论吗？对课程理论的"出身"问题纠缠不清，进而将新旧课程完全对立起来是非常荒谬的。相对于以往历次课程改革，本次课改尽管力度很大，但绝不是推翻重来，而是建立在对以往课程批判继承的基础之上的，是事物发展过程中的辩证否定和螺旋上升。新课改不啻是一次教育领域的"文化启蒙运动"，对于教师教育理念的提升和课堂教学改革的推进产生了广泛、深刻和持久的影响。同样，思想政治课程改革也经历了重大调整和变化。

一、课程标准的嬗变

2004年《普通高中思想政治课程标准（实验）》（简称"2004版课

---

[1] 郭华. 新课改与"穿新鞋走老路"[J]. 课程·教材·教法, 2010, 30（1）：3-11.

标")出台,提出构建以生活为基础、以学科知识为支撑的课程模块,强调立足于学生现实的生活经验,着眼于学生的发展需求,关注学生的情感、态度和行为表现,倡导开放互动的教学方式与合作探究的学习方式。这些先进的课程理念对于思想政治课程教学改革产生了持续深远的影响。为了贯彻落实党的十八大提出的"把立德树人作为教育的根本任务"的战略部署,2014年国务院印发《关于深化考试招生制度改革的实施意见》,教育部印发《关于全面深化课程改革落实立德树人根本任务的意见》,启动了普通高中课程的全面修订工作,开启了全面深化基础教育课程改革的新征程。2017年教育部印发《普通高中课程方案和语文等学科课程标准(2017年版)》,包括思想政治在内的各学科普通高中课程标准正式启用,这是思想政治课程改革又一个具有里程碑式意义的重大成果。其中,《普通高中思想政治课程标准(2017年版)》(简称"2017版课标")既是对2004版课标的继承、深化和拓展,也有与时俱进的调整和变化。其变化主要表现为以下几个方面。

1. 课程定位

2004版课标指出:高中思想政治课进行马克思列宁主义、毛泽东思想、邓小平理论和"三个代表"重要思想的基本观点教育,以社会主义物质文明、政治文明、精神文明建设常识为基本内容,切实提高参与现代社会生活的能力,为终身发展奠定思想政治素质基础。2017版课标指出:高中思想政治以立德树人为根本任务,以培育社会主义核心价值观为根本目的,是帮助学生确立正确的政治方向、提高思想政治学科核心素养、增强社会理解和参与能力的综合性、活动型学科课程。将课程类型定位为"活动型学科课程"是新课标最大的变化与亮点。所谓活动型学科课程,就是学科课程的内容采用活动设计的方式呈现,即"课程内容活动化"或者"活动设计内容化",力求将学科逻辑与实践逻辑相结合,把以往"讲授型"课程塑造成"活动型"课程。

2. 课程目标

2004版课标提出了"三维目标",即"知识""能力""情感、态度与价值观",意在对教学中突出存在的"重知识,轻德育""重结果,轻过程"的现象进行矫正。2017版课标将"三维目标"合并改造,提炼出"核心素养"目标,包括政治认同、科学精神、法治意识和公共参与要素。在政治认同方面，培养有立场、有理想的中国公民；在科学精神方面，培养有思想、有理智的中国公民；在法治意识方面，培养有自尊、守规则的中国公民；在公共参与方面，培养有担当、有情怀的中国公民。"核心素养"关注和培养学生的正确价值观、必备品格和关键能力，是课程育人价值的集中体现。从"双基"到"三维目标"，再到"核心素养"，是基础教育教学改革从"教书"走向"育人"的不断深化过程。

3. 课程结构

2004 版课标第一次采取模块式的组织形态，将课程分为必修和选修两部分。必修模块包括"经济生活""政治生活""文化生活""生活与哲学"。这四个课程模块的建构，对应社会主义物质文明、政治文明、精神文明协调发展的要求。选修模块有"科学社会主义常识""经济学常识""生活中的法律常识""科学思维常识""国家和国际组织常识""公民道德与伦理常识"。2017 版课标必修模块在原有基础上进行了较大调整，四个必修模块分别为"中国特色社会主义""经济与社会""政治与法治""哲学与文化"。"中国特色社会主义"是关于中国特色社会主义思想的总览和基础，目的是让学生对中国特色社会主义的形成和发展有总体的了解；"经济与社会""政治与法治""哲学与文化"分领域进行深入阐释，让学生具体理解如何坚持和发展中国特色社会主义。2017 版课标设置"当代国际政治与经济""法律与生活""逻辑与思维"三个选择性必修模块，同时还设置"财经与生活""法官与律师""历史上的哲学家"三个选修模块，为学生提供多样化的选择。

4. 课程实施

2004 版课标教学建议包括：注意学科知识与生活主题相结合；坚持正确的价值导向，采用灵活的教学策略；强化实践环节，丰富教学内容；倡导研究性学习方式。2017 版课标的教学建议包括：围绕议题，设计活动型学科课程的教学；强化辨析，选择积极价值引领的学习路径；优化案例，采用情境创设的综合性教学形式；走出教室，迈入社会实践活动的大课堂。2004 版课标侧重"回归生活"；2017 版课标侧重"价值引领"，而且指出明确的实施路径"围绕议题"和"强化辨析"。两版课标都要求重视实践，2017 版课标操作路径更具体，指出社会实践活动的评价可以议题为纽带，以活动任务为依托，重点关注学科核心素养能否得到提升。

二、课堂教学的变革

任何一次课程改革的成果最终都要通过课堂来承载和表现。所谓"课改"即"改课"。新课程主张"回归生活世界",突破"教学特殊认识理论"的窠臼,把教学过程看成是师生交往、积极互动、共同发展的过程,认为没有交往、没有互动,就不存在或未发生教学。只有教学的表面形式而无实质性交往的"教学"是假教学。在新课程教学观的指导下,思政课堂形态呈现出以下两个方面的重大转变。

1. 从理论灌输向情境育人转变

改变了概念式、口号式的理论灌输,注重以教学情境为基本载体,把党和国家意志渗透到学生的学习生活之中,把思想教育与人生成长相结合。自主学习、合作探究、对话交流已经成为思政课堂的常态。在全国、省、市优质课以及"一师一优课"活动中,涌现出一批具有时代气息与课改精神的精品课例,如2012年全国高中思想政治优质课一等奖课例"市场配置资源",以"说说大白菜那些事"为主题情境,将市场经济发展历程与普通百姓生活变迁有机结合;2014年江苏省初中思想品德优质课一等奖课例"人生与责任",以教师一家人"云龙山游记"为线索展开教学,让学生在真实的生活情境中感悟人生责任;2017年江苏省高中思想政治优质课一等奖课例"树立创新意识是唯物辩证法的要求",以"雨伞的故事"诠释哲理与人生;2019年江苏省高中思想政治优质课一等奖课例"科学社会主义的理论与实践",引导学生多次填写和吟唱《国际歌》;2021年江苏省高中思想政治优质课一等奖课例"社会历史的本质",以"为什么我们不能躺平"为总议题,回应时代之痛、强化价值引领。这些具有鲜明写实风格的课例情境,赋予了学科知识以生活原貌与生命气息,架通了知识与生活的桥梁,标志着新时期思想政治课程教学改革的新高度。当然,在这一转变过程中也出现了一些问题,如回归生活世界不够全面和彻底、情境育人手法单一、缺少立德树人与立美育人相结合的实践探索等。因此,从理论灌输向情境育人的转变并非"完成时",更不是"过去式",还需要再推进。

2. 从情境育人向知行合一转变

作为立德树人的关键课程,思政课要解决的主要矛盾不是懂不懂、会不会的问题,而是信不信、行不行的问题。情境育人主要解决知识学习与生活世界相脱节的认知问题。知行合一主要解决"纸上谈兵""坐而论道"的实践问题。社会生活在本质上是实践的，学生思想品德的形成是一个知情意行相互促进的过程。2017版课标将课程类型定位为"活动型学科课程"，就是要强化知行合一，凸显活动型学科课程的实践性和参与性。通过议题引领和活动设计，将课内知识学习与课外社会实践有机融通，帮助学生在运用知识解决真实问题的过程中实现学科素养落地。2022年教育部等十部门印发的《全面推进"大思政课"建设的工作方案》，对于推进知行合一、实现思政小课堂与社会大课堂有机融合具有重要指导作用。一些地区和学校组织开展诸如模拟联合国、模拟政协、模拟听证会等实践型教学活动，取得了一定的成效。但是，受经济发展水平、教师认知和能力、升学考试因素等影响，思政课无论是课堂活动设计还是课外社会实践，都还处于起步摸索阶段，从情境育人向知行合一的转型升级依旧任重道远。

总而言之，从理论灌输到情境育人，促进学科知识生活化转向；从情境育人到知行合一，促进学科知识社会化转向，这是思想政治课程改革走向深入的必然趋势。笔者基于师生经历基础之上的"有我之境"的教学主张，着力解决学科知识生活化不彻底的问题，增强思政课作为活动型学科课程的实践性。

第二节 经验与课程的重新审视

一、回归生活世界是新课程主要的课程理念

"课程"一词出自拉丁语的"跑道"，含有"人生之阅历"的意味。传统的教学理论将"课程"理解为规范性学科知识和教学内容。新课程主张课程不只是"文本课程"，更是"体验课程"。在特定的教育情境中，教师和学生对给定的教学内容都有其自身的理解和解读。教师和学生不是外在于课程的，而是课程的有机组成部分，是课程的创造者和主体：一方面要把学生的个人知识、直接经验、生活世界看成是重要的课程资源，鼓励学生对教材进行自我解读、自我理解，尊重学生的个人感受与独特见解；另一方面教师不只是课程实施的执行者，更应该成为课程的建设者与开发者，在课程改革中发挥主体性作用。在课堂教学中，直接经验和间接经验、生

活世界和书本世界同等重要。其中，学生的直接经验是课堂教学的基础和学生学习活动的起点，学科知识所代表的间接经验是学生直接经验的发展方向与可能性。间接经验若不能引导到直接经验中去，那只是空洞和纯粹的符号，是僵死和贫乏的东西，无法实现"经验的改组或改造"。[①] 新课程强调回归生活来弥合课程知识与生活世界的裂缝。20世纪美国进步主义教育代表人物杜威主张学科知识心理化、社会化与生活化，提出基于学生和教师的经验和社会生活环境的"生活的学科""社会的学科"的课程思想[②]。日本学者佐藤学把课程界定为"教师构想的课程""作为儿童学习经验之总体的课程""作为师生创造性经验之手段与产物的课程"，不仅要关注"教育性经验"，而且要关注"非教育性经验"与"反教育性经验"。从世界教育改革与发展趋势来看，各国普遍重视学习者的履历和生活史，经验与课程日益走向整合，课程不再只是特定知识的载体与集合，而是在生活经验基础之上的教师与学生对话、探究和成长的过程，是课程内容持续生成与转化、课程意义不断建构与提升的过程。

　　是从具体生活出发，还是从学科理论出发，也是思政课必须回答的重大问题。2003年《全日制义务教育思想品德课程标准（实验稿）》提出了"初中学生逐步扩展的生活是本课程建构的基础"的理念。《义务教育道德与法治课程标准（2022年版）》（简称"2022版课标"）提出了"以社会发展和学生生活为基础，构建综合性课程"，要求"将学生不断扩大的生活和交往范围作为构建课程的基础"。2004版课标提出了"构建以生活为基础、以学科知识为支撑的课程模块"的理念，强调"本课程要立足于学生现实的生活经验，着眼于学生的发展需求，把理论观点的阐述寓于社会生活的主题之中，构建学科知识与生活现象、理论逻辑与生活逻辑有机结合的课程模块"。与此同时形成了"经济生活""政治生活""文化生活""生活与哲学"四个必修模块，"生活"成为思想政治课程改革与教学的关键词。2017版课标将思想政治课程类型界定为"活动型学科课程"，将必修模块调整为"中国特色社会主义""经济与社会""政治与法治""哲学与文化"。尽管教材不再以"生活"命名，但并不意味着"去生活化"，它强调

---

① 杜威. 杜威教育论著选［M］. 赵祥麟，王承绪，编译. 上海：华东师范大学出版社，1981：159.

② 约翰·杜威. 儿童与课程［M］. 北京：中国传媒大学出版社，2018：24.

学科逻辑与实践逻辑、理论知识与生活关切相结合，坚持教育与生产劳动和社会实践相结合，关注学生的真实生活和长远发展。无论是义务教育道德与法治还是普通高中思想政治，回归生活世界依旧是新课程不变的主题和教学的逻辑起点。

二、师生经历是思政课重要的课程资源

生活在本质上表现为人生经历的展开和人生经验的积累。"经历"一词在《现代汉语词典》（第7版）中解释为亲身见过、做过或遇到过的事，它包括事实层面的所做、所见、所闻和价值层面的所思、所想。在思政课诸多课程资源中，教师与学生的亲身经历是长期被忽略的重要课程资源。课程知识是社会经验的凝练，教师的经验会影响课程知识的呈现，学生的经验会制约其对课程知识的理解与认同。真正的课程是教师与学生联合缔造的教育经验。课堂教学的过程需要很好地融合师生经验与社会经验，引导学生将个体经验上升为科学认知。将师生经历看作思政课重要的课程资源，就是要充分尊重和发挥认知过程中个体经验的作用，促进教师、学生和教材文本的"视界融合"①，实现知识、生活和心灵的有机统一。

思政课教材凝结着社会科学理论成果，这些用文字符号表达的社会经验具有一定的抽象性，必须还原为师生个体经验才能彰显其意义。思政课将师生经历引入课堂，有利于"活化"课本知识。思政课以社会主义物质文明、政治文明、精神文明建设常识为基本内容，这些内容与师生日常生活紧密相连。例如，结合"个人收入分配"，可以让学生谈谈自己父母收入的来源；结合"中国共产党的领导"，教师不妨谈谈自己入党的心路历程；结合"伟大的改革开放"，师生可以交流自己家乡和家庭发生的变化；结合"基层群众自治制度"，教师可以谈谈自己在学校里参与民主选举、民主决策、民主管理和民主监督的事例；结合"法治中国建设"，可以让学生列举与自己生活密切相关的法律；结合"民族区域自治制度"，师生可以展示自己拍摄的少数民族地区的风土人情。在讲中华优秀传统文化时，固然可以进行文字说明和音像展示，但是如果能够挖掘师生自身的文化资源，让教

---

① 汉斯-格奥尔格·伽达默尔. 诠释学 1 真理与方法 哲学诠释学的基本特征 [M]. 洪汉鼎，译. 上海：上海译文出版社，1999：388.

师或者学生在课上现场表演，如弹一曲《高山流水》、拉一首《二泉映月》、画一幅山水国画、写一篇行草、朗诵一首唐诗宋词、唱一段京剧或黄梅戏等，这种"在场"的文化熏陶的影响力要比其他任何课程资源大得多。费尔巴哈指出："人是人的作品，是文化、历史的产物。"① 对于思政课而言，人对人的影响是最直接、最重要的。

在"社会主义市场经济体制"一课的教学中，为了让学生认识计划经济的弊端，增强对社会主义市场经济的认同感，笔者讲述了自己初中时候的一段心路历程：

20世纪80年代，一个家住大路镇的男孩在邻镇大港镇读寄宿制初中，每周六回家一次。由于年龄小，他天天盼望周末。尽管大港到大路只有10多公里，但在那个计划经济年代，公交车每天只有上午和下午两个班次，而且很不准时，所以男孩每周六中午一放学，连饭都不吃就匆匆赶到露天汽车站台，满怀期望地等待，只为早点回家。1小时过去了，2小时过去了，天色渐渐暗了，可是车还没来……几年之后，交通运输由国家计划垄断到逐步开放市场，个体中巴车渐渐多了起来，而且招手即停，男孩再也不需要经历漫长等待和痛苦煎熬了。

当笔者指出材料中的男孩就是笔者自己时，学生们发出一片惊叹声和同情声。当笔者用歌词"我等到花儿也谢了"表达等车的痛苦时，学生们爆发出会意的笑声。显然，笔者的故事打动了他们，他们能够从笔者的人生经历中解读出发展市场经济的必要性。

师生个体生命总是镶嵌在一定的社会结构之中。米尔斯指出，只有置身于自身所处的时代之中，个人才能理解自己的经历，并洞悉自身的命运。师生经历具有鲜明的个性化和时代性特征，是具有一定社会历史价值的"活"的课程资源，它能够将学科知识还原为真实的生活场景和真诚的心路历程，通过连接历史与现在、个体与社会、知识与心灵，使教学活动呈现出无限开放和深入的趋势，实现从浅层次、表面化的回归生活世界，向深度回归生活世界的转变。以师生经历参与教材文本的理解与重构，并不是对教材文本权威的消解与叛离，而是从忠于教材意图的简单复制，向凸显

---

① 费尔巴哈. 费尔巴哈哲学著作选集（上卷）[M]. 荣震华，李金山，等，译. 北京：商务印书馆，1984：247.

主体经验的自由创造转变；从以"占有知识"为目的，向促进个体生命成长转变。其课程价值表现为以下3个方面。

1. 拓展课程内容，丰富生命意蕴

叶澜指出，从生命的高度用动态生成的观点看课堂教学。课堂教学应被看作师生人生中一段重要的生命经历，是他们生命的有意义的构成部分。[①] 要把个体精神生命发展的主动权还给学生。将丰富多彩的师生经历引入思政课堂，无疑会拓展课程内容，为教学提供丰富的生活化素材、多样的价值选择，消除教育与生活、学校与社会、学生与教师、知识与实践之间的隔阂与对立；同时，师生经历凝聚着师生生活的酸甜苦辣及其对人生真实而独特的感悟，有利于提升课堂教学的生活气息和生命关怀。

2. 协助实现课程目标，促进心灵感悟

新课程在"知识""能力""情感、态度与价值观"三维目标的基础上，进一步提炼出学科核心素养目标。将师生经历引入思政课堂，能够使冰冷的理论还原于生活，使只重视知识的教学变为知、情、意相融合的教育，使理论思辨内容丰满起来，使内心主观感受凸显出来，使抽象而复杂的观点变得通俗易懂，使固着不变的文本充满灵动的意味，从而更好地协助实现课程目标，使学生在教学活动中不仅获得知识与能力，而且在全身心的参与过程中涵养学科素养，使心灵获得生动活泼、主动完整的发展。

3. 改变课程实施现状，实现平等对话

生活在本质上具有对话性，人们通过对话发现世界、理解社会、认识自我。新课程倡导对话教学，主张"知识在对话中生成，在交流中重组，在共享中倍增"。将师生经历引入思政课堂，有利于改变课程实施中过于强调接受学习、死记硬背、机械训练的现状，改变学生所处的被教导、规训和控制的地位，使得师生双方以平等主体的身份述说自己的悲欢离合，倾听对方的喜怒哀乐，分享彼此的经验得失，从而在意义的世界里相遇和共存，建立马丁·布伯所倡导的"我和你"的新型师生关系。

当然，并不是所有的师生经历都可以直接用于思政课教学。必须结合思政课的课程性质和教学内容，挖掘个体经历中具有思想政治教育意义的典型性和时代性教学素材，进行学科化加工和改造，使之转化为适合"思

---

① 叶澜. 让课堂焕发出生命活力：论中小学教学改革的深化 [J]. 教育研究, 1997 (9): 5.

想政治教育"的课程资源。

三、思想政治课程学科知识的哲学思考

从古至今,教育都有一个直接的共同目标,就是使受教育者成为一个有知识的人。但是,对于"什么是知识"存在两种典型的对立的知识观:一种是以古希腊哲学家苏格拉底为代表的"知识即德性"的古典人文主义知识观;另一种是以19世纪英国教育家斯宾塞为代表的近代科学主义知识观。前者关注人的全部生活的知识,将"人应该如何生活"这一根本问题与知识联结在一起,将知识与德性联结在一起。后者认为科学知识是最能为人类完满生活做准备的、唯一有价值的真正知识,它不再关注人与世界的和谐共生,只关注如何掌握和利用外部自然的知识,消解了人应该如何生活的形而上的思考,割裂了知识与德性之间的关系。

事实上,知识并不具有价值中立性,它总与人有关涉。哈贝马斯把知识分为技术的知识、实践的知识、解放的知识,波兰尼把知识分为显性知识和缄默知识,梅耶把知识分为陈述性知识、程序性知识和策略性知识,无不表明知识没有绝对价值中立的公共面孔,无不浸染上了人的情感与理性色彩。思想政治课程属于人文社会科学,其基本内容是马克思主义的基本观点以及马克思主义中国化的最新理论成果,是"事实性知识与价值性知识"的统一。它既包括各种道德规范、政治观点、思想观念、法律规定等"是什么"的知识,也包括诸如马克思为什么对、中国共产党为什么能、中国特色社会主义为什么好等"为什么"的知识。思想政治课程的事实性知识不同于自然科学知识,它所陈述的知识是经过价值解释、理解和选择了的事实性知识,是一个被意义化、价值化了的——即被主观化了的客观事实①。思想政治课程作为融合了人文社会科学的德育课程,既具有科学知识的客观性、普遍性和确定性特征,也具有人文知识的主观性、地域性和不确定性特征,它是理论知识与经验知识、社会知识与个人知识的有机统一。思想政治课程的性质与特点决定了思政课教学既需要逻辑认知的讲道理方式,以实现对事实性知识的理性把握;也需要师生双方情感卷入与主观体验来复活知识的价值意义,需要价值冲突和比较鉴别以澄清认识误区,

---

① 谢树平. 思想政治教学评价研究[M]. 哈尔滨:黑龙江人民出版社,2008:85.

这离不开主体的生活体验与反思。长期以来，思政课教学过于偏重学科知识的客观性，缺少师生主观体验的介入。没有了主观性，教师也就没有了作为个人的魅力与作为师表应有的精神力量，而仅仅成为社会主流意识简单的传声筒，这种情况下教师自己对所教授的课文也就没有了情感投入。①教师对所授知识无动于衷，就不能体验教学的自由和幸福，也必然会造成学生学习生活的枯燥乏味。把师生经历融入思政课堂既是对个体知识的合理性与合法性的尊重，也是为了更好地落实思想政治课程所蕴含的国家意识形态的价值目标，有利于架通个体知识与社会公共知识的桥梁，使得缺乏"人气"的社会公共知识符号重新焕发生命色彩，促进师生的个体知识与思想政治学科知识之间的有效沟通和创造性转化。

第三节　被"遗忘"的生活世界

生活是伟大的教育者，任何教育都源于生活、依靠生活和为了生活。然而，人们容易在生活中"遗忘"生活。人类教育史上出现过"教育预备说"，其代表人物斯宾塞认为，教育的真正目的在于为人将来的完满的生活做准备，为我们的完满生活做准备是教育应尽的职责，而评判一门教学科目的唯一合理办法就是看它对这个职责尽到什么程度。杜威认为，最好的教育是从生活中学习，从经验中学习，教育是生活的过程，而不是将来生活的预备。如何正确处理人与生活世界的关系不仅是教育问题，也是伦理问题。中国社会科学院哲学研究所研究员赵汀阳指出，生活中最主要的不幸就是误以为生活目的是某种结局，这种态度离间了生活与生活目的，生活的目的成了遥远的目标，生活也就似乎总是还没开始。为了遥不可及的未来而忽视当下生活，用生活目的遮盖生活本身的合理性与正当性，既是不道德的，也是反教育的。传统课堂突出的弊端就是知识世界与生活世界相分离，这就是"教育的异化"。回归生活世界、重视生活本身的教育意蕴，是新课程最鲜明的标志和最响亮的口号。新课程实施已经20年，作为一名在思政园地辛勤耕耘20多年的老教师，我深感思政课对"回归什么样

---

① 李书磊. 村落中的"国家"：文化变迁中的乡村学校 [M]. 杭州：浙江人民出版社，1999：71.

的生活世界"认识模糊,对"如何回归生活世界"方法欠缺,在回归生活世界的教学实践与探索中依然存在着诸多问题与误区。

一、思政课脱离生活的表现

1. 用虚拟的情境代替真实的生活

课堂是由一系列情境构成的,情境原本就暗含着虚拟之意,即"非真实性"地模仿生活。思政课可以为教学而虚拟情境,比如虚拟一个人物形象、一个故事情节,使得教材中原有的逻辑的、抽象的知识符号变得生动、形象、真切,让学生身临其"境",寓教于"境"。与直接的理论灌输相比,虚拟情境使思政课摆脱了枯燥呆板的"教科书式"的话语表达,在一定程度上也具有生活化的特征。但是,虚拟情境只是浅层次地模仿生活,不能代替生活本身。虚拟的情境由于"虚拟性"与"生活性"的二元对立,缺少生活细节的支撑和生命活力的涌动,难以引发真实的道德冲突,促进真实的道德认知和道德行为,甚至会削弱情境育人功能和学科育人价值。其危害表现为以下两个方面。

一是制造"知识旁观者"。思政课虚拟的情境经常以1个或者几个第三人称的虚拟人物或者事件为线索,设计几幕具有一定生活背景的教学场景,以串联学科知识。虚拟的情境往往缺少与师生生活经验的交集,不能展现真实的生活面貌,难以激发强烈的情感共鸣,教学过程难免会染上"剧演"和"戏说"的色彩。教师和学生如同看戏的"局外人",难以深度地参与课堂和进行有效的人际互动。虚拟情境衍生出的学科知识是缺乏生活体验、外在于教师和学生的"旁观者的知识"。虚拟情境教学本质上是知识中心、学科本位的,为了表面上的便捷高效,而将真实的生活世界遮蔽和遗忘。

二是制造"道德叛离者"。思政课教学要警惕情境过度虚拟化,情境的虚拟化超过必要的限度就成为虚假,不仅不具有正面的教育价值,还可能产生负面的道德影响。如某教师在讲"财产所有权和继承权"时,将电影《西虹市首富》作为情境素材搬进课堂。影片讲述了一个生活在社会底层的失败者,突然有了一夜暴富的机会,必须在30天内花光10亿元,才能继承300亿元的遗产。离奇的故事情节脱离了生活的实际,渲染从天而降的巨额财产,隐含着不劳而获的错误价值导向。电影主题不过是一夜暴富的现代童话。将离谱虚假的故事作为教学情境可能会产生不良的道德暗示和诱惑。

2. 用"远方的世界"疏离"近处的生活"

教学的情境不仅有虚实之别，还有远近之分。"远方的世界"是指远离学生日常生活的间接经验，如国际时事、新闻热点等；"近处的生活"是指学生身处其间的直接经验。思政课教学在"远方的世界"与"近处的生活"之间应该如何取舍，如何统筹兼顾？

以哲学"矛盾就是对立统一"教学为例，有教师用"长江渔禁"话题创设主题情境，围绕"保护"与"开发"探究和阐释矛盾的含义和原理；有教师以国产电影发展为主题情境，围绕"叫座"与"叫好"展开学习探究；有教师以寄宿生的校园生活为题材，围绕校园生活的"苦"与"乐"展开对话。前两例具有鲜明的时代特征和社会内容，但它们是与学生生活经验有一定距离的"远方的世界"。第三例是学生直接感知和经验的"自己的生活"。两种教学情境都有其依据，如 2004 版课标一方面要求"坚持马克思主义基本观点教育与把握时代特征相统一"，"增强思想政治教育的时代感针对性、实效性和主动性"；另一方面要求坚持"学科知识与生活主题相结合"。2017 版课标既强调"反映时代要求""反映新时代中国特色社会主义理论和建设新成就"，也要求"着眼于学生的真实生活和长远发展，使理论观点与生活经验有机结合"。从教学效果来看，学生"自己的生活"比"远方的世界"更能提高学生的课堂参与度。"远方的世界"是社会宏大主题叙事，"近处的生活"是个体日常生活叙事。思政课过于偏重宏大叙事，就会脱离学生经验，不能赋予学科知识以生活意义和生命价值，不能触及学生灵魂，引起学生共鸣。当然，思政课也不能止于"近处的生活"，而无视"远方的世界"。彰显国家意识形态的宏大叙事，是思想政治课程的性质和目标所决定的。缺少宏大叙事的开阔视野与时代特征，局限于生活经验的狭隘时空，教学会失去目标和方向。思政课教学要正确处理"近"与"远"的关系，既要反对"舍近求远"，也要反对"有近无远"，坚持"远近结合""先近后远"。"近"才能接地气、有意思，"远"才会有高度、有意义。

3. 用热闹的表演掩盖现实的矛盾

美国社会学家戈夫曼在《日常生活中的自我呈现》中提出著名的"拟剧理论"，认为社会舞台的人际交往具有程度不一的表演意味，是受社会规范约束的不完全真实的自我呈现。马克思主义认为，动物只是消极适应世界，而人不仅适应世界，更通过自身的实践活动积极地改造世界。鲁洁指出，承认教育存在于现实的社会实际之中，教育要从这个实际出发，并不意味着把教育的功能理解为把一个现存社会再复制、再生产出来。教育要培养出改造世界，改造现存社会的人，以此来推动社会经济、政治、文化等等的变化与发展。① 人既是一种"适应性"存在，也是一种"超越性"存在，在"适应"与"超越"的双重性生存样态之中，"自我超越"是人的本质属性。教育的使命就在于把人从自在的生活中引领出来，使人的超越本性得到释放。

高中思想政治教材涉及经济、政治、文化、法律等社会生活诸多领域，全面展示了中国特色社会主义所取得的物质文明、政治文明和精神文明成就和相关理论成果。但总体来说，肯定有余，否定不足。思政课应该坚持"建设性与批判性相统一"，既要批判错误的思想观点，也要批判自身的问题和不足。要引导学生从生活表象中看到深层和本质，从生活潮流中看到暗流，从合理处看到不合理，从肯定中看到否定，真实地把握社会生活中的矛盾和问题，引领学生树立"天下兴亡，匹夫有责"的家国情怀，激励学生为创造幸福人生和美好社会而献计献策。批判的目的不是揭露社会阴暗面，不是让学生做横眉冷对的"局外人"和"旁观者"，而是引导学生做肩负民族复兴大任的"建议者"和"改革者"，这才是真正的有深度的回归生活世界。

4. 用冰冷的学案规训课堂的流程

导学案作为一种规训技术和手段，是科学认知主义效率至上的产物。在教学中能够充当认知"脚手架"和学习"路线图"，既方便学生自主学习，也规范教师教学内容与行为，一定程度上具有积极作用。但是，任何教学理论和实践都有其适用条件和范围。自然科学研究对象是物，追求客观和普遍，讲究实证与逻辑，导学案经过教学实践检验一般具有可复制性，可以循环使用，提高教学效益。社会人文学科关注人与社会，其知识体系与价值伦理是交织在一起的，具有境遇性、主观性和不确定性的特征。同样的教学内容，面对不同的时代社会要求、学生构成差异和教师人格特征，

---

① 鲁洁. 超越与创新 [M]. 北京：人民教育出版社，2001：341.

应该呈现出多样性的教学样态，不适合用统一的导学案限制师生课堂生活的真实交往。

新课程将课堂看作向未知方向前进的旅程，随时都有可能发现意外的通道和美丽的图景，而不是一切都必须遵循固定路线而没有激情的行程。思政课冰冷的导学案，过分强调教学的预设性，忽视教学的生成性，使得课堂如同生产流水线一般机械化和程式化。既定的认知路线，过早暴露了知识的彼岸风景，在一定程度上限制了学生的求知欲，使学生的生命力得不到充分张扬。人与知识是一种"相遇"的关系，对于社会人文学科而言，课堂应该有一定"不期而遇"的神秘感，多些"意外惊喜"和"旁逸斜出"。用冰冷的导学案规训课堂的流程，将教材文本浓缩为简化版的学案文本，依然是以知识传递为中心的"目中无人"的教学。它比虚拟的情境更加疏离生活世界，更加漠视直接经验，是直截了当的"去生活"和"反生活"的教学行为。

二、思政课脱离生活的原因

1. 客观原因

从育人目标来看，思政课本质是马列主义基本理论教育，引导学生把握正确的思想政治方向。培养德智体美劳全面发展的社会主义建设者和接班人是本课程的首要的社会性目标，其中也包含着增强学生"社会理解与参与能力"的个体成长目标。思政课的社会目标与个人目标本质是统一的，但是在具体的课程实施中也会出现相互分离的情况。从课程内容来看，高中思想政治教材以讲授经济、政治、文化、哲学等诸多常识为主，侧重指向社会公共生活和相关学科知识，不是对个体日常生活的再现和复原，而是对个体经验的提炼、转化和超越，在一定程度上存在忽视个体生活世界的可能性。从课程评价来看，思政课核心素养的考查依旧以传统的纸笔考试为主，凸显国家意识形态和选拔甄别的功能，无法全面观照学生个体的生活世界。

2. 主观原因

既有教师对回归生活世界理解的偏差和执行的"走样"，对自身生活经验的课程价值缺少审视与利用；也有应试教育的错误理念驱使，追求"分数至上"的急功近利而表现出对学生生活世界的漠然与置之不理。脱离生活世界的思政课，是无法让知识与心灵展开对话的灵魂缺席的异化课堂，是过度追求趣味的浮躁化与过分追求分数的功利化相结合而衍生出的"怪胎"。它背离学科本性，使得课堂教学空心化、表浅化，从而失去学科战斗力。恩格斯指出，不应该为了观念而忘记了现实主义，为了席勒而忘记了莎士比亚。① 离开了生活世界的源头活水，思政课干巴巴的理论教条就像被卸了弹药的武器，难以独自发挥立德树人的作用。马克思批判唯心主义指出，把颠倒的世界观重新颠倒过来。我们提出：让异化的思政课恢复本来的面目，将重新找寻"被遗忘的生活世界"。

---

① 中共中央马克思恩格斯列宁斯大林著作编译局. 马克思恩格斯选集：第四卷［M］. 北京：人民出版社，1995：345.

第二章

思政课"有我之境"的教学主张

第一节　思政课"有我之境"的美学溯源

一、《人间词话》的教学启示

在中国历史文化的长河中,王国维是令我高山仰止的人物之一。原因有三:一是其学贯中西的文化底蕴。他是中国近代学术史上的杰出学者和国际著名学者,是运用西方哲学、美学、文学观点和方法剖析评论中国古典文学的开风气者。二是其文化殉节的人格魅力。陈寅恪先生认为:"凡一种文化值衰落之时,为此文化所化之人,必感苦痛,其表现此文化之程量愈宏,则其所受之苦痛亦愈甚;迨既达极深之度,殆非出于自杀无以求一己之心安而义尽也"。[①] 我赞成王国维投湖是用生命祭奠中国传统文化的观点。三是其独领风骚的美学名著《人间词话》。这是一本陪伴我从青年时代到中年时代的"人生宝典"和"精神伴侣",它不仅滋育了我的文学素养和美学品位,更启发了我的教学智慧,让我的课堂教学实现华丽转型。

1. "隔"与"不隔"

"隔"与"不隔"是《人间词话》重要的审美标准:白石写景之作,如"二十四桥仍在,波心荡、冷月无声","数峰清苦,商略黄昏雨","高树晚蝉,说西风消息",虽格韵高绝,然如雾里看花,终隔一层。梅溪、梦

[①] 刘桂生,张步洲. 二十世纪中国学术文化随笔大系　陈寅恪学术文化随笔[M]. 北京:中国青年出版社,1996:3.

窗诸家写景之病，皆在一"隔"字①。相反，"池塘生春草"，"空梁落燕泥"等二句，妙处唯在不隔。②"隔"如"雾里看花"，形象不清晰鲜明；"不隔"如"豁入耳目"，"语语都在眼前"，形象鲜明生动。尽管王国维贬斥"隔"的文学作品，但笔者认为"隔"与"不隔"是两种不同形态的艺术形式和审美标准。"不隔"的美在于清晰直感，让人瞬间理解，当下受用。"隔"的美在于朦胧幻化，须运用智慧，发挥想象，然后才能会心惬意。"不隔"的美是送来的现成的美，"隔"的美是发现的再造的美。欣赏"不隔"多缘感性，欣赏"隔"则须在感性的基础上参以理性。有人喜欢白居易、李煜的通俗、直白，有人喜欢姜夔、李商隐的朦胧、虚幻；有人欣赏《西厢记》辞藻的优美明丽，有人欣赏《牡丹亭》曲调的精致婉转；有人习惯阅读《战争与和平》等古典作品，却对米兰·昆德拉《生命中不能承受之轻》的现代文学手法感到陌生和不适应。这些不同的审美感受都可以借用王国维的理论来解释。

用"隔"与"不隔"的审美标准观照课堂教学，教师同样要处理好"隔"与"不隔"的问题。"隔"与"不隔"在课堂教学中表现为"显"与"隐"的关系。

所谓"显"或者"不隔"，既表现在教师的语言要贴近时代、贴近学生、贴近生活，能够深入浅出、化繁为简，又表现在教学设计要从学科本位、教师中心转向儿童视角、学生立场。所谓"隐"或者"隔"，则表现为教师教学要有节制，以留给学生充分的生成空间。如果教师和盘托出，"显"得太多，剥夺学生思考的机会和乐趣，则不能激发学生探究和学习的欲望；如果知识"隐"得太深，铺垫不足，超出学生认知能力范围，则会挫伤学生的积极性，也不利于其学习和成长。因此，把握好"隔"与"不隔"的平衡点，也是课堂教学的艺术所在。

2. "有我之境"与"无我之境"

王国维在《人间词话》中提出"有我之境"和"无我之境"两个诗学范畴："泪眼问花花不语，乱红飞过秋千去"，"可堪孤馆闭春寒，杜鹃声里斜阳暮"，有我之境也。"采菊东篱下，悠然见南山"，"寒波澹澹起，白

---

① 王国维. 人间词话 [M]. 周兴陆，毛文琦，注评. 南京：凤凰出版社，2013：138.
② 王国维. 人间词话 [M]. 周兴陆，毛文琦，注评. 南京：凤凰出版社，2013：143.

鸟悠悠下",无我之境也。有我之境,以我观物,故物皆着我之色彩。无我之境,以物观物,故不知何者为我,何者为物。①王国维借鉴叔本华"纯粹无欲之我"观念提出"无我之境",又发展出与之相对的以主观情感表现为特征的"有我之境"。"有我"与"无我"是从主体情感表达的"显""隐"来区分的。"有我之境"中主体的情感表达较为激越,具有强烈的情感色彩和渲染意味,偏重"壮美";"无我之境"中主体的情感表达较为冷静平和,表现为"优美"。王国维称赞李煜将"伶工之词"变成"士大夫之词",称赞《红楼梦》打破小说言神志怪的传统,就在于融入作者自身的生活经历与情感,都是"有我之境"的绝佳作品。从笔者的阅读经验来看,马致远的小令《天净沙·秋思》、林海音的长篇小说《城南旧事》、鲁迅的短篇小说《故乡》《社戏》《伤逝》等,都是"有我之境"的典范。从叙事学角度来看,"有我之境"作品的共同特征表现为多以第一人称叙事。第一人称叙事具有强烈的主观色彩和情感倾向,使读者对"我"所叙之事、所抒之情产生真实感和亲切感。

受"有我之境"美学观点的启发,我尝试将自己的人生故事与体验融入课堂教学。2014年在江苏省高中思想政治优质课比赛中,我所执教的"消费及其类型——一个'上门女婿'的苦乐人生",获一等奖第一名。2016年在全国高中思想政治卓越课堂观摩和研讨活动中,我所执教的"传统文化的继承——一个政治教师的文化乡愁"广受好评。2018年在省"教海探航"全国名师课堂展示中,我所执教的"生命可以永恒吗——追忆我的似水年华"让学生潸然泪下。教师只有将国家意识形态融入个体生命叙事,才能让思政课成为有灵魂的课,才能触摸到学生心灵最柔软的地方。实践证明:民族美学经典理论可以创造性地转化为指导教学实践的"现实生产力"。如今,"有我之境"已成为我鲜明的教学主张和教学风格。马克思批评拉萨尔"最大缺点就是席勒式地把个人变成时代精神的单纯的传声筒",要他"更加莎士比亚化"②。"有我之境"的思政课用叙事化、文学化和审美化方式教授学科知识,改变了教师被动的"传声筒"角色,实现了"在特殊中显现一般"的教学转向。

---

① 王国维. 人间词话 [M]. 周兴陆,毛文琦,注评. 南京:凤凰出版社,2013:6.
② 中共中央马克思恩格斯列宁斯大林著作编译局. 马克思恩格斯选集:第四卷 [M]. 北京:人民出版社,1995:554.

3. "造境"与"写境"

"造境"与"写境"是王国维"境界"说的又一重要内容。王国维指出：有造境，有写境，此理想与写实二派之所由分。然二者颇难分别，因大诗人所造之境必合乎自然，所写之境亦必邻于理想故也。① "写境"是由写实家按客观自然去写景状物而创造出的境界，"造境"则是由理想家按主观理想用虚构想象的方法写作而创造出的境界。简言之，"写境"是自然之境，"造境"是虚构之境。二者分别代表"景"与"情"，与"有我之境"和"无我之境"是不同的美学范畴。但这两种境界是交融在一起的，大诗人通过想象所构造出来的境地，一定要与现实生活相符合；而通过写实所描摹出来的境地，也必定接近理想化，"故虽写实家，亦理想家也"。这里王国维揭示了一切文艺作品创作的普遍规律，即要处理好主观与客观的关系。

古往今来，一切伟大的文艺作品无不是主观与客观、"写境"与"造境"的完美结合。最伟大的现实主义常常与最瑰丽的浪漫主义结合在一起。有学者指出："曹雪芹在《红楼梦》里创造了两个鲜明而对比的世界。这两个世界，我想分别叫它们作'乌托邦的世界'和'现实的世界'。这两个世界，落实到《红楼梦》这部书中便是大观园的世界和大观园以外的世界。"② 《红楼梦》作为中国最伟大的古典现实主义作品之一，如果少了"大观园"这一青春女儿国所组成的诗意乌托邦，则会降低其艺术高度。这些年，在我所开发的"有我之境"课例中，有"上门女婿"苦乐人生的故事，有二叔歧路人生的悲剧，有农民工的爱情保卫战，有叹息故乡山河破碎的文化乡愁，有追忆似水年华的人生感喟。经常有人问我，你那些故事都是真的吗？其实，往往是一半真实、一半虚构，是"写境"与"造境"的结合体，是"客观再现"与"主观表现"的有机融合。正如王国维所言：诗人对于自然人生，须入乎其内，又须出乎其外。入乎其内，故能写之；出乎之外，故能观之。入乎其内，故有生气，出乎之外，故能高致。③ 这既是对"写境"与"造境"辩证关系的生动诠释，也对思政课教学具有重要启示。

---

① 王国维. 人间词话 [M]. 周兴陆，毛文琦，注评. 南京：凤凰出版社，2013：4.
② 杨四平. 大学语文 [M]. 合肥：合肥工业大学出版社，2006：267.
③ 王国维. 人间词话 [M]. 周兴陆，毛文琦，注评. 南京：凤凰出版社，2013：213.

4. 境界的大与小

"境界"一词，是王国维美学评论最重要的尺度和标准。正如王国维所指出的，词以境界为最上。有境界，则自成高格，自有名句。什么样的作品才算有境界？王国维认为：境非独谓景物也，喜怒哀乐亦人心中之一境界。故能写真景物真感情者谓之有境界，否则谓之无境界。① 同时王国维指出，对于有境界的文学作品而言，没有优劣之分，只有境界大小之别。细雨鱼儿出，微风燕子斜，何遽不若落日照大旗，马鸣风萧萧？宝帘闲挂小银钩，何遽不若雾失楼台，月迷津渡也？② 用境界大小代替优劣，为衡量和评价文艺作品开辟了崭新的视角。我们可以在李清照的"凄凄惨惨"中，怜惜女子的哀怨；也可以在苏东坡的"大江东去"里，欣赏壮士的豪迈。可以在郑愁予江南小巷"达达"的马蹄声中，聆听旅人的归思；也可以在余光中那湾浅浅的海峡岸，感怀最深的乡愁。可以在张爱玲小说里看到家庭纷争、金钱算计和人生的苍凉；也可以在鲁迅的《呐喊》与《彷徨》中感受到改造国民性的文化使命与焦虑。作者虽然认为境界不分优劣只有大小，但又强调真正的大诗人要以人类之感情为其一己之感情，进而发表人类全体之感情。③ 作家的胸襟格局决定了文艺作品境界的大小，境界大的作品往往具有浓郁的家国情怀和形而上学的意味。我对台湾地区的文学界推崇张爱玲而贬低鲁迅感到困惑不解，这些可能都缘于我的审美偏好。

与文学作品一样，课堂教学也分境界大小。教师的知识水平和人格境界决定了课堂的高度。我的"有我之境"教学主张与实践，从某种程度上说是为教师和学生生命故事"立传"，是基于师生独特人生履历的"私人定制"。在"有我之境"的课例开发中，我始终告诫自己：教师必须从个体叙事走向家国叙事，从表达自己生命哀乐的"小我"转向彰显国家意识形态的"大我"。只有立意高远、将个人遭际融入时代发展，才是境界大的好课堂。

二、两首元曲的比较分析

元曲中有两首以"秋"为主题的小令，即马致远的《天净沙·秋思》

---

① 王国维. 人间词话 [M]. 周兴陆，毛文琦，注评. 南京：凤凰出版社，2013：18.
② 王国维. 人间词话 [M]. 周兴陆，毛文琦，注评. 南京：凤凰出版社，2013：25.
③ 王国维. 王国维文学美学论著集 [M]. 周锡山，编校. 太原：北岳文艺出版社，1987：45.

与白朴的《天净沙·秋》：

枯藤老树昏鸦，小桥流水人家，古道西风瘦马。夕阳西下，断肠人在天涯。（马致远）

孤村落日残霞，轻烟老树寒鸦，一点飞鸿影下。青山绿水，白草红叶黄花。（白朴）

这两首富有画面感的曲子都以"秋"为主题，但特点不同。《天净沙·秋》以"孤村"领起，着意渲染秋日黄昏的冷寂。"一点飞鸿"给阴冷的静态画面带来了活力。接着用青、绿、白、红、黄五色，由远及近、由高到低，多层次、多侧面描绘出秋日美丽的景象，使整个画面充满诗意。《天净沙·秋思》由暮色苍茫的秋野图景和乡愁绵绵的天涯游子剪影两幅画面构成，寥寥数笔淋漓尽致地勾画出了一幅悲绪四溢的"游子思归图"，传达出漂泊羁旅的游子心。《天净沙·秋思》入选中学课本，可谓是家喻户晓，而《天净沙·秋》一般不为人所知。相同题材与主题的作品，为什么《天净沙·秋思》的美誉度和影响力远远超过《天净沙·秋》，而马致远也因此被后人尊称为"秋思之祖"呢？

笔者以为，这与作品本身特点相关。王国维将艺术境界分为"有我之境"与"无我之境"。《天净沙·秋》属于清淡幽远的"无我之境"作品，表现超越利害的内心安宁。《天净沙·秋思》是乡愁浓郁的"有我之境"作品，表现情真意深的生命景观。美学家宗白华对后者给予充分肯定：前四句全是写景，着了末一句写情，全篇点化成一片哀愁寂寞，宇宙荒寒，怅触无边的诗境。文艺作品之所以具有打动人心的力量，不正是因为在艺术形象中渗透着作者强烈而真挚的思想感情吗？

"有我之境"与"无我之境"在艺术特色上各有千秋。从课堂教学的角度，笔者更加推崇和欣赏"有我之境"的课堂教学设计。反思当下课堂教学，注重回归生活，注重创设情境，注重运用案例，但是普遍缺少教师自身生活经验和情感态度的介入，缺少教师对个体生命温度的观照，多属于"知识旁观者"的"无我"课堂。思政课"有我之境"要求教师将自己的人生经历和情感态度作为课程资源引入课堂，对客观知识进行"人格化"处理，使之烙上教师的主观色彩和生命印记，从而使课堂从"无我"进入"有我"，达到"主客交融""物我两忘"的教学境界。

以全国第四届思想品德优质课评比一等奖第一名课例"难报三春晖"

为例，授课教师吴又存设计了一个"真情告白"的教学环节：

> 一位年近七旬的老母亲，小时候家里很穷，不得已讨米要饭，长大后她找了个农村跛脚的男人做了丈夫。不幸的是那个男人40多岁就病死了，撇下了一个12岁的儿子。但天并未因此塌下来，那位老母亲坚强地撑起了这个家。为了让儿子读得起书，她每天走1.5小时的路，来到离家近10公里远的县城，背着个小木箱走街串巷地卖冰棒，提着个竹篮子四处吆喝着卖馒头，风里来，雨里去。从没读过书的她不会算账，就央求儿子一遍又一遍地教她，终于她学会了算账。为了赶在开学前攒齐学费，她经常要翻越一个山头，把馒头卖到更远的地方。有一天很晚了，又累又饿的她昏倒在路旁，直到天亮才被人发现，一位好心人把她送了回来。见到彻夜未归的妈妈，儿子扑上去紧紧地抱着她，止不住的热泪夺眶而出。从那一刻起，他就发誓这辈子要孝敬他的母亲……在这里，我想告诉大家，故事的主人公就是我的母亲！而那个儿子就是我！（按键呈现母亲的画面）画面上的这位老人就是我的母亲，母亲的恩情我一辈子都还不清，在这里，我只想对母亲说一句话："妈妈，如果有下辈子的话，我仍然选择做您的儿子！"

授课教师在背景音乐《我的父亲母亲》优美而苍凉的旋律中进行大段独白，声情并茂地抒发慈母情深，最后画面"定格"在母亲身上。面对母亲的照片，他深情地一鞠躬。这一环节让全场听者为之动容，彻底感动了学生和评委，是思政课教学艺术的经典范例。试想，如果这位教师讲述的是别人的故事，即使是同样的内容，也不会产生这样催人泪下的效果，不会给人留下难以磨灭的印象，就像《教学勇气·漫步教师心灵》一书所指出的，真正好的教学来自教师自身认同和自身完整，它牵动着教师的心，打开教师的心，甚至伤了教师的心——越热爱教学的老师，可能就越伤心！① 这就是课堂教学"有我之境"与"无我之境"的区别。

当然，"有我之境"与"无我之境"也是密不可分的。诗在任何境界中都必须有我。② 文艺作品没有与心灵无关的纯粹的客观再现，也没有与现实无关的纯粹的主观表现。任何文艺作品都既是作者自身性格、情趣和经验的反照，也是对大千世界、人生世相的模仿和反映。"以我观物"与

---

① 帕克·帕尔默. 教学勇气·漫步教师心灵 [M]. 吴国珍，余巍，等，译. 上海：华东师范大学出版社，2005：10—11.
② 朱光潜. 诗论 [M]. 北京：生活·读书·新知三联书店，2014：74.

"以物观物"虽然有"以我"与"以物"的分别，但是"物"与"我"所表明的主客两端是缺一不可的。政治教师既要重视生活的积累，也要重视心灵的表现，"既随物而宛转，亦与心而徘徊"①。如果说思政课教材是"无我之境"的，那么教师课堂教学艺术和本领就在于将教材"无我之境"的理论话语转化为贴近师生经验的"有我之境"的生活话语。

第二节　思政课"有我之境"的教学理论

一、"有我之境"的教学内涵

增强思政课的思想性、理论性和亲和力、针对性，是习近平总书记在2019年3月学校思想政治理论课教师座谈会上提出的要求，也是高中思想政治课程标准教学与评价的要求。长期以来，思政课教学之所以缺少亲和力、感染力和针对性，原因主要在于3个方面：一是教学内容上因与师生生活疏离而不够真；二是教学形式上因缺乏艺术和审美观照而不够美；三是教学立意上因固守知识本位、淡化价值引领而不够善。思政课"有我之境"是指将教师与学生的人生经历作为重要的课程资源应用到课堂教学中，采用叙事化、文学化和审美化的教学方式，以达成学科育人目标。这里的"我"包括教师和学生两个主体。教师之"我"重在价值引领，学生之"我"强调自主建构。该教学主张坚持教师主导性与学生主体性相统一，同时要求处理好以下三者的关系。

1. 教学内容生活化与教学形式艺术化

"将教师与学生的人生经历作为重要的课程资源"指向教学内容生活化，采用"叙事化、文学化和审美化的教学方式"指向教学形式艺术化。思政课"有我之境"首先要求将教学内容生活化与教学形式艺术化有机统一，将忠于生活的"写实"与高于生活的"写意"统一起来，实现真与美、内容与形式的有机结合。

"有我之境"的思政课与一般的生活化案例教学不同。前者的情境故事是师生的亲历或者见证，包含着师生的生活经历、情感体验与价值取向，

---

① 周振甫. 文心雕龙选译［M］. 南京：凤凰出版社，2017：161.

故事本身带着叙述者的生命印记与温度。后者的案例故事与师生生活没有交集，仅仅是激发学习兴趣或者服务知识掌握的工具。"有我之境"的思政课与一般的生活化案例教学的本质区别，就在于师生主体与情境故事或案例故事的关系确认。两者都遵循回归生活的教学理念，只是对"回归谁的生活"的教学指向不同，"有我之境"的思政课更加关注教师和学生"自己的生活"，不仅关心学生的生活世界，而且关注教师的生活世界，把师生当下的生活经验看作最重要的"活"的课程资源，以提高课堂教学亲和力和针对性。

"有我之境"的思政课与一般的审美课堂也不同。思政课一般的审美表现为诗歌朗诵、音乐欣赏、视频剪接、图像定格等外部手段，这些艺术手段能够促进认知与审美的统一。但是，这些艺术手段的运用往往是孤立、散乱和碎片化的，为不同的教学内容所割裂，甚至因运用不当而游离、超脱课堂教学目标。思政课"有我之境"是基于师生个体生活经历的生命叙事，是教学内容生活化与教学形式艺术化高度统一、不可分割的有机整体。课堂教学的艺术形式和审美手段始终服务于教学内容的叙事主题。它既克服教学内容的空洞化，又避免教学形式的散乱化，实现从碎片化的"以美育人"向整体化的"立美育人"转变。

2. 个体生活与社会生活

思政课"有我之境"教学主张的提炼与形成，既是对传统美学理论的继承和转化，也是对落实践行新课程理念的创造性发挥。它通过提炼和表现师生共同的生活经验，完成与教材的深度对话，实现从干巴巴的"照着书教"向活生生的"对着人教"转变，从"无我之境"向"有我之境"转变。在这一过程中，不能将师生个体生活与社会生活对立起来，而应以个体生活为基础，逐渐引向他人与集体、民族与国家乃至全球与全人类多样化、多视角的社会生活，在社会公共生活语境下实现对个体经验的提升和学科知识的理解。这里的"我"是一个动态生成的过程，从个体生活的"小我"不断向社会生活的"大我"渗透和扩散。脱离个体生活的"小我"，社会生活的"大我"是空洞乏味的；没有社会生活的"大我"，个体生活的"小我"是肤浅狭隘的。"有我之境"的思政课必须统筹兼顾，坚持"小我"与"大我"的辩证统一。"小我"是思政课"有我之境"教学的逻辑起点，"大我"是思政课"有我之境"的方向目标。

3. 立德树人与立美育人

"培养什么人、怎样培养人、为谁培养人"是思政课不可回避的根本问题。2017版课标明确规定"高中思想政治以立德树人为根本任务,以培育社会主义核心价值观为根本目的,是帮助学生确立正确的政治方向、提高思想政治学科核心素养、增强社会理解和参与能力的综合性、活动型学科课程"。习近平总书记关于"思政课的本质是讲道理"的论断,进一步指明思政课改方向。作为立德树人的关键课程,思想性是思政课的根本属性和学科之魂。思政课"有我之境"必须始终围绕立德树人的思想主题,正确处理思想性、生活性和艺术性的关系。其中,思想性是灵魂和方向,代表"善";生活性是载体和根基,代表"真";艺术性是手段和方法,代表"美"。"有我之境"的思政课追求真善美和谐统一。没有生活性的"真"和艺术性的"美",思政课"善"的灵魂将无处安放;没有思想性的"善",思政课的"真"与"美"将失去方向。同时,在真实生活的基础上坚持立德树人与立美育人的统一,德育"晓之以理",美育"动之以情",两者相互渗透、相互促进,共同指向学科育人目标。

总而言之,"有我之境"的思政课在课程育人方面,凸显真善美的统一;在学科教学方面,映照生活世界、知识世界和心灵世界的统一。思政课"有我之境"的教学主张表现出叙事化、文学化和艺术化的基本特征。目的在于解决思政课亲和力不够、针对性不强和感染力不足的时代难题,其内在逻辑参照图2-1。

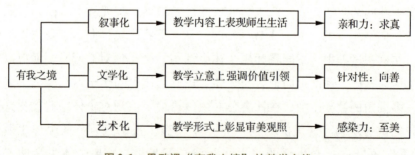

图2-1 思政课"有我之境"的教学主线

叙事化要求教学内容上表现师生生活,文学化要求教学立意上强调价值引领,艺术化要求教学形式上彰显审美观照。这一教学主张将教师和学生的人生经历和生活经验作为重要的课程资源和教学的逻辑起点,是新型的课程观、教学观和教师观的有机统一。课程观"新"在把教师和学生作为思政课重要的课程资源；教学观"新"在把叙事作为课堂教学的基本方式，追求立德树人与立美育人的统一；教师观"新"在教师扮演"代言人"与"自言人"的双重角色，承担德育者与美育者的双重任务。

二、"有我之境"的价值追寻

1. "有我之境"是一种教学主张

教学主张是教师对学科教学的独到见解和自觉追求，既要揭示和解决教学实践中的现实问题，也要充分彰显教师的精神旨趣、能力特长和自身独特鲜明的教学风格。思政课"有我之境"主张将教师与学生的人生经历作为重要的课程资源应用到课堂教学中，采用叙事化、文学化和审美化的教学方式，将严肃抽象的思政道理转化为价值融情的生活叙事，以解决师生主体缺席、师生经验与学科知识有隔阂的问题，凸显教学内容对于学生成长的意义和价值，实现客观知识与主体生命有机融合、立德树人与立美育人有机统一。这一教学主张既是对习近平总书记学校思想政治理论课教师座谈会精神的探索回应，也是立足教师个体生活基础上对自身教学实践的提炼和总结。

2. "有我之境"是一种课堂境界

"有我之境"的思政课强调师生灵魂在场，享受"围炉夜话"般的温馨惬意，感受思想的自由和人格的尊重，从而实现生命在课堂"诗意的栖居"。区分课堂教学"有我"和"无我"的标准，不仅要看有没有师生直接生活经验的融入，也要看教师对于所教内容是否融入真感情和真思考，学生对于所学内容是否进行真投入和真探究，课堂是否达到求真、向善、至美的内在统一。没有师生主观情感投入和深度思维碰撞，即使是讲述师生自己的故事，也是浮于表面的"形式有我"。只有师生情感共鸣和深度思考才是"实质有我"。"形式有我"是"有我之境"的初级阶段，"实质有我"是"有我之境"的高级阶段。思政课"有我之境"坚持"形式有我"与"实质有我"的辩证统一。当然，由于教师成长的阶段性和生活经验的局限性，不可能要求所有的思政课都彰显"有我"，"我"在课堂教学中的渗透可以有多有少、有深有浅，可以是显性的，也可以是隐性的。但是，作为教师专业发展和教学艺术成熟的标志，"有我之境"是教师应该努力追寻的方向。从"无我之境"到"有我之境"，建立在教师生活阅历增加和教学艺术提高的基础之上，体现了从必然王国走向自由王国而达到"从心所欲不逾矩"的人课合一的育人境界。

3. "有我之境"是一种教育情怀

不好的教师把自己置身于他正在教的科目之外，在此过程中也远离了学生。好的教师在生活中将自己、教学科目和学生联合起来。[①] 教师能否将自己、学科和学生联合起来形成育人合力，归根结底在于是否具有教育情怀。没有教育情怀，就没有灵魂在场，如同一个木偶、一副面具、一束稻草。"有我之境"表现为教师对于教育事业深沉持久的感情，将课堂看作师生生命相遇和心灵相约的神圣殿堂，犹如西方油画《雅典学院》中柏拉图与弟子们的精神相遇。当师生心有灵犀碰撞出智慧火花的时候，当课堂旁逸斜出呈现未曾预约的精彩的时候，当学生满心欢喜翘首企盼自己所教学科的时候，教师的职业幸福感一定会溢满心房。"有我之境"就是要打造师生双方刻骨铭心的"思政好课堂"。课堂教学是否"有我"，既反映教师专业发展的水平，也折射教师教书育人的情怀。

三、"有我之境"的教学原则

1. 立足真实性

真实是思想政治课程性质的应然，也是思政课"有我之境"的首要特征。"有我之境"的思政课通过创设真情境，探究真问题，生发真情感，落实真行动，使学生收获道德成长体验，形成学科核心素养。具体来说表现为以下几个方面。

第一，创设真情境。所谓"真情境"，是指将教师和学生的生活经历作为重要的课程资源，创设贴近师生日常生活经验的真实的教学场景。这里的"真实"不是外在于教师的遥远而纯粹的客观事实，而是"以我观物"的真实，是教师与学生的亲身经历，是客观事实与主观感受的有机统一，是个人遭际与时代变迁的统一。只有创设真情境，才能打破师生主体"缺席"和"不在场"的状态，实现师生生活经验与学科知识的"视界融合"。

第二，探究真问题。所谓"真问题"，是指基于真实生活情境而生发

[①] 帕克·帕尔默. 教学勇气：漫步教师心灵 [M]. 吴国珍，余巍，等，译. 上海：华东师范大学出版社，2005：10.

的、直面学生成长需要的问题。它一方面要求指向学科知识的理解和掌握；另一方面要求运用所学知识解决现实生活中的问题，问题设计要兼顾学科知识和个体成长。只有探究真问题，才能增强思政课教学的亲和力与针对性。

第三，生发真情感。所谓"真情感"，是指摒弃"贴标签"式的情感教育，而以渐进和渗透的方式，通过课堂对话和学生无意识心理机制，引发情感共鸣与价值认同。思政课最打动人心的不是思想和概念，而是生动具体的情感。没有真情感的融入，就没有道德信念的生成。真情感要求把个人喜悲与人民甘苦有机统一。

第四，落实真行动。思政课"有我之境"不止停留在"动之以情、晓之以理"，还要"导之以行"。落实"真行动"强调导行活动的设计要符合学生的年龄特征与能力水平，针对现实生活的矛盾问题，具有切实可行性与可操作性，反对形式主义的"道德作秀"和节目单式的课堂表演。

立足真实性既是思政课"有我之境"的首要特征，也涵盖了课堂教学的基本环节。这4个环节是相互促进的有机整体，其中创设真情境是前提，探究真问题是关键，生发真情感是灵魂，落实真行动是方向。在真情境中探究真问题，在真行动中生发真情感。

2. 遵循艺术性

苏霍姆林斯基《给教师的建议》指出，教育，如果没有美，没有艺术，那是不可思议的。思政课在一定程度上不被学生喜欢，既在于没有贴近生活而缺少亲和力，也在于缺少艺术表现和审美观照而不能引发学生的情感共鸣。"有我之境"的思政课要立足教师和学生"自己的生活"，用艺术的方式表现生活。

第一，生活素材的艺术加工。教师和学生"自己的生活"是不能够被直接搬到课堂上的。艺术之所以是艺术，正因为它不是自然。① 对于师生经验，既要进行学科化改造，使之成为合适的教学情境；也要进行艺术加工，使之成为具有一定美感的"有意味的形式"。"有我之境"的思政课从某种程度上说，是对教师和学生人生经历的文学改编和艺术加工，将粗糙的生活素材变成精彩的人生故事。教师要像编剧一样对生活素材进行二次开发，

---

① 爱克曼. 歌德谈话录 增订版［M］. 朱光潜，译. 北京：人民文学出版社，2018：125.

既要依据教学目标和内容,将学科知识融入具有一定连续性的生活化故事情境之中;又要对故事文本进行艺术加工和审美改造,如文本题材的典型性、文本内容的可读性、文本结构的形式美等。"有我之境"的故事文本是具有教育意义的"准文学作品",就像"白杨树的湖中倒影",既坚持现实主义,使学生能够看清社会、自我与人性;又具有审美观照,给予学生心灵的栖息和愉悦。

第二,课堂教学的艺术表现。故事文本是静态的脚本,需要用艺术的手法来呈现和表现,用艺术的形式讲"活"思政课。艺术手法包括比喻、象征、暗示、夸张、独白、重复、烘托、留白、定格等。教师要结合教学内容和故事文本,综合运用各种艺术手段和表现手法,使课堂呈现出"言有尽而意无穷"的意味。教师可以借助诗歌、散文、音乐、影视、图片等诸多手段,给予学生美的熏陶。笔者开发的系列化"有我之境"课例,如"消费及其类型——一个'上门女婿'的苦乐人生""征税与纳税——二叔的歧路人生""价值判断与选择——堂弟的爱情保卫战""传统文化的继承——一个政治教师的文化乡愁"等,或制造小说的悬念,或设置戏剧的冲突,或彰显散文的优雅,或抒发诗歌的情怀,无不具有强烈的艺术感染力。

3. 提升文学性

"有我之境"的思政课将师生的人生经历作为课程资源,不仅涉及如何编写和呈现故事文本的问题,还涉及如何叙述故事文本的问题。语言是存在的家园,教师的教学语言不仅仅是课堂交流的工具,更是教师的个性气质、世界观的外显。巴赫金在《诗学与访谈》中说:人作为一个完整的声音进入对话。他不仅以自己的思想,而且以自己的命运、自己的全部个性参与对话。① 教师的教学语言应与"准文学作品"的故事文本保持一致,在立足生活语言的基础上追求适度的文学表达,做到雅俗共赏。文学语言可以化抽象为具体、化认知为情思,增强课堂教学的艺术性和感染力。

具体来说,教师的教学语言可以借鉴中国古典文学作品中的元曲。王国维说:"元曲之佳处何在? 一言蔽之,曰:自然而已矣。"② 元曲的特点表现为"曲尽人情,字字本色"。它既有阳春白雪的高雅,也有下里巴人的

---

① 钱中文. 巴赫金全集 第5卷 诗学与访谈 [M]. 白春仁,顾亚铃,译. 石家庄:河北教育出版社,1998:387.

② 王国维. 王国维文学论著三种 [M]. 北京:商务印书馆,2017:133.

通俗。以关汉卿《〔双调〕沉醉东风》为例：咫尺的天南地北，霎时间月缺花飞。手执着饯行杯，眼阁着别离泪。刚道得声"保重将息"，痛煞煞教人舍不得。"好去者望前程万里！"前四句是讲究韵味的文学语言，后三句是直抒胸臆的通俗化口语，如此将极端高雅与极度通俗奇妙地组合编织在一起，创造了元曲所特有的生动活泼、意境深远的文学形式。这种亦庄亦谐、亦雅亦俗的语言风格，具有强烈的艺术表现力和感染力，特别适合为思政课教学所借鉴和模仿。思政课语言高雅，才能深化主题、价值引领；语言通俗，才能接通地气、激发兴趣。提升教学语言的文学性，是一个需要长期坚持阅读、体味和模仿，不断锤炼语感和表达的过程。

4. 彰显人文性

思政课教学应该坚持政治性与人文性有机统一。人文思想和人文精神是反映思政课教学立意高低和境界大小的重要标志。党的十七大报告首次指出："加强和改进思想政治工作，注重人文关怀和心理疏导。"《初中思想品德课程标准（2014版）》将"人文性"作为课程性质之一，要求尊重学生学习与发展规律，体现青少年文化特点，关怀学生精神成长需要，用初中学生喜闻乐见的方式组织课程内容、实施教学，用优秀的人类文化和民族精神陶冶学生心灵，提升学生的人文素养和社会责任感。2022版课标虽然没有明确提出"人文性"概念，但在课程理念阐述中要求"以学生的真实生活为基础，增强内容的针对性和现实性"，课程内容增加"生命安全与健康教育"，实际上依然坚持人文关怀。高中思想政治课程模块以马克思主义理论为核心，也包括"哲学与文化""政治与法治""历史上的哲学家"等诸多人文社会学科，其课程内容本身就有属于人文教育的部分。习近平总书记在学校思想政治理论课教师座谈会上要求增强思政课的思想性、理论性和亲和力、针对性。思想性、理论性侧重政治性，旨在帮助学生确立正确的政治方向；亲和力、针对性侧重人文性，旨在增强学生社会理解和参与能力。

彰显人文性就是要关注人的生存和发展，尊重人、理解人、完善人，促进人的全面发展。"有我之境"的思政课把教师和学生的人生经历作为课程资源，最大限度地尊重师生的体验和感受，克服以往"目中无人"的教学，充满浓郁的人文关怀。这种人文关怀既表现为对师生主体经验的观照，也要求学生以全球视野在人类文明的历史进程中观照人的生存状态，反思人类文明，关心个人境遇。"有我之境"的思政课既要旗帜鲜明地进行时代主题的宏大叙事，突出政治性；也要引导学生透过重大事件聆听底层百姓的声音，关注个体在社会历史长河中的命运和遭际，体现人文性。比如，运用"口述史"的研究方法，采访和记录社会重大历史事件的参与者或者见证者的心路历程等。

四、"有我之境"的心理机制

1. 移情

移情是指审美活动中主体情感移置于对象，使对象仿佛有了主体的情感并显现主体情感的心理活动。朱光潜将移情现象称为"宇宙的人情化"，并有过精彩的阐述：自己在欢喜时，大地山河都在扬眉带笑；自己在悲伤时，风云花鸟都在叹气凝愁。惜别时蜡烛可以垂泪，兴到时青山亦觉点头。柳絮有时"轻狂"，晚峰有时"清苦"。陶渊明何以爱菊呢？因为他在傲霜残枝中见出孤臣的劲节；林和靖何以爱梅呢？因为他在暗香疏影中见出隐者的高标。[①] 移情以对象的审美特性与人的思想、情感相互契合为客观前提，以主体情感的外扩散和想象力、创造力为主观条件，是对象拟人化与主体情感客体化的统一，是审美认同、共鸣和美感的心理基础之一。

作曲家王立平谱曲《红楼梦》，通过"移情"完成了与曹雪芹跨时空的心灵对话：

> 我创作《葬花吟》时，百思不得其解。按现代人的观点，林黛玉是个个头不高、老爱生气、整天病恹恹的女孩，试问，哪个男孩会喜欢她？哪家人敢娶她当媳妇？那为什么曹雪芹会对她倾注那么多感情？我每天反复琢磨。有一天，我突然想到那一句：天尽头，何处有香丘？这哪里是低头葬花，分明就是一个女子在叩问苍天啊！这是一种悲鸣，是呼号，瘦弱的黛玉刹那之间，突然就高大了起来。顿时，激情来了，旋律也就油然而生。写着写着，我甚至泪流满面。最后，我在《葬花吟》中加入了几处闷鼓声，似乎是敲在人们心上的闷鼓，此时我感到我用我的音乐为曹雪芹笔下的人物出了一口闷气，我感觉这似乎不是我写出来的音乐，而是从《红楼梦》的字里行间挖出来的。

---

① 朱光潜. 谈美[M]. 北京：中华书局，2015：25.

"有我之境"的思政课首先要求教师学会移情，即教师将基于自身生活经历的体验与感受投射到相关学科的教学内容中去。移情是教师对学科知识的审美化观照，其发生过程正如美学家里普斯所指出：一方面，在我们心灵里，在我们内心的自我活动中，有一种如像骄傲、忧郁或者期望之类的感情；另一方面，把这种感情外射到一种表现了我们精神生活的对象中去。在这对象中，精神生活正确无误地找到了它安顿的地方。① 在教师教学中能不能移情，有没有"情"可"移"、可"安顿"，取决于教师对于社会生活有无广泛的参与和丰富而深刻的体验。教师的移情能力是教师内在精神宇宙的反映，一个懂得移情的教师善于挖掘和捕捉主观精神世界与客观教学内容之间的情感触发点。

　　以"传统文化的继承"为例，一方面，在生活中，笔者目睹了城镇化大潮中乡村的凋敝与传统文化的流失；另一方面，在阅读中，笔者沉湎于国学经典的博大精深，沉湎于冯友兰、费孝通、余秋雨、王开岭等社会学家、文化学者对传统文化的精彩论述。传统经典的魅力让笔者产生强烈的皈依感，传统文化的现状让笔者沉痛惋惜。于是，笔者将本课情感基调设定为：政治教师的文化乡愁。笔者想要借助课堂这一平台抒发人生感受，抒写人生散文。课本中传统文化的形式、特点、作用等知识以及对于传统文化的正确态度的价值观念，不再是游离于教师经验之外的它物，而是教师主体精神映照与投射的对象。这样，笔者就完成了从主体精神向学科知识的移情，为课堂进入"有我之境"做好铺垫。实践证明：只有当一定的教学内容与教师的生命历程发生交集的时候，当一定的教学内容触及教师的情感世界与精神家园的时候，当教师产生"心之忧矣，我歌且谣"的表达欲望和冲动的时候，才有可能消解"心物对立"，进入"主客交融""物我两忘"的教学境界。

　　2. 造境

　　造境是对移情对象的学科化改造，将教师情感和教学内容转化为可见或者可听的具有一定艺术形式的教学情境。造境重在"有我"。黑格尔指出：艺术对于人的目的在使他在对象里寻回自我，自然美只是心灵美的反

---

① 里普斯. 移情作用、内摹仿和器官感觉 [M] //伍蠡甫，林骧华. 现代西方文论选. 上海：上海译文出版社，1983：5.

映。里普斯认为，审美欣赏与其说是对对象的欣赏，不如说是对自我的欣赏。审美活动就是把主体的内部自我活动移入对象中去，对对象做人格化观照。因此，从移情到造境，最基本的途径就是教师结合教学目标和内容，将自己的人生感受、思想观念、情趣爱好等主观世界投射到外部客观事物中去，创设"以我观物"的教学情境，对学科知识进行人格化处理。在这一过程中，既要凸显教师的主观感受，发挥教师的价值引领作用，也要观照和激活学生的生活经验和内心需求，从而使课堂从"无我"进入"有我"，实现师与生、教与学、课程与经验的有机融合。

以"传统文化的继承"为例，笔者以"一个政治教师的文化乡愁"为副标题，以自己的3篇原创散文《圌山踏青》《苏州拾梦记》《乡村的惆怅》贯穿课堂，将浓郁的文化乡愁晕染到学生心里。为了让学生深刻理解传统文化是维系民族生存与发展的精神纽带，笔者展示了《圌山踏青》中的一段文字，并配以古典背景音乐《琵琶行》：

> 仿佛还没有感觉到惊蛰，还没有听到第一声春雷，清明——这一容易让人感伤的节气已悄悄到来。天空灰蒙蒙、湿漉漉的，油菜花、桃花、梨花开得分外妖娆。一个人骑着电瓶车行驶在檀山路，仿佛将自己揉入古代节气图中。此时此刻，古道驿站、十里长亭、陌上田头、杏花村外，只要有中国人的地方，就一定散落着踏青祭祖的踪影。这就是传统文化的魅力，它像附魂的咒语，顽强地存活在现实时空，积淀在人们心里。

这一教学情境从教师一方看，表现为叙事与抒情；从学生一方看，表现为探究与欣赏。教师是人生经验的分享者，精神家园的耕耘者，学生学习的激励者；学生是文化风景的欣赏者，学科知识的探究者，道德情感的建构者。教师与学生"在意义的世界里共存、相遇"。

与一般的教学情境不同的是，"有我之境"是境由心生，凝结着教师自身的人生感悟与精神旨趣。而一般的教学情境仅仅是实现教学目标的外在工具和手段，与教师自身并不发生情感关联。造境的过程就像宗白华先生所描述的那样，从直观感相的模写、活跃生命的传达到最高灵境的启示[1]，这一过程彰显了教师自身的课程意义与价值，教师从照本宣科的"知识旁观者"向有感而发的"知识经验者"的转变，使得"教师即课程"的角色

---

[1] 宗白华. 美学散步[M]. 上海：上海人民出版社，2017：75.

担当成为可能。

3. 共鸣

共鸣是指欣赏者因对作品的理解而产生的相似或相同的情绪情感体验，与作者同声相应、同气相求、爱其所爱、憎其所憎、悲欢与共等思想感情的交流感应，它包括感知、理解、想象等一系列心理活动的过程。共鸣是道德生长的基础，如万里长城激起人们的民族自豪感，拉斐尔的"圣母像"激起人们愉悦爱慕亲切的情感，古希腊雕像《拉奥孔》使人观后有痛苦的体验等。文艺作品在引起欣赏者的共鸣中，唤起了优美、崇高、悲哀、痛苦等思想感情，在潜移默化中使欣赏者接受某种道德情操，从而影响人们的思想感情，改善人们的道德行为。

共鸣在教学中表现为茅塞顿开、豁然开朗、深得我心，表现为怦然心动、浮想联翩、百感交集，表现为内心的澄明和视界的融合。共鸣是移情、造境的目的和归宿。思想政治课程育人的关键就在于引发学生的情感共鸣与价值认同。观照学生的实际经验，契合学生的"期待视野"是共鸣产生的前提条件。

仍以"传统文化的继承"为例，为了激发学生保护传统文化的社会责任感，笔者设计了一个"创伤与拯救"的教学环节。在背景音乐《长相思》的哀婉绵绵中，笔者像一个乡愁诗人一样展示自己故乡在拆迁大潮中沦为废墟的图片，并深情款款地朗诵自己撰写的生活散文《乡村的惆怅》：

> 故乡坐落在长江之滨，圌山脚下。站在宽阔平坦的江堤上远眺，一边是白苇摇曳，白浪滔滔，一边是平畴绿野，青山塔影。这就是故乡的原风景，这就是我魂牵梦萦的童年故土。一个人在江堤上漫无目的地游走，我想找寻童年的船只与汽笛声。山那边，草垛燃烧散发的烟雾，弥漫在田野村庄，山头树梢，如黎明的晨曦，如梦里的仙境。从田桥到武桥，从前仲到后仲，故乡散布的村落在工业化、城镇化隆隆声中一个接一个、一批接一批地黯然倒塌。日渐破碎的故乡渐行渐远，成为心头一缕抹不去的惆怅。

这一段独白契合在乡土长大的农村学生的实际生活，能够勾起学生对自己日益破碎故乡的缕缕乡愁，学生在课堂上设计出精彩纷呈的保护传统文化的公益广告语，产生了"以情激情""以情启智"的共鸣效应。需要指出的是，教学中的"情感共鸣"不是无节制的情感宣泄，而应遵循"乐而不淫，哀而不伤"的中和原则，要符合社会主义核心价值观的主流要求。

"有我之境"的思政课，移情是动力，造境是手段，共鸣是目的。移情与造境表现为教师的"预设"，共鸣表现为学生的"生成"，教学设计应该力求这三个要素和一对矛盾之间的统一。

五、"有我之境"的育人功能

核心素养是课程育人价值的集中体现。高中思政课核心素养包括政治认同、科学精神、法治意识和公共参与。2022版课标的核心素养包括政治认同、道德修养、法治观念、健全人格和责任意识。初、高中思政课核心素养所指既有共性也有不同。"有我之境"的思政课对于培育学生学科核心素养具有明显的优势。

1. 促进政治认同

政治认同是思想政治教育的本质与核心，是决定国家向心力、凝聚力的关键因素。在思政课教学中，政治认同培育就是通过思想政治学科的学习，加强学生对新时代中国特色社会主义的道路认同、理论认同、制度认同和文化认同，拥护中国共产党的领导，认同并自觉践行社会主义核心价值观。从思政课教学看，政治认同的关键和前提是师生双方敞开心扉表达真实的思想观点，只有个体经验的深度介入，才能形成意识形态内化的有效机制。思政课"有我之境"是基于教师和学生真实生活展开思想观点的对话交锋，其最直接、最明显的优势就是师生双方彼此坦诚，从而为政治认同的生成提供空间和可能。同时，思政课"有我之境"注重立德树人与立美育人的统一，通过叙事化、文学化和艺术化的教学方式激发学生政治情感，也是促进政治认同的重要路径。

2. 促进人格健全

人格健全是指具备正确的自我认知、积极的思想品质和健康的生活态度。具体表现为：自尊自信、理性平和、积极向上、友爱互助等。作为义务教育阶段道德与法治课程的核心素养要求，人格健全虽然不属于高中思想政治课程目标，但是从大、中、小思政课一体化角度考虑，依然意义重大。教育最重要的使命在于培养人格健全的完整的人，教师不能像"装在套子里的人"把自己裹起来而单纯地传授知识。"有我之境"的思政课基于师生生活经验，架通了生活世界、知识世界和心灵世界之间的桥梁。要求教师作为一个具有丰富精神世界的完整的人，将自己全部人生经验、兴趣爱好、学识修养、处世态度等呈现在学生的面前，使得教学内容和教学过程凸显鲜明的人格特征和生命色彩，能够促进学生认知过程、社会过程和自省过程的有机统一，"知识的显性教育"和"人格的隐性教育"有机统一，从而取得"以心育心、以德育德、以人格育人格"的教学效果。在这一过程中，既会发生教师人格魅力对学生的熏陶和感染，也会出现学生道德智慧对教师的教育和启迪。这是教与学、师与生相互作用、相互成全的过程，是"人格作用于人格"的过程。

3. 促进公共参与

公民的公共参与，就是有序参与公共事务，勇于承担社会责任，积极行使人民当家做主的政治权利。公共参与素养是思政课作为"活动型学科课程"对学生的社会实践能力所提出的要求。政治认同、科学精神、法治意识凸显思政课"价值引领"，公共参与要求思政课"知行合一"。从"价值引领"到"知行合一"是当下思政课改的最新要求。思政课"有我之境"将教师和学生双方的生命叙事作为课堂教学的基本形态，既是对过往人生经验的反思，也是对重大社会事件的观照。当师生用"当事人"或者"见证者"的视角叙说和交流时，既能克服"言不由衷"，也能避免"置身事外"。这种"局内人"立场是对师生双方社会角色和责任担当的一种唤醒和追问，是培育公共参与素养的有效方式。当然，公共参与素养培育途径是多元化的，除了生命叙事，还需要包括社会实践在内的一系列的"活动设计"。

4. 促进道德修养

思政课属于德育课程，道德修养是义务教育阶段道德与法治课程的核心素养之一，包括个人品德、家庭美德、社会公德和职业道德4个方面。道德不能靠灌输，只有通过理解才能生成。道德发生的基础在于人对人的理解，这种理解既包括认知层面，也包括情感层面。人对人的理解是个体社会化的过程，研究表明亲社会行为水平较高的，往往是对他人的情感、处境有更为准确理解和体验的儿童。缺少人对人的理解，任何道德规范都只能沦为道德空壳。理解源于"个人生活史"的反思和情感经验的分享。"有我之境"的思政课基于教师和学生真实的人生经历和生命感悟，能够克服长期以来知识本位和虚拟情境主导课堂所形成的灵魂缺席和"目中无人"的顽疾。它以师生个体生命叙事的方式重构课堂道德空间，通过师生之间、生生之间、学生与故事中的人物之间的对话交往，不断扩展学生对自我与他人、自我与集体以及自我与社会的关系和意义的理解，促进学生道德成长。

六、"有我之境"的评价标准

基于思政课"有我之境"的教学主张，按照"求真""向善""至美"等3个纬度构建了具有鲜明德育学科特点的课堂教学评价标准，将课程育人目标和相关教学原则加以具体化。如表2-1所示：

表2-1 思政课"有我之境"的课堂教学评价表

一级指标	二级指标	评价要素
求真 （30分）	情境 （10分）	1. 融入教师和学生的生活 2. 表现时代和社会的生活
	问题 （10分）	1. 直面学生成长需要 2. 指向社会现实状况
	活动 （10分）	1. 有高阶性的思维活动 2. 有表现性的评价活动 3. 有实践性的社会活动
向善 （40分）	思想性 （20分）	1. 故事主题符合社会主义核心价值观 2. 故事主题能够引领学生健康成长
	情感性 （10分）	1. 有教师的情感投入 2. 有学生的情感共鸣
	人文性 （10分）	1. 对于学生的尊重关怀 2. 对于人类文明的反思
至美 （30分）	教学语言 （10分）	1. 运用幽默风趣的生活化的语言 2. 适度借鉴或者创造文学化语言
	教学结构 （10分）	1. 有相对完整的故事情节和结构 2. 学科知识与故事结构有机统一 3. 个体叙事与宏大叙事有机统一
	教学方法 （10分）	1. 遵循立德树人与立美育人的相结合 2. 遵循以理服人与以情动人的相结合

第三节　思政课"有我之境"的叙事转型

叙事，简单地说，就是讲述故事，包括讲述和故事，即"讲什么"和"如何讲"。在西方，叙事是一门专门"讲故事的学问"，即叙事学。最早提出叙事学概念并认为这是一门有待建立的科学的人，是法国当代著名结构主义符号学家、文艺理论家茨维坦·托多罗夫。他在1969年出版的《〈十日谈〉的语法》中首次提出，这门科学属于一门尚未存在的科学，我们暂且将这门科学取名为叙事学，即关于叙事作品的科学。此前，1966年罗兰·巴特发表的《叙事作品结构分析导论》、克洛德·布雷蒙发表的《叙事可能之逻辑》两篇论文和格雷马斯出版的《结构语义学》一书，都可以视为当代叙事学的奠基之作。叙事学从20世纪80年代后期开始登陆中国，90年代中期达到高潮。具有代表性的有陈平原的《中国小说叙事模式的转变》（1988）、罗钢的《叙事学导论》（1994）、杨义的《中国叙事学》（1997）等。他们在借鉴西方叙事学理论的同时，以中国所特有的文学资源和话语形式，展开了自《诗经》以来的包括《山海经》、话本小说、《红楼梦》等古典文学以及现当代小说的叙事研究，丰富了叙事学理论，为西方叙事学理论的中国化做出了努力。叙事学是在结构主义基础上发展起来的对叙事文本进行研究的理论，最初源于文学领域。如今，叙事研究不断深入和细化，渗透到教育叙事、新闻叙事、电影叙事、图像叙事、历史叙事、音乐叙事等几乎一切人文学科领域。

一、叙事与教育关系概述

叙事即通常意义的"讲故事"，是人们理解和解释人与世界、人与他人、人与自我的一种方式，是人类认识世界和认识自我的基本途径。叙事与人类生活的密切联系。罗兰·巴特指出：叙事以人类历史为起始，从来不曾有过没有叙事的地方、没有叙事的民族，所有阶级、人群都有自己的故事……如同生活本身。[①] 叙事是人类生活经验的基本表达方式，中国古代的"盘古开天""精卫填海""女娲补天""后羿射日"等神话故事，表达

---

① 邓颖玲.叙事学研究：理论、阐释、跨媒介［M］.北京：北京大学出版社，2013：6.

了初民对于自然界的想象。古希腊神话和西方《圣经》也用讲故事的方式阐释各自的世界观和道德观。叙事从起初简单直接的口头相传，逐渐发展为浓墨重彩的文本叙述，如西方的《荷马史诗》《莎士比亚戏剧》《战争与和平》等，中国的《论语》《史记》《红楼梦》等。人本质上是"讲故事的动物"，是一种"叙事性的存在"。每个民族都曾将"讲故事"的诗性教化作为主要的道德教育方式，人类最初的道德观念大多蕴含在朴素的故事中。

我的童年也曾为故事所浸润，奶奶讲的信神的故事，村里福爹老人讲的是民间传奇故事，桂保哥讲的三国和水浒，兔哥讲的安徒生童话（我记得最清的是大克劳斯和小克劳斯的故事），连同冬夜的柴火、夏夜的星光、秋夜的清凉，都深深地印刻在我童年的记忆之中。有故事陪伴的童年，虽然贫穷，但不寂寞。童年的生命时光在故事的记忆中依稀存留，在回望中鲜活如旧，带给我绵绵不绝的生命的暖意……故事敞开我们的生命空间，孕育我们生命的记忆，陪伴我们生命的旅程。"没有叙事，生活伦理是晦暗的，生命的气息也是灰濛濛①的。"没有故事的生活是寂寞的，没有故事的童年是暗淡的。远离了故事的教育，虽然华丽、详实②，但总让人觉得少了真实的血脉，而显得干枯。（刘铁芳《远离故事的教育》）

作为人类古老而又充满活力的道德教育方式，叙事之所以具有道德教育的作用，就在于它把抽象的道德原则、道德规范还原为生动活泼的生活场景，契合倾听者个体的生活经验，能够唤醒其原有的道德认知与情感，形成新的道德经验结构。在这一过程中，倾听者不是被动接受者，倾听之中藏匿着个体体验故事和内化道德价值的过程。对于叙述者而言，讲故事并非简单地陈述生活事件，而是一个对自己亲历的生活进行观照、反思、寻求意义的过程，是理解生命、理解自己、理解社会与他人的过程，原本碎片化的生活片段在个体讲述中能够获得新的意义序码。叙事对于倾听者和叙述者双方都是意义的追寻和道德的重构。

叙事作为中西方传统道德教育的基本方式，对于人们的道德启蒙发挥过巨大的作用，它通过历史典故、寓言故事、神话传说、童话歌谣等形式，

---

① 应为"灰蒙蒙"。
② 应为"翔实"。

生动形象地传递了社会道德规范和时代价值取向，在耳濡目染、口耳相传、潜移默化中达到思想道德教育的目的。进入近代社会，由于自然科学追求"抽象"和"概括"的客观真理，人类知识观从人文范式向科学范式转型，道德叙事也逐渐被道德灌输与说教取代，一度成为被遗忘的明日黄花。2000 年以来，随着作为一种教育科研范式的教育叙事的兴起，我国一些学者呼吁重新将"道德叙事"（丁锦宏）、"生命叙事"（刘慧、朱小蔓）作为学校道德教育工作的基本方式。刘慧等人提出，生命叙事是挖掘个体生命道德教育资源的重要方式，强调叙事主体对自己的生命故事及对他人生命故事之自我感悟的个性化表达。① 该观点与思政课"有我之境"的教学主张是一致的，也为笔者"有我之境"观照下的叙事教学研究提供了很好的理论视角。

叙事既是一种古老的道德教育方法，也是当前倡导的教育科学研究方法，即教育叙事。教育叙事就是讲述教师日常教育生活的故事，以讲故事的形式来表达自身对教育的理解与解释。叙事唤醒人们隐秘的文学热情，原先使生硬古板的教育研究的面孔变得生动迷人。② 好的教育叙事就像优秀的文学作品，能够写出生命成长的感觉和味道，它用直观感性的方式对教育本质和现象进行澄清和显现。

叙事主义者相信，人类经验基本上是故事经验；人类不仅赖故事而生，而且是故事的组织者。进而，他们还相信，研究人的最佳方式是抓住人类经验的故事性特征，记录有关教育经验的故事的同时，撰写有关教育经验的其他阐述性故事。这种复杂的撰写的故事就被称为叙事（Narrative）。写得好的故事接近经验，因为它们是人类经验的表述，同时它们也接近理论，因为它们给出的叙事对参与者和读者有教育意义。③

教育叙事分为 3 类：教育问题解决的直接记录、教育事件的反思和"自传"叙事。教育的意义、意蕴存在于教育生活的细节之中，教育叙事通过讲故事的形式，把个人的教育经历活生生地呈现出来，将偶然的教育事件历史化、平凡的教育琐事意义化。教育叙事有利于实现教育科学研究方

---

① 刘慧，朱小蔓. 生命叙事与道德教育资源的开发 [J]. 上海教育科研，2003（8）：15.
② 李政涛. 教育研究的叙事伦理 [J]. 教育研究，2006（10）：18.
③ 钟启文，高文，赵中建. 多维视角下的教育理论与思潮 [M]. 北京：教育科学出版社，2004：357.

法从追求科学主义的本质与规律的宏大叙事，向彰显经验存在的意义理解和提升教育行动的经验叙事转变。作为一种人文范式的教育科学研究方法，教育叙事的生活性、真实性、故事性特点，能够敞开教师生命意义之门，直观深刻地揭示教育生活的本真。"有我之境"的思政课叙事教学与教育叙事既有区别也有联系。前者是以故事形态为载体对生活经验的学科化改造；后者是对教育生活故事本身的反思。教育叙事的内容题材可以转化为叙事教学的课例素材。

当前，叙事在政治、历史、语文、英语等人文学科课堂教学中应用较为广泛，但是一般表现为故事教学法，普遍缺少叙事学理论的观照和分析，不能将叙事学的基本概念，如本事、故事和叙事，叙述视角、叙述人称、叙述时间和叙述结构等，与课堂教学深度结合。就思政课教学而言，故事教学法相关文章近年来逐渐增多，但并没有转化为教师普遍、自觉的课堂教学行为。虽然思政课情境教学、议题教学也蕴含着一定的故事情境，但这些故事素材多作为工具价值而存在，主要服务于知识学习和掌握，忽视对师生自身生命境遇的人文关怀与课堂表达，故事本身的道德意蕴和审美价值没有得到充分的彰显。笔者在教学实践基础上，有效吸取西方叙事学理论的积极因素。如美国心理学家布鲁纳认为，人在叙事中实现自我主体的建构与确认，"自我是我们讲述的产品，不是藏在主体幽深处等待我们去研究的某种本质"，"缺乏制造有关我们自己故事的能力，就不会有自我这种东西存在"。美国哲学家麦金太尔提出个体叙事与群体叙事的关系理论，任何一个生活的叙事都是相互联结的叙事系列的一部分，"我的生活故事始终穿插在我从其中获得我的身份的那些共同体的故事中"。个体身份和个体故事意义是从群体故事中获得的。美国历史哲学家戴维·卡尔指出：人在叙事中扮演3种角色，讲述者、人物和接收者，即"在日常生活的复杂行为与经验中，我们是我们生活于其中及我们承担责任行为的事件的主体或行为人、叙述者，甚至是观察者"。叙事中的自我是讲故事的人、故事中的人物和听故事的人的统一。美国历史哲学家路易斯·明克认为，人类理解世界有3种基本模式：理论的模式、范畴的模式和构型的模式，分别对应自然科学、哲学和历史，其中构型主要指故事。这些叙事学观点为思政课的教学转型提供了理论支撑。

二、叙事教学的理论概述

思政课"有我之境"采用叙事化、文学化和审美化的教学方式。其中，叙事是课堂教学的基本形态，即以教师和学生叙述人生故事为基本的教学方式，这要求思政课从一般的情境教学向叙事教学转型。思政课叙事教学是指在"有我之境"的基础上借鉴和运用叙事学的相关理论，将师生的生活经验作为主要的课程资源，以叙事的方式进行教学的课堂形态。其实质是对学科知识与师生经验的故事化改造，将教师生活、学生经验与学科知识编织在具有一定情节的故事情境之中，以实现学科知识与生活逻辑的有机统一，认知活动、道德体验与审美感知的有机统一。"有我之境"与叙事教学是相互支撑、辩证统一的。"有我之境"是美学理论观照下的上位的教学主张，叙事教学是以叙事学为基础的下位的教学实践。"有我之境"所追求的师生灵魂在场的生命课堂具有形而上的教育哲学意味，是思政课教师专业成长的精神信条，对于课堂教学具有方法论的意义；叙事教学将"有我之境"所倡导的基本教学原则通过"叙事"的教学形态加以整合和落实。"有我之境"的教学之道，蕴含着叙事教学的实践之术；叙事教学的实践之术，承载着"有我之境"的教学之道。

思政课叙事教学力求实现课堂教学的 3 个转向。

一是从故事教学法向人的叙事性存在的转变。思政课叙事教学是对传统德育的故事教学法的继承与发展。故事教学法只是实现课堂教学的工具和手段，思政课叙事教学则将人作为一种叙事性存在。正如美国哲学家汉娜·阿伦特指出："在诞生与死亡之间的个人生活最终能够被讲述为一个有始有终的故事。"[①] 叙事塑造着生命的形态，既是对个体生命经历的表达，也是对教师与学生当下境遇的关怀，叙事在思政课教学中具有个体存在本体论与课堂教学方法论的双重意义。传统的故事教学法只是按照既定文本"照着讲"，叙事教学虽然也要"照着讲"，但主要基于师生自身生活经验"讲述自己的故事"。叙事对于师生而言不仅是教学方法，更是认识世界的思维方法和意义生成的表现方式。这是叙事教学与故事教学法的本质区别。

二是从宏大叙事向日常生活叙事的转变。人类叙事可分为宏大叙事与

---

① 汉娜·阿伦特. 人的境况 [M]. 王寅丽，译. 上海：上海人民出版社，2009：144.

日常生活叙事。宏大叙事是对人类社会历史发展进程的规划蓝图和政治构想，它与社会发展形势联系在一起，具有强烈的意识形态性，但远离学生的现实生活，忽视对个体生命关怀和生存境遇的观照。日常生活叙事是对个体生活经验进行阐释，旨在从日常生活中揭示生存状态、人生理想和人性之美，以及对日常生活进行审美化观照或者反思性批判。思政课叙事教学是融叙事、抒情和议论为一体的日常生活叙事。其中，叙事立足师生生活，抒情彰显价值引领，议论要求讲透道理。思政课叙事教学强调以日常生活叙事为基础，并非否定宏大叙事，并不排斥师生经验以外的生活世界，并不止于个人生活的固定时空，而是主张将民族国家的宏大叙事嵌入个体生命历程的观照之中，以个体生命叙事映照时代发展镜像。

三是从知识认识向度向主体理解向度转变。知识的认识向度强调反映关系，即知识是对于客观事物的反映。从反映论角度理解知识的最大问题是人与知识的隔离，学科知识难以内化为道德信念和精神力量。知识的理解向度强调的是人对知识的"建构"与"解释"，更加关注知识对于人的意义而不是知识本身。长期以来，思政课教学偏重学科认知忽视个体理解，造成"知而不信"的问题。思政课作为融合了人文社会科学的德育课程，既有科学知识的客观性、普遍性和确定性特征，也具有人文知识的主观性、地域性和不确定性特征，它是理论知识与经验知识、社会知识与个人知识的有机统一。思政课程知识的特点要求思政课教学兼顾认识与理解、反映与建构。思政课叙事教学将学科知识融入生命故事，从客观知识的"认识向度"向师生主体的"理解向度"转变，使知识真正走进学生心灵，内化为学科核心素养。

（一）叙事教学的时代背景

1. 讲好中国故事的需要

立德树人是学校的根本任务，"培养什么人、怎样培养人、为谁培养人"从来都是摆在教育工作者面前的首要问题。培养担当民族复兴大任的时代新人是培育和践行社会主义核心价值观的着眼点。中国特色社会主义进入了新时代，习近平总书记在不同场合多次强调，新时代要"讲好中国故事"。所谓"中国故事"，是指基于中国立场，依托中华民族优秀历史文化成果和中国特色社会主义发展的生动实践，反映中国人（尤其是现代以来的中国人）独特的价值追求、生活经验与内心情感的故事，包括中国特色社会主义的故事、中国梦的故事、中国人的故事、中华优秀传统文化的故事、中国和平发展的故事等。习近平总书记指出:"讲故事就是讲事实、讲形象、讲情感、讲道理,讲事实才能说服人,讲形象才能打动人,讲情感才能感染人,讲道理才能影响人。"① 思政课肩负着引导学生坚定马克思主义信仰、坚定社会主义信念,增强学生对于中国特色社会主义伟大事业信心的重任,肩负着政治引领和思想引领的重要使命,是立德树人的关键课程,是意识形态工作的重要阵地。思政课教学内容实际上是系统化、理论化的中国声音和中国故事。因此,讲好中国故事,既是对坚持立德树人培养时代新人的主动回应,也是彰显思政学科育人价值的有效方式。每个中国人既是中国故事的主人公,也是讲好中国故事的主体。

2. 思政课程改革的需要

2019年8月,中共中央办公厅、国务院办公厅印发《关于深化新时代学校思想政治理论课改革创新的若干意见》明确提出:"增强思政课的思想性、理论性和亲和力、针对性。"朱明光在《关于活动型思想政治课程的思考》中指出:"从讲述固定的理论'教条'变为感悟生动的理论'故事':有情境、有情节、有情趣。从过去的故事到今天的故事;从自己的故事到别人的故事;从身边的故事到中国的故事——一种适应、适合创新理论教育的创新课程类型。"② 思政课教学要么没有故事,要么只有凸显国家意识形态与经济社会发展的宏大叙事。宏大叙事过于直接的道德说教和过于强烈的政治灌输,容易引起学生反感。因此,讲好中国故事,要正确处理好宏大叙事与日常生活叙事的关系。否定民族国家发展的宏大叙事,会陷入历史虚无主义;否定日常生活叙事,会导致"目中无人"。没有宏大叙事的视野,日常生活叙事缺乏高度;没有日常生活叙事的支撑,宏大叙事缺少温度。思政课叙事教学将宏大叙事切换成基于平民化视角的个体生命叙事,通过"以小见大"的教学样态增强思政课的亲和力和针对性,实现"有意思"与"有意义"的结合。从知识教学到叙事教学,从宏大叙事到日常生活叙事,可化抽象逻辑为生动情节,以审美感性的方式表达构建主流意识形态,是新时期思政课改革创新、落实"八个统一"的积极尝试,是"有

---

① 中共中央文献研究室. 习近平关于社会主义文化建设论述摘编[M]. 北京:中央文献出版社,2017:212.
② 朱明光. 关于活动型思想政治课程的思考[J]. 思想政治课教学,2016(4):6.

我之境"教学主张的深化与发展。

（二）叙事教学的主要特征

1. 故事化的形态

叙事包括故事、话语和叙述3个部分，故事是叙事的重要构成部分，也是思政课叙事教学的基本形态。叙事教学中的故事，是按照一定时间顺序发展的，有着前后联系的事件组合，即通过事件与情节的展开，展现人物行为和矛盾冲突，并传达某种思想态度或者价值观念。故事的原型大多源于师生的日常生活经验，既包括亲自参与的事情，也包括所见所闻。叙事并不是简单地将经验原本的样子复述出来，而是一种意义的加工和诠释。经验只有经过话语重组，由主体按照自己的理解重新整合，才能转换成具有一定意义结构的故事，否则只能是独立于主体之外的客观存在。叙事教学中的故事，既不能全盘照搬生活经验，也不能陷入"自然主义"的泥沼，而要根据思想政治学科性质与特点，结合教学目标与内容，对初始的碎片化的生活经验进行二次加工创作，做到"生活真实"与"艺术真实"相统一、生活逻辑与学科逻辑相统一，从而转化为可用的课程教学资源。

2. 平民化的视角

视角是观察社会生活的角度和方法，隐含着看待事物的姿态和观念。叙事按视角可分为自上而下的宏观叙事和自下而上的微观叙事。前者凸显国家意识形态统一要求和规范标准，属于"官方视角"；后者更关注当事人的主体感受和真实心理，属于"民间视角"。思政课叙事教学力求将宏大叙事切换成以教师和学生为主体的平民化的个体生命叙事，将直接的政治教化与意识形态的灌输融入个体生命叙事之中，通过"讲述个人经历的生命故事，通过个人经历的叙事提出关于生命感觉的问题，营构具体的道德意识和伦理诉求"[①]。叙事教学要求跳出知识中心的窠臼，将聚焦点对准普通人的生活状态和生存方式，通过展示小人物在经济社会中的真实遭遇、在社会转型期的困惑挣扎，表达他们真实的内心情感，揭示学科知识背后的个人境遇与社会变迁，以实现课本理论与现实生活的具体的、历史的统一，彰显思想政治学科独特的生命温度与价值关怀。

---

① 刘小枫. 沉重的肉身：现代性伦理的叙事纬语 [M]. 上海：上海人民出版社，1999：4.

3. 个性化的表达

所谓个性化的表达，是指叙事主体用自己的语言，表达自己的经历、经验和体验，而非泛泛地叙说他人所说之话或社会性的话语。叙事教学强调叙事主体对自己的生命故事和他人的生命故事理解与感悟的个性化表达。没有个体经验语言，思政课只能是没有灵魂和活力的干巴巴的照本宣科。大多数思政课教师的生活经验被排斥在课程视野之外，教师操纵的是知识化、学科化的公共话语，几乎没有言说私人生活故事的空间。思政课叙事教学是建立在"有我之境"基础上的生命经验的表达与分享，教师的教学语言不再表现为脸谱化、程式化的传声筒，而是基于个体生命经历、带有强烈自传色彩的个性化言说。这种个性化的表达蕴含着教师独特的生命旅程、情趣爱好、价值判断和理性思考，彰显了教师自身经验的课程意义与价值。教师从照本宣科的"知识旁观者"向有感而发的"知识经验者"转变，从"话在说我"向"我在说话"转变，使得思政课表情达意烙上鲜明的个性色彩。同样的教学内容，不同的教师会镶嵌不同的生命故事外壳。

（三）叙事教学的基本策略

思政课叙事教学中，教师和学生既是叙事主体即"叙述者"，也是叙事客体即"受述者"，在叙述者与受述者的双向互动中呈现事实和表达观点，遵循"课程公共知识—个体主观经验—课程公共知识"的内在机制。首先，将课程公共知识通过故事化改造转化为教师和学生的主观经验和生活语言。其次，将个体主观经验提炼成社会公共议题，并通过课堂教学中师生对话探究和人际互动形成课程公共知识。这是从理性抽象到感性具体再到理性抽象的螺旋式上升的认识过程，凸显教师和学生对课程公共知识的"建构"与"解释"，最大限度地挖掘和创造教材文本的意义空间和审美价值。具体教学策略有以下几个方面。

1. 叙事主题的确定

叙事主题反映课堂教学的"立意"，是课堂教学的灵魂和方向。主题恰当与否，直接关乎教学目标能否有效落实。思政课的叙事主题要综合课程性质、教学目标、时代特点、学生成长需要与教师自身特点等多种因素加以确定，一般以积极的、正面的、励志的为主。叙事主题既要依据教材，又要高于教材、超越教材。如在"消费及其类型"的教学中，我以"上门女婿"的视角，叙说两个家庭、两代人的消费状况，将主题确定为对包括岳父、岳母在内的低收入者的民生关怀，使得课堂教学具有人文关怀。执教"征税与纳税"时，我以中央电视台普法栏目剧的形式展开叙事，以二叔因偷税、赌博而倾家荡产的悲剧故事，引导学生树立"依法纳税意识"。执教"传统文化的继承"时，我将叙事主题确定为"一个政治教师的文化乡愁"，既是基于中央经济工作会议"记得住乡愁"的时代要求，也是对故乡传统文化日渐式微的有感而发。执教"价值判断与选择"时，我通过讲述"堂弟的爱情保卫战"，引导学生树立正确的爱情观。叙事主题的酝酿过程，就是教师提炼生活经验和思想感情并进行学科化改造的过程。

2. 叙事视角的选择

叙事视角是叙事的核心问题，反映了叙事者与故事的关系问题。按照叙事学理论，叙事视角可分为零聚焦、内聚焦与外聚焦三大类型。当前，思政课案例教学、情境教学大多以全知全能的零聚焦视角叙述为主，叙事人称采用"第三人称"。建立在"有我之境"美学理论基础上的叙事教学，多用"第一人称"的内聚焦视角叙事。以此视角叙事，师生与故事的关系分两种情况：其一，师生作为叙述者是故事的主人翁，讲述自己亲历的事，"我"如何如何。如"消费及其类型""传统文化的继承"副标题中的"上门女婿""政治教师"即教师本人。其二，师生是故事的见证人、目击者，讲述"他"如何如何。如"价值判断与选择"中的"堂弟"，"市场配置资源"中的"老爸"，均为故事主角，作为叙事者的"我"是旁观者、见证人。相较于"第三人称"的客观叙述，叙事教学以第一人称的主观视角进行叙事，是讲述"师生自己的故事"，无论是作为故事的主人翁还是见证人，"我"始终在场，能够给人特别真实的感觉，也能够给予叙事者更大的表现空间，教师可将叙事、抒情与议论融为一体。

3. 叙事结构的设计

从整个课堂教学结构看，叙事教学表现为内外两条线索双重叠加、相互交织。外线是教师的叙事、抒情和议论，内线是学生的认知、体验和分享。教师需要斟酌的是，如何将学科知识巧妙地穿插到叙事的各个环节之中，使得内外两条线索平行推进、有机结合。从外部线索看，教师所叙说的"故事"本身也要遵循一定的结构框架。具体来说有两种情况：一种是戏剧式线性结构。该结构以因果关系为叙述动力，以线性时间的戏剧化冲突展开叙事。如"征税与纳税"按照"创业致富、困境求援、铤而走险、痛定思痛"四幕剧，演绎了二叔跌宕起伏的悲剧人生。戏剧式线性结构遵循矛盾冲突原则，能够制造教学悬念。另一种是散文式团块结构。该结构没有明晰的线性发展和因果关系，也没有连贯统一的情节主线和戏剧冲突焦点，以打乱时空的叙事片断缀合而成，各个片断或团块之间有向心力，形成"形散神聚"的散文式结构。如"消费及其类型"的叙事截取4个生活片段——"我的愁""我的乐""我的烦""我的盼"。这4个片段之间没有内在因果关系，以叙事者的"情感基调"串联而成。散文式团块结构有利于表现叙事者的思想情感。

4. 叙事手法的运用

现代叙事学的关注点从"讲什么"向"怎么讲"转变。同一思想主题的故事能否引人入胜，在很大程度上取决于叙事手法的运用是否恰当、新颖。同样，对于叙事教学而言，教师要学会运用多种手段与方法"讲故事"。就叙事媒介而言，语言是最古老、最直接、最便捷的叙事手段。但是，单一的语言叙事会造成审美疲劳，必须综合运用录音录像、主题或背景音乐、微电影、图片等多种媒介，以调动学生感官，制造身临其境、真实可信的现场感。就叙事方法而言，比喻、象征、暗示、夸张、独白、重复、烘托、留白、定格等艺术手法均值得借鉴和运用。如"征税与纳税"一课结尾，我用两则生活日记，表现二叔因偷税、赌博而倾家荡产后的落魄潦倒，既凸显叙事的层次感，又深化依法纳税的思想主题。再如，"价值判断与选择"第一幕"爱的惆怅"，为表现农民工堂弟的爱情失意，我用改编歌词与清唱方式叙事：春季到来绿满窗，堂弟憧憬好时光。忽然一阵无情棒，打得鸳鸯很受伤。在叙事中抒发了对堂弟的同情，蕴含着关爱困难群体的道德暗示。叙事视角、叙事结构和叙事手法是形式，叙事主题是内容，形式要服从和服务于内容。

（四）叙事教学的实践价值

1. 促进课程教学优化

每一个知识背后都有与人相关的故事。长期以来，思政课之所以不受学生欢迎，一个重要原因就是教师习惯于板着面孔讲"大道理"，而将"讲故事"这一德育方法遗忘。叙事教学重拾"讲故事"的德育原则，在组织故事结构时赋予生活经验以意义，以"现身说法"的方式，传递、分享故事中的内在情感与道德意蕴，将学科知识、观点原理与现实生活联系起来，将"大道理"融入"小故事"中，实现科学世界与生活世界，学习认知与道德体验、审美感知的融合。故事化形态的教学使得思政课从封闭走向开放，由控制走向激发，由抽象的普遍走向鲜活的个别，由教师的训导灌输走向师生间的平等对话，"从外在世界返归内在世界，从公共生活返归个人生活，从工具理性返归价值理性"①。如此，思政课成为基于师生独特的人生经历和生命体验展开对话和分享经验的地方，成为彼此生命的重要组成部分。

2. 促进学生道德生长

叙事教学凸显"个人生活史"对于道德生长的作用。道德品质的形成与在生活过程中积极情感的积淀有着密切的关系。叙事教学因包裹情感体验、道德诉求与审美观照，能够使师生生命中蕴含的道德体验与价值追求得以外显，因而具有诱发和唤醒道德体验的功能，使得德育真正走进学生的生命世界。叙事活动与人的道德成长之间是同步的，叙事中包含多个伦理主体，叙述者、倾听者以及故事中的人物，这些不同伦理主体间形成不同的对话关系，构筑起阐释生命价值的意义时空。如果学生曾为某个叙事而着迷，就很可能把叙事中的生活感觉变成自己在现实生活的想象乃至实践。叙事的道德实践力量就在于，一个人进入过某种叙事的时间和空间，其生活可能就发生了根本的变化。这为利用叙事教学开展德育，促进学生道德成长提供了契机和可能。

3. 促进教师专业成长

人本质上是一种讲故事的动物。人生的统一性存在于叙事的统一性之中。叙事是人自我反思的表现，是人的主动性的体现。叙事教学要求教师将备课关注点从"教什么"转向"怎么教"，不仅要关注教材、关注学生，更要关注和记录自身的生活经验，并对其做出深刻的审视与反思。同时，教师要结合教学内容与学生实际，对自身经验和生活故事进行话语重组与意义建构，使之转化为适合教学的课程资源与教学智慧。教师对于教材文本不是被动的接受过程，而是"生产性的响应过程"②。从叙事主题的确定、叙事视角的选择，到叙事结构的设计、叙事手法的运用，无不体现着

---

① 郑金洲，程亮. 中国教育学研究发展趋向 [J]. 教育研究，2005（11）：6.
② 伊泽尔. 审美过程研究：阅读活动：审美响应理论. 霍桂恒，李宝彦，译，杨照明，校. [M]. 北京：中国人民大学出版社，1988：180.

对教师专业发展和主体能动性最大限度的尊重与解放。实践证明：用个体经验观照学科知识，用学科知识阐释个体经验，从"我注六经"转向"六经注我"，是教师教学走向成熟的重要标志。从这一意义上说，教师有没有故事，会不会叙事，将直接影响教师专业发展水平。

（五）叙事教学的教师角色

思政课教师是讲好中国故事的关键力量，其素养高低直接影响思政课教学的实效。新时代思政课叙事教学对教师角色提出了新要求。

1. 代言人与自言人的统一

长期以来，思政课高度重视和强化教师国家意识形态代言人的角色，却忽略了教师个体声音的内在需求和课程价值。思政课的学科性质和教学内容决定了思政课教师必须承担代言人的光荣职责和使命。思政课教师的话语是意识形态阵地最前沿、最基础和最重要的防线之一。但是，思政课教师不能局限于国家意识形态传声筒的角色。实践证明：没有教师自身生活融入与灵魂在场，就无法体现教师劳动的主动性和创造性，思政课就很可能沦为空洞的理论灌输和政治说教，国家意识形态难以真正落实。思政课叙事教学要求教师扮演国家意识形态代言人与个体生活经历自言人的双重角色。代言人强调教师是课程执行者，追求课程目标的统一性；自言人强调教师是课程开发者，追求教学方式的多样性。为此，思政课教师必须具有课程资源开发整合能力，把"自上而下"官方视角的教材逻辑转化为"自下而上"个体视角的教学逻辑，将思政课高屋建瓴的宏大理论建立在个体生命经验支撑和认同的基础上。

2. 德育者与美育者的统一

思政课是立德树人的关键课程，思政课教师理所当然属于德育工作者。然而长期以来思政课之所以缺少亲和力和感染力，一个重要原因就是教学形式上缺乏艺术加工和审美观照而不够美。思政课堂只有具有艺术性和感染力，才能深入人心、触及灵魂，彰显思政学科的育人价值和思政课教师的引领作用，实现"有意义"与"有意思"的统一。思政课叙事教学坚持立德树人与立美育人相结合，德育"晓之以理"，美育"动之以情"，两者相互渗透、相互促进，共同指向学科育人目标。因此，思政课教师必须承担德育者与美育者的双重任务，既要会讲"正确的话"，也要会讲"好听的话"；既要有坚定的政治立场和扎实的学科素养，也要有较高的文学美学修养和语言表达能力,在学科知识传授者的基础上,承担人生导师、故事编剧和演讲达人的新要求和新任务。思政课教师绝不应该是严肃有余、活泼不足的学究式的"教书匠",而要努力成为学识博雅、富有生活情趣的人,这是一个长期自我修养的过程。

(六)叙事教学的故事开发

思政课故事文本包括学科化思想主题、生活化叙事题材和艺术化表现形式。思想主题可用思辨性话题或者教学议题统领;叙事题材既要立足师生个体生活,也要反映社会公共生活。故事文本的开发和编写,就是对课标教材的个性化、形象化诠释和解读,将学科化思想主题融入生活化叙事题材和艺术化表现形式之中,使教材文本潜在的教育意义转化为现实的精神力量。接受美学代表人物尧斯指出,一部文学作品并不是独立自在的、对每个时代每一位读者都提供同样图景的客体。它并不是一座独白式地宣告其超时代性质的纪念碑,而更像是一本管弦乐谱,不断在它的读者中激起新的回响,并将作品本义从语词材料中解放出来,赋予其以现实的存在。[①] 思想政治课程标准和教材如同具有一定阐释空间的管弦乐谱,需要师生发挥主观能动性,弹奏出既具有时代特征又富有个性特色的政治音乐。具体来说,要处理好以下几对关系。

1. 教师主导与学生主体的关系

教师在叙事教学中起主导作用。教师首先要在课前完成故事文本的编写,即将特定的教学内容转化为故事文本,故事文本要反映教学目标,包含教学内容,体现教学重点和难点;其次要选择恰当的叙事媒介和叙事手法,使得故事文本呈现和表达方式具有多样化、艺术化的美感特征;最后要挖掘和赋予故事文本一定的道德内涵和精神价值。总而言之,一个好的故事文本离不开教师的精心预设,要力求融知识、审美和道德为一体。在这一过程中,教师既是学科知识的传授者,也是学生学习兴趣的激发者和学科育人价值的开发者。学生是叙事教学最重要的主体。首先,学生的主体地位表现为教师编织的故事情境能够为学生的自主探究、对话交往和活动开展服务,促进学生的知识学习、审美感知和道德发展;其次,教师预设的故事文本必须贴近学生的生活经验和精神世界,激发学生讲好自己的

---

① 朱立元. 文学研究的新思路:简评尧斯的接受美学纲领 [J]. 复旦大学学报, 1986 (5): 41.

人生故事，学会用故事的视角观照学科知识和分享人生经验。学生讲述自己的故事是其主体性的最高表现，也是其自我反思、自我教育的重要途径。学生叙事既可以在课堂分享，也可以作为课后作业。学生优秀典型的故事文本可转化为教师的叙事题材进行二次开发利用。

2. 忠于教材与高于教材的关系

思想政治课程标准是思政课教材的编写指南和评价依据，思想政治课教材是思政课程标准的载体和教师教学的依据。思政课叙事教学受课程标准和教材的双重规范和制约。一方面，思想政治课程标准与教材的权威性、经典性，要求教师在故事文本开发中必须毫不动摇地依托课标、忠于教材，不能偏离思政学科育人方向和思政课教师的职业使命，故事文本的教育意蕴要与课程目标和教材内容高度契合。另一方面，故事文本开发又给予教师高于教材的创造性空间。如叙事主题的确定、叙事视角的选择、叙事结构的设计、叙事手法的运用，无不体现对教师主体性和能动性的尊重和解放。思政课教材是编者对课标第一次创造性转化，思政课故事文本是教师对思政课教材第二次创造性转化。它要求教师结合时代特点、学生实际和自身旨趣，拓展教材文本对于学生成长的价值空间。总而言之，故事文本开发不是对教材的简单复制，而是要彰显高于教材的创造性品质。教师既要忠于教材"照着讲"，也要高于教材"接着讲"和"自己讲"。同样的教材内容，不同的教师可以开发出既有共性特征又有个性差异的千姿百态的故事文本。

3. 讲好故事与讲清道理的关系

习近平总书记在中国人民大学考察时强调："思政课的本质是讲道理，要注重方式方法，把道理讲深、讲透、讲活。"[①] 作为立德树人的关键课程，"理"始终是贯穿思政课的主线。无论是宏大叙事还是日常生活叙事，思政课叙事教学要处理好讲好故事与讲清道理之间的关系，即道理要融入故事，故事要反映道理。讲好故事与讲清道理从根本上说都是为了落实立德树人的学科使命，培育担当民族复兴大任的时代新人。但是，两者的侧重点不一样，道理反映思政课的主题和意义，关注认知层面的理性把握；

---

① 习近平在中国人民大学考察时强调 坚持党的领导传承红色基因扎根中国大地 走出一条建设中国特色世界一流的大学新路[N].人民日报，2022-04-26（1）.

故事承载思政课的结构和样态，追求情感层面的政治认同。道理强调立场鲜明、是非清晰，思维逻辑严密，以彰显思政课的政治性和学理性；故事要求贴近生活、直观形象，情感表现丰富，以增强思政课的亲和力和感染力。教师在教学中要反对和克服两种错误的倾向：一是脱离故事情境干巴巴地讲道理。正如习近平总书记所指出的："让学生接受马克思主义，离不开必要的灌输，但这不等于搞填鸭式的'硬灌输'。"① 二是以故事取代道理，降低马克思主义的理论品格，消解思政课的政治属性和思想力量。

4. 客观叙事与主观抒情的关系

思政课基于教师和学生人生经历的叙事教学，应该坚持客观叙事与主观抒情的有机统一。其故事文本既要遵循客观生活本身，具有鲜明的时代特色和浓郁的生活气息，也要凸显教师主体的价值引领。客观叙事侧重故事本身的逻辑关系，要求将学科知识融于故事情境之中，增强知识的趣味性和亲和力；主观抒情追求情感共鸣，彰显知识背后的道德诉求和精神价值，是思政课立德铸魂的根本要求。没有客观叙事的铺垫，主观抒情就没有支撑和依托；没有主观抒情的升华，客观叙事就没有灵魂和方向。离开客观叙事，主观抒情是空洞无力的，难以引发情感共鸣；离开主观抒情，客观叙事是生硬冰冷的，无法促进知识生根。中国文学叙事既具有注重客观叙事的"史传传统"，也具有长于主观抒情的"诗骚传统"。② 思政课"有我之境"的叙事教学要借鉴民族传统和审美特点，在客观叙事的基础之上，依据教学目标和内容适度穿插主观抒情，使知识的身体里有情感的血液流淌。一个优秀的政治教师，既是结构严谨的叙事高手，也是善于抒情的主观诗人。一个"有我之境"的故事文本，如同一首情理交融的叙事诗，一幅虚实相生的山水画。

5. 故事情节与故事细节的关系

情节是指文艺作品中展示人物性格、表现人物关系的一系列生活事件的发展过程，一般包括开端、发展、高潮、结局四部分。细节是指人物、事件等表现对象的富有特色的细微表现，是情节的基本构成单位。情节是细节的依附载体，细节是情节的表现形式。故事文本既要编织故事情节、

---

① 习近平. 思政课是落实立德树人根本任务的关键课程 [J]. 求实, 2020 (17): 16.
② 陈平原. "史传"、"诗骚" 传统与小说叙事模式的转变: 从 "新小说" 到 "现代小说" [J]. 文学评论, 1988 (1): 92-104.

搭建故事框架，也要进行细节刻画，使得故事生动形象、血肉丰满。从思政课教学实践看，教师普遍注重教学情境中故事情节的完整性，但是缺少捕捉和表现细节的意识和能力，从而影响课堂教学的真实性和艺术性，使得思政课立德树人的学科育人功能得不到充分发挥。思政课"有我之境"的叙事课堂既要注重构思情节，使得学科知识融入故事情节之中；也要挖掘和彰显细节的育人功能，用细节真实再现社会生活，揭示事物本质，塑造人物品格和深化思想主题。如前文所述，在课堂上对着母亲的照片深情鞠躬，用"喇叭裤、蛤蟆镜和迪斯科舞曲"反映改革开放初期人们的思想变化，富二代堂弟哼着歌曲《两只蝴蝶》出场等，无不通过细节"以小见大"。没有细节的精心设计，就没有课堂教学艺术的精彩绽放。思政课叙事教学要选择具有代表性、概括性，能够深刻反映教学思想主题的典型细节，用小细节做大文章。

6. 真实作者与隐含作者的关系

美国文学理论家韦恩·布斯在《小说修辞学》中提出"隐含作者"的概念，将创作过程中的作者称为隐含作者，将日常生活中的作者称为真实作者。隐含作者是处于某种创作状态或写作方式的作者，即作者的"第二自我"，是文本"隐含"的供读者推导的写作者的形象。隐含作者与真实作者很多时候是一致的，即所谓"文如其人"。但是，两者不能够完全等同，隐含作者的人格形象偏离生活实态的事例在中外文学史上并不鲜见。因此，教师在编织人生故事时，要立足思想政治课程标准和铸魂育人的学科使命，努力提升自己的人格境界和道德修养，克服真实作者的片面性和狭隘性，塑造具有正能量的"第二自我"形象，以发挥道德示范与价值引领的作用。如在"消费及其类型"中，教师将自己塑造成具有民生关怀的公共知识分子的形象；在"传统文化的继承"中，将自己塑造成中华优秀传统文化的鉴赏者和保护者的角色；等等。隐含作者是教师在课堂教学中对自我形象的再度塑造，它与教师的本来面目既可能是叠加重合的，也可能是人格背离的。政治教师的社会角色和职业道德规范，要求其既要立足"本我"，即面对真实的自我，讲述真实的故事和抒发真实的情感；也要突破"小我"，走向"大我"，在自我修养、自我净化和自我提升之中，提高思想认识和道德水平。从某种角度说，叙事教学的文本开发是育人与育己的相互促进、双向互动的过程。从真实作者到隐含作者，与前文所述从

"生活真实"走向"艺术真实"在本质上是相通的。前者是对叙事者主体形象的提炼加工，后者是对故事情境的艺术改造。

7. 正面题材与负面题材的关系

法国哲学家保罗·利科指出，绝没有伦理上保持中立的叙事，故事情境中人物言行总是具有一定的道德伦理取向。叙事教学故事文本开发，应该坚持以正面思想教育为主，选用符合社会主义核心价值观和主流意识形态的正面题材。教师要善于甄别和消除故事情境中的不良心理暗示和负面道德影响，并从正面挖掘其道德教育价值。如前文所述，某教师讲"财产所有权和继承权"时，将电影《西虹市首富》作为情境素材搬进课堂，忽视影片中隐含的一夜暴富和不劳而获的错误价值取向。笔者建议追问："暴富心理"对于国家、社会和个人的危害，渗透唯物史观教育，明确劳动创造了人并推动人类社会的产生和发展，是理解社会历史奥秘的"钥匙"，引导学生树立"劳动光荣"的思想。再如，某教师在"立足职场有法宝"教学设计中，以"职场'隐形人'"为副标题，讲述大学同学遭遇不公正待遇跳槽后，违反与前公司签订的"竞业限制协议"，隐匿身份继续就业的故事。教师对于同学受到的不公正待遇表示同情，但对其既不讲道德诚信，又违反劳动法的行为，缺少批判和反思。经过修改后，以"她不愿做'沉默的羔羊'"为副标题，突出主人翁敢于依法维权的正面形象，同时引导学生指出其自身存在的问题，使学生懂得享有权利与履行义务是辩证统一的。既要坚持以正面题材为主，也不能回避负面题材，要善于"变废为宝"，将负面题材转化为恰当的教育资源。

8. "有我之境"与"无我之境"的关系

在"有我之境"的故事文本中，教师和学生是主人翁或者见证人。思政课叙事教学倡导师生"讲述自己的故事"，但是不能将"有我之境"的师生个体生活与"无我之境"的社会公共生活对立起来。思政课叙事教学将师生生活故事作为重要的课程资源，必须兼顾古今中外具有教育意义的经典案例和故事，坚持师生个体生活"小我"与社会公共生活"大我"的有机统一。一个故事文本可以是全部"有我"，也可以是局部"有我"，要根据教学目标和内容在"有我"与"无我"之间进行自由切换和组合。如"时代主题：和平与发展"教学，某教师分别以"战争阴霾下的恐惧"和"和平国度中的欢笑"为标题，将战乱中苦难的孩童照片与自己子女幸福成长的照片进行比较，在"无我之境"的叙事中穿插"有我之境"的抒情。

要把握"形式无我"与"实质有我"的辩证关系。如"使市场在资源配置中起决定性作用"教学,某教师以 2019 年全国五一劳动奖章获得者、"80后"贵州女孩余群的故事贯穿课堂,通过"困局、迷局、破局、大局"四幕剧,展现主人翁在市场经济大潮中外出打工的艰辛迷茫、回乡求学的勤奋努力和率领乡亲脱贫致富的真实历程,彰显出知识背后的人文关怀和道德力量。尽管故事文本与师生生活经验没有交集,形式上是"无我之境"的,但它有故事情节,有生活情绪,有人物情感,有家国情怀,因而具有打动人心的力量,属于"实质有我"的生命叙事。

思政课的故事文本类似于准文学作品,具有"兴、观、群、怨"的一般特点和功能。"兴"就是激发功能,故事文本区别于教材文本和一般教学情境之处在于,用基于师生生活经验的感性具体的方式,促使"教师愿意教"和"学生喜欢学";"观"就是认知功能,即通过较为完整的故事情境展示个体心路历程和社会历史发展全景,使得学生在个人与社会互动中理解学科知识;"群"就是价值功能,思政课的故事文本不仅是为了帮助学生掌握知识,更要突出价值引领,将学生不同的思想观念凝结成符合社会主义核心价值观的群体观念;"怨"就是批判功能,思政课故事文本既要旗帜鲜明地呈现和批判非马克思主义的错误思想,也要毫不留情地指出现实社会的问题矛盾和不良现象,坚持建设性与批判性相统一。

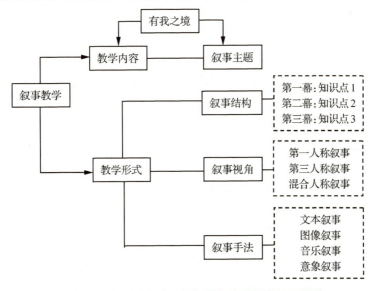

图 2-2 思政课"有我之境"的叙事教学设计流程图

第三章
思政课"有我之境"的实践探索

第一节 思政课"有我之境"的实践范式

叙事是一种修辞,要讲究方法和技巧。思政课叙事教学应该综合运用各种叙事媒介。根据叙事内容和叙事媒介的不同,初步形成了 5 种教学范式:伦理叙事、文本叙事、图像叙事、音乐叙事和意象叙事。其中,伦理叙事是从叙事的内容角度来界定的,文本叙事、图像叙事、音乐叙事、意象叙事是从叙事的手段来界定的。伦理叙事是思政课叙事教学的典型样态,凸显师生主体的"在场"。文本叙事、图像叙事、音乐叙事、意象叙事中的"我"可能是隐性的,不一定都有表现师生生活的完整的故事情节。这 5 种教学范式可以独立运用,也可以组合式混合并用。文本叙事、图像叙事、音乐叙事和意象叙事从根本上说要服务于伦理叙事。

一、思政课伦理叙事

叙事本质上是对人类生命的感悟和生活经历的理解。赵汀阳认为,一种叙事,也是一种生活的可能性,一种实践性的伦理构想。叙事与伦理是密不可分的。只要叙事就必然具有伦理意味,伦理也总是以叙事的方式呈现。伦理叙事是指人们有意识地反思自己的生命和生活,以创造价值和意义的活动。思政课作为德育课程承载着传播马列主义基本观点、中国特色社会主义理论和培养社会主义核心价值观的宏大使命,是培养社会主义接班人和完成立德树人任务的主要课程载体。从叙事学角度说,思政课教学是以社会主义道德体系为核心内容的伦理叙事,培养"有立场、有担当、有自信、守规则"的现代公民。伦理是思政课的价值目标，叙事是思政课的教学方式。

思政课伦理叙事要求将学科知识还原成具体的道德事件和鲜活的伦理故事，从灌输理论知识转向讲述中国故事，通过叙事的教学方式阐释知识背后的伦理诉求和道德意蕴，彰显学科独特的育人价值，为学生参与社会生活和构筑意义世界奠基。以笔者执教的公开课"价值判断与选择——堂弟的爱情保卫战"为例，探讨伦理叙事的策略和要求。

（一）课例展示

第一幕：爱的惆怅

导入：今天老师想讲一个发生在我身边的现代爱情故事，故事名字就是本课的副标题：堂弟的爱情保卫战。堂弟出生在农村，家境贫寒，大学毕业后在城里一家企业当技术员。堂弟的大学同学和恋人叫小丽，是一名外企文秘。两人感情很好，工作后准备步入婚姻的殿堂。堂弟第一次去小丽家，结果不欢而散。那位准岳母一心想让女儿找个有钱的"金龟婿"，嫌堂弟是农村人，工资少，说他是"癞蛤蟆想吃天鹅肉"。故事到这里，我想用3句话做个小结：堂弟是个农村人；准岳母瞧不起农村人；准岳母阻止女儿继续与堂弟交往。请同学们找一找这3层内容涉及教材中的哪些概念。

学生阅读教材，区分概念：事实判断、价值判断、价值选择。

第二幕：爱的抉择

师：准岳母以为了"女儿幸福"的母爱名义，疯狂地实施"棒打鸳鸯"计划。先是苦苦哀求女儿，接着将女儿锁在家里不让其与堂弟见面，甚至还带了一帮人到堂弟家里大吵大闹。面对这场山雨欲来风满楼的爱情"剿灭"行动，堂弟一家召开了一次家庭会议：父亲劝他拉倒，弟弟叫他坚持，母亲则以泪洗面。

问题讨论：面对这场山雨欲来风满楼的爱情"剿灭"行动，堂弟是应该坚守爱情，还是应该选择放手？

结论：对于同一个问题，不同的人站在不同的角度和立场，其观点和结论往往是不一样的，价值判断与价值选择具有主体差异性。

师：堂弟最后选择了坚守。为了得到对方家长的理解，他给准岳母写了一封信。

投影：我也不是"高富帅"，我也不是"官二代"，我也不会甜言蜜语，我也不会风花雪月。我是一个有文化、爱钻研、有孝心、体贴人、不怕苦、累不倒、压不垮、踩不烂的农村人。都说没有父母祝福的爱情不会幸福，我真心希望能同您的女儿天长地久。只要您同意我俩喜结良缘，我保证买房不找您借钱！（信件部分内容）

学生：读信。

师：遗憾的是这封信并没有改变小丽母亲的态度。为了保卫爱情，为了婚后能有坚实的物质基础，为了证明自己能得到双方家长的理解和认同，堂弟与小丽辞去原来的工作，一起到经济发达的昆山谋求发展。就这样两人在一个陌生的城市，同甘共苦，相濡以沫，他们执着地追求自己的幸福生活，努力经营自己的爱情小屋，将日子过得有滋有味、有情有义。

第三幕：爱的反思

师：我的堂弟是幸福的，可是历史上有多少"堂弟"与"小丽"的爱情遭遇风吹雨打，落得劳燕分飞。（投影贾宝玉与林黛玉、梁山伯与祝英台的图片）

问题讨论：为什么贾宝玉与林黛玉、梁山伯与祝英台不能大胆追求自己的幸福生活呢？这说明价值判断与价值选择另一个特征是什么？准岳母"棒打鸳鸯"归于失败的根本原因是什么？

结论：价值判断与价值选择具有社会历史性；正确的价值判断与价值选择必须遵循社会发展规律。

师：在堂弟与小丽的爱情之旅中，也曾出现过分歧。特别是这样一则新闻，让两人谁都说服不了对方。

播放视频："8·12天津滨海新区爆炸事故"中消防战士尹艳荣英勇救火，献出了年仅25岁的生命，也永别了新婚才12天的妻子。堂弟的评价是"真英雄"，小丽认为是"缺少家庭责任感的鲁莽举动"。

学生辩论：这是英雄行为还是鲁莽举动？

师小结：双方观点都具有合理性。堂弟是站在国家人民立场，而小丽是站在个人家庭立场。两者在根本上是一致的，所谓"有国才有家"。但是，两者在特定情况下也会有矛盾冲突，比如在火灾事故中，消防队员个人家庭利益与国家人民利益就会产生冲突，当两者不一致时，正确的价值判断与选择只能是唯一的，那就是自觉站在人民的立场上。这里，不存在"仁者见仁，智者见智"，必须旗帜鲜明。否则，战场上军人会临阵脱逃，地震中教师会像"范跑跑"那样夺路先逃。所以,我的结论是:英雄行为。

结论:正确的价值判断与价值选择必须站在最广大人民的立场上,把人民群众的利益作为最高标准。

第四幕: 爱情的十字路口

师:虽然堂弟与小丽出现了上述分歧,但这并没有影响两人感情。两人事业发展不错,不仅还清了房贷,还买了汽车,堂弟取得了高级工程师证书,小丽的母亲也慢慢接受了堂弟,不仅催促他们尽快完婚,还承诺将来要帮他们带小孩。在我们所处时代,也出现过这样的爱情选择:在婚恋节目《非诚勿扰》中曾有一位女嘉宾表示,"我宁愿坐在宝马车里哭,也不愿坐在自行车上笑"。

问题讨论:"宝马车里的爱情"与"自行车上的爱情",哪一个更有可能幸福长久?(播放背景音乐:舒曼《浪漫曲》)

教师寄语:七彩爱情多缤纷,人生选择须清醒。时代潮流不可挡,人民利益放心上。拜金享乐无正果,齐心才能同船渡。江城少男又少女,祝君鹏程展万里。

(二)教学策略

1. 真实生活是基础

真实是叙事的根基。伦理叙事与文学叙事的一个明显不同之处在于叙事场景的非虚构性。伦理作为一种社会现象,必须从现实的社会关系和社会生活本身去理解。思政课伦理叙事必须建立在道德事件客观真实的基础上,真实的生活是思政课伦理叙事的逻辑起点。本课以"堂弟的爱情保卫战"为主线,设计了四幕情节性较强的教学情境,真实地记录了两个年轻人自强不息的奋斗故事。在知识教学中融入爱情伦理道德教育,实现价值性与知识性、显性教育与隐性教育的有机统一。为了增强叙事的直观性和可信度,笔者按照叙事节点先后呈现几幕场景。需要指出的是,思政课伦理故事的"真实",不是外在于教师的遥远而纯粹的客观事实,而是"以我观物"的真实,是教师本人的亲身经历,是客观事实与主观感受的有机统一。思政课伦理叙事架构起课程知识与教师经验,教师既是伦理叙事的主体,也是伦理故事中的主人翁或者见证人。真实性是增强思政课教学针对性和亲和力的基础。

2. 道德思辨是关键

思政课伦理叙事的目的就是要增强学生的道德判断力，促进学生道德认知水平的提升和道德甄别能力的增强，促进社会主义道德关系的形成。学生道德生长是内发的，而不是靠外界灌输。这就要求思政课伦理叙事强化道德思辨，设计具有两难困境的道德难题。本课结合价值判断和价值选择的教学内容，针对高中学生年龄特征和心理特点，创设了"中学生应该树立怎样的爱情价值观"这一话题，呈现了3种具有时代性和典型性的爱情价值观，即堂弟的奋斗型爱情、消防战士尹艳荣为国捐躯的奉献型爱情以及相亲节目中女嘉宾的拜金式爱情，设计了两个具有一定思辨性的道德难题"尹艳荣救火是英雄行为还是鲁莽举动""宝马车里的爱情与自行车上的爱情，哪一个更有可能幸福长久"。在这一过程中，教师立足社会现实，引导学生反思与批判拜金主义爱情观、自私狭隘的个人主义爱情观。这样既立足教材又超越教材的道德难题能够激发学生道德思考，为学生未来的价值判断和选择提供参考。能否创设"两难情境"与思辨性议题，既是思政课伦理叙事的关键，也是政治教师教学水平的体现。

3. 主体在场是保证

叙事包含叙事主体对客观世界的认识和自己的情感体验。思政课伦理叙事是教师和学生基于人生经历的生命言说和伦理思考。思政课要完成立德树人的课程任务，教师和学生双方必须主体在场。教师主体在场表现为对所叙之事倾注真感情，教师不再是故事的"局外人"和"旁观者"，在叙事中要彰显主观性和评价性，将自身的道德主张和价值判断贯穿知识教学。本课教学中，堂弟是故事的主人翁，教师是见证人。堂弟的故事始终在教师主体精神的观照下进行叙说。比如针对"尹艳荣救火是英雄行为还是鲁莽举动"的辩论，教师的总结旗帜鲜明地摆明立场、指引方向；教师课堂寄语对于教学主题起到画龙点睛的作用。教师主体在场，才能发挥"人格作用于人格"的作用，强化学生人生导师的角色担当。学生主体在场表现为学生能够真正参与到叙事教学活动之中，基于故事情境表达真实观点和想法，进行真正意义上的师生互动。这就要求教师在开发故事时必须坚持生本立场，观照学生年龄特征、思想实际和内心需求。

4. 教学审美是手段

立德树人与立美育人是密不可分的。孔子说，"兴于诗，立于礼，成于乐",伦理道德的形成离不开"诗教"和"乐教"的审美熏陶。伦理道德教育将道德理想教育融于"浴乎沂,风乎舞雩,咏而归"的审美图像,更是定格为永恒的经典瞬间。伦理道德教育要深入人心、触摸灵魂,离不开一定的审美感知。第二幕"爱的抉择"如果直接呈现堂弟写给准岳母的爱情保卫宣言,则用时过长且平淡乏味。笔者借鉴唐寅的《桃花庵》和元曲《窦娥冤》的语言风格对堂弟的信加以改造,勾勒出堂弟人穷志不短、富有乐观精神和幽默感的生动形象,使得叙事从"客观再现"走向"主观表现",从"生活真实"走向"艺术真实",具有美感和感染力。第四幕"爱情的十字路口"的讨论,选用舒曼音乐进行心理暗示,引导学生批判错误的社会思潮,树立正确的爱情价值观。用生动形象的艺术外衣改变思政课教学的刻板表情,以审美感知促进道德生长,是思政课伦理叙事的直接有效手段。

(三) 两个转变

思政课伦理叙事要求实现两个转变。

1. 从"个体叙事"向"家国叙事"转变

马克思指出,人的本质不是单个人所固有的抽象物,在其现实性上,它是一切社会关系的总和。任何人都处在社会关系重叠交错的连接点上,不是脱离社会关系的"无根"自我。思政课基于个体生命故事的伦理叙事,不能纠缠于个人恩怨情仇和道德是非,讲述自己的故事,绝非纯粹抒发个人主观情绪,而要立足时代精神和立德树人的使命。不仅要记录个人生活,更要反映时代发展,把具体情境中的"个人遭际"转化为社会结构上的"公共议题",引导学生在正确处理个人与他人、个人与集体、个人与国家的诸多关系中,提升道德境界,涵养家国情怀,认同并践行中华传统美德和社会主义核心价值观。

2. 从"压迫叙事"向"解放叙事"转变

思政课伦理叙事既要挖掘"事"的伦理价值,也要关注"叙"的道德意蕴。美国心理学家科尔伯格指出,道德控制和灌输既不是一种教授道德的方法,也不是一种道德的教育方法。思政课伦理叙事不是作为国家意识形态代言人的道德说教,而是基于师生个人生活与经验的伦理对话。在这一过程中,教师是叙事的主体,是道德事件的发现者和叙述者;学生是学习的主体,是道德伦理的探究者和建构者,师生双方是平等的"我和你"

的主体间性关系。思政课教学只有从灌输训诫的"压迫叙事"走向平等对话的"解放叙事",才能激活学生道德经验,促进道德学习的真正发生。教师要警惕和克服叙事活动中各种非道德和反伦理的现象。

二、思政课文本叙事

"文本"一词,来自英文单词"text",它的拉丁词源"texere"表示编织的意思。文本可以只是一个单句,如谚语、格言、招牌等,也可以由一系列句子组成。2004版课标指出,最主要的资源是思想政治教科书,其他涉及经济、政治、文化、哲学等各类社会科学,以及时事政治等方面的报刊、书籍、图片、录音、录像、影视作品等,也是思想政治课程的重要资源。以文字符号为形式的文本是人类经验最基本的载体,也是学校教育活动最重要的凭借和依据。在课程资源日益多样化的今天,传统文本资源虽然不再是唯一的课程资源,却依然具有重要的意义。思政课文本叙事是指以汉语言文字为主要教学手段创设情境的教学方式。

(一)文本资源的类型

1. 马列经典著作

马列经典著作是高中思想政治课最重要的文本资源。高中思想政治课进行马克思列宁主义、毛泽东思想和中国特色社会主义理论体系的基本观点教育,其理论知识主要源自马克思主义经典作家,如马克思、恩格斯、列宁、毛泽东、邓小平等。

2. 相关学科名著

高中思想政治作为社会人文学科包括4个必修模块"中国特色社会主义""经济与社会""政治与法治""哲学与文化",3个选择性必修模块"当代国际政治与经济""法律与生活""逻辑与思维",以及选修模块"财经与生活""法官与律师""历史上的哲学家"等内容,涉及经济学、政治学、哲学、文化学、伦理学、宗教学、法学等诸多领域。这些学科的经典著作是思想政治课重要的课程资源。

3. 优秀文学作品

文学作品强调"文以载道"。优秀文学作品一般兼具思想性和艺术性,通过生动优美的语言和个性鲜明的形象表现思想感情,是有待充分挖掘的隐形的思政教育读本。感性的文学作品可以与理性的思政课教材形成互补,激发学习兴趣，引发情感共鸣，增强政治认同。

4. 国家法律法规

培养学生法律素养、增强学生法治意识是思想政治课程的重要目标，是贯彻依法治国、建设社会主义法治国家的时代要求。高中思想政治必修模块"政治与法治"、选择性必修模块"法律与生活"等均涉及国家法律法规的相关条款。教学中可以适当介绍和补充我国宪法、民法、劳动法等相关法律内容。

5. 重要时政材料

坚持马克思主义基本观点教育与把握时代特征相统一，是思政课教学的基本原则。报刊、电视、网络等各类媒体反映国家大事、国计民生的内容，党和国家重大会议重大决策，国家领导人讲话等时政材料，都可以作为课程资源应用于思政课堂。时政材料最大的特点就是具有鲜明的时代性，可以弥补教材编写的相对滞后性，凸显马克思主义与时俱进的品质，增强说服力和可信度。

6. 历史参考文献

如《中共中央关于加强社会主义精神文明建设若干重要问题的决议》（1996）、《中共中央国务院关于进一步加强和改进未成年人思想道德建设的若干意见》（2004）、《中学德育大纲》（1994）、《公民道德建设实施纲要》（2001）、2019年习近平总书记在学校思想政治理论课教师座谈会上的讲话、《关于深化新时代学校思想政治理论课改革创新的若干意见》（2019）等。这些重要参考文献对于思政课教学具有重大现实指导意义，甚至直接写进课标与教材。历史参考文献主要供教师参考，亦可适当用于课堂教学。

（二）文本资源的应用

1. 赏析马列经典

马列经典著作中随处散落着熠熠生辉的名言警句和优美深刻的篇章段落：《共产党宣言》对资产阶级的历史地位和作用的分析精辟独到，闪烁着辩证法思想的光辉；《路德维希·费尔巴哈和德国古典哲学的终结》批判费尔巴哈"爱的宗教"幽默而犀利；《反杜林论》以"鲁滨逊"和"星期五"两个虚拟人物为比喻的论述方式充满童趣；《实践论》《矛盾论》体现着中国本土哲学智慧。而诸如"时间是人类发展的空间""革命是历史的火车头""体力劳动是防止一切社会病毒的伟大的消毒剂""'思想'一旦离开'利益'就一定会使自己出丑"等格言警句更是高度浓缩的思想结晶。

马列经典著作并不是冷冰冰、拒人于千里之外的，许多篇章不仅是政治理论，更是文采斐然的文学范本。教师应善于结合教学内容，有选择性地引领学生赏析。例如，结合历史唯物主义教学，可以引出恩格斯《路德维希·费尔巴哈和德国古典哲学的终结》中批判费尔巴哈"爱的宗教"那段文字：

可是爱啊！——真的，在费尔巴哈那里，爱随时随地都是一个创造奇迹的神，可以帮助克服实际生活中的一切困难，——而且这是在一个分裂为利益直接对立的阶级的社会里。这样一来，他的哲学中的最后一点革命性也消失了，留下的只是一个老调子：彼此相爱吧！不分性别、不分等级地互相拥抱吧！——大家都陶醉在和解中了！①

这段文字用反语讽刺的方式，批判了费尔巴哈用超阶级的、空洞抽象的"爱"代替具体的、现实的社会状况而陷入历史观上的唯心主义，生动形象地说明了在阶级社会里社会意识具有鲜明的阶级性，相对于社会意识而言，社会存在是第一性的，社会存在决定社会意识。

再如，结合"阶级斗争是推动阶级社会发展的直接动力"的内容，让学生欣赏《共产党宣言》第一部分"资产者和无产者"的相关片段，马克思和恩格斯用同样生动活泼、富有感染力的语言阐述了"一切社会的历史都是阶级斗争的历史"②，尤其对资产阶级的历史地位和作用的分析精辟独到，闪烁着辩证法思想的光辉：

资产阶级在它已经取得了统治的地方把一切封建的、宗法的和田园诗般的关系都破坏了。它无情地斩断了把人们束缚于天然首长的形形色色的封建羁绊，它使人和人之间除了赤裸裸的利害关系，除了冷酷无情的"现金交易"，就再也没有任何别的联系了。它把宗教的虔诚、骑士的热忱、小市民的伤感这些情感的神圣激发，淹没在利己主义打算的冰水之中。它把

---

① 中共中央马克思恩格斯列宁斯大林著作编译局. 马克思恩格斯选集：第四卷 [M]. 北京：人民出版社，1994：240.

② 中共中央马克思恩格斯列宁斯大林著作编译局. 马克思恩格斯选集：第一卷 [M]. 北京：人民出版社，1994：272.

人的尊严变成了交换价值，用一种没有良心的贸易自由代替了无数特许的和自力挣得的自由。总而言之，它用公开的、无耻的、直接的、露骨的剥削代替了由宗教幻想和政治幻想掩盖着的剥削。①

让学生阅读欣赏诸如此类气势磅礴、思想深刻的马列文本，能够使抽象枯燥的政治理论变得具体丰满起来，增强马克思主义理论的亲和力。

2. 拓展核心概念

学科大概念是支撑学科大厦的理论基石，可以借助文本资源加深对其理解。例如，什么是哲学？古往今来，哲学家们给出了许多答案。中学哲学课本是这样定义的：它是系统化、理论化的世界观，是自然、社会和思维知识的概括和总结，是世界观和方法论的统一。作为一门学科，这个定义对哲学内涵和外延的把握无疑是比较准确的，但总觉得意犹未尽，因为它与哲学"爱智慧"的本义相去甚远，让人感觉不到哲学原有的生活气息。作为追求智慧的哲学绝不仅仅是写在书本上的理论，更是一种生活态度和生存方式，就像哲学家苏格拉底以思辨为生，为真理赴死。对于哲学概念教学，应有所拓展，从其他哲学家的解释中汲取营养，使学生对哲学的理解接近其本义。18世纪，德国著名浪漫主义诗人诺瓦利斯指出，哲学原就是怀着一种乡愁的冲动到处去寻找家园。作家赵鑫珊说："当我第一次读到这个不同凡响的定义时，它宛如一道劈开茫茫夜空的闪电，骤然照亮了我的内心世界。我想起了苏东坡读到《庄子》一书时所发出的感慨：'吾昔有见，口未能言；今见是书，得吾心矣。'"② 这个定义的好处在于它给人一股扑面而来的生活气息，能够使学生感到哲学并不是远离现实，与自己无关的高深莫测的东西，而是与我们每个人都息息相关的寻找精神家园的生命活动。

3. 阐释学科原理

如何生动形象地阐释市场这只"看不见的手"配置资源的过程？可以引出经济学鼻祖亚当·斯密《国富论》中关于市场机制作用的经典表达：

我们每天所需要的食料和饮料，不是出自屠户、酿酒家或烙面师的恩惠，而是出于他们自利的打算。每一个人在决定自己行动的时候，所考虑

---

① 中共中央马克思恩格斯列宁斯大林著作编译局. 马克思恩格斯选集：第一卷 [M]. 北京：人民出版社，1972：274.

② 赵鑫珊. 科学·艺术·哲学断想 [M]. 北京：生活·读书·新知三联书店，1985：4-5.

的并不是社会的利益,而是他自身的利益,但是,人们在追求自身利益的时候,会在一只"看不见的手"的指导下,实现增进社会福利的目的。①

这段文字揭示了市场机制运行的人性基础,即逐利性的"经济人"假定。教材通过价格、供求和竞争的相互作用揭示市场机制,这是不够的,因为价格、供求和竞争的波动是建立在每个人都是追逐自身利益最大化的基础上的。"经济人"假定能够使学生看到市场机制运行背后的力量。还可以引出诺贝尔经济学奖获得者伦纳德·里得的经典之作《铅笔的故事》。该文章通过一支铅笔的"自述",生动形象地描绘了在"看不见的手"的指引下,铅笔制造的全过程,充分显示了市场的神奇和力量。

要讲清我国发展社会主义市场经济的必要性和紧迫性,必须了解计划经济的弊端。英国经济学家哈耶克在《通往奴役之路》中,对计划经济的弊端进行了辛辣的批评,书中充满耐人寻味的格言警句,如"通往地狱的道路通常是由善意铺就的""使一个国家成为人间地狱的东西,恰恰是那些'人大物'们总想试图将其变成天堂的东西""一个富人得势的世界仍比一个只有得势的人才能致富的世界要好些"。同样,法国思想家贡斯当在《古代人的自由与现代人的自由》中阐明公民"政治参与"的必要性,对于试图超脱政治的想法具有警示意义;英国政治家霍布斯在《利维坦》中说明"自然状态"下不受任何约束的纯粹自由,在现实生活中是根本行不通的;法国哲学家鲍德里亚在《消费社会》中批判"符号消费"使人在极度膨胀的消费主义中迷失自我,对于引导学生树立正确的消费观具有借鉴意义;等等。

4. 涵养人文精神

很多蕴含人文精神的文学作品,可以直接应用到思政课教学中。在讲文字对于文化传承的作用时,可以让学生读读余光中的《听听那冷雨》,这篇散文很好地展示了汉语的独特与美妙,给人审美愉悦的同时,激发对母语的热爱与自豪的情感;在讲公民的政治权利时,可以播放美国黑人民权运动领袖马丁·路德·金的激情演讲"我有一个梦想",该演讲直接导致美国政府宣布种族隔离和种族歧视的非法性,是尊重和关怀弱势群体的典型案例;在讲依法治国时,可以引出电影《第二十条》中的经典台词,如

---

① 亚当·斯密. 国民经济的性质和原因的研究[M]. 北京:商务印书馆,1974:11.

"我们办的不是案子,是别人的人生""法律,是让坏人犯罪的成本更高,而不是让好人出手的代价更大""法律的权威,不是来自冰冷的文字,而是来自每一个老百姓心中最朴素的情感期待"等,通过经典语句引导学生展开思辨,促进法治精神与道德观念有机融合。

结合"坚持新发展理念",可以呈现作家王开岭的作品《流失的古典》:

一边是秃山童岭、雀兽绝迹,一边是"两个黄鹂鸣翠柳,一行白鹭上青天"的书声朗朗;一边是泉涸池干、枯禾赤野,一边是"西塞山前白鹭飞,桃花流水鳜鱼肥"的遍遍抄写;一边是霾尘浊日、黄沙漫天,一边是"山光悦鸟性,潭影空人心"的诗情画意……多少珍贵的动植物永远地沦为了标本?多少生态活页从视野中被硬硬撕掉?多少诗词风光如《广陵散》般成为了遥远的绝唱?……人类生活史上最纯真的童年风景、人与自然最相爱的蜜月时光,已挥手兹远去。①

这充满焦灼之情和伤逝之痛的高雅美文,揭示了蛰居在现代文明之中的个体生存的矛盾困境,凸显了贯彻绿色发展理念,坚持"绿水青山就是金山银山""共抓大保护,不搞大开发"的现实迫切性。

5. 提升人生境界

中国当代哲学家冯友兰认为,哲学"是使人作为人能够成为人,而不是成为某种人"②。思政课作为立德树人的关键课程,其根本目的不是培养具有专业知识、技能的"某种人",而是净化人的心灵,提高人的精神境界,使人成为一个真正意义上的人,一个能够担当民族复兴大任的时代新人。教师要引导学生走出狭隘短视的小我天地,走向社会广阔的大我舞台。如讲"人生价值"时,可以引出英国哲学家罗素的文章《我为什么而活着》,作者"对爱情的憧憬,对真理的追求,对人类苦难深切的怜悯",真实而感人;可以引出冯友兰的名作《人生的境界》,作者把人生的境界分为自然境界、功利境界、道德境界和天地境界4个层次,令人反躬自省;可以让学生朗诵史铁生的生命散文《我与地坛》,作为一个坐在轮椅上的残疾人,作者一度丧失对生活的信心,但最终没有屈服于命运的作弄,靠写作

---

① 王开岭. 古典之殇:纪念原配的世界 [M]. 太原:书海出版社,2010:95-96.
② 冯友兰. 中国哲学简史 [M]. 涂又光,译. 北京:北京大学出版社,1985:2.

走出了一条辉煌的人生路。他的事迹和他的生命感悟文章,对于学生树立正确的人生价值观很有启迪意义。

讲"社会生活在本质上是实践的"时,在明确劳动是人与动物本质区别的基础上,可以引导学生赏析余秋雨的散文《西湖梦》:

> 法海逼白娘娘回归为妖,天庭劝白娘娘上升为仙,而她却拼着生命大声呼喊:人!人!人!她找上了许仙,许仙的木讷和委顿无法与她的情感强度相对称,她深感失望。她陪伴着一个已经是人而不知人的尊贵的凡夫,不能不陷于寂寞。这种寂寞,是她的悲剧,更是她所向往的人世间的悲剧……但是,她是决不舍弃许仙的,是他,使她想做人的欲求变成了现实,她不愿去寻找一个超凡脱俗即已离异了普通状态的人。这是一种深刻的矛盾,她认了,甘愿为了他去万里迢迢盗仙草,甘愿为了他在水漫金山时殊死拼搏。一切都是为了卫护住她刚刚抓住一半的那个"人"字。①

与教材的理性分析不同,这段文字用感性的方式唤醒学生内心沉睡已久的"人"的意识,让学生体验到"人"所特有的尊贵。

(三)文本资源的作用

1. 丰富课程资源,促进课程实施

思政课文本资源包括马列经典著作、相关学科名著、优秀文学作品、国家法律法规、重要时政材料、历史参考文献等,涉及经济学、政治学、哲学、文化学、伦理学、宗教学、法学等诸多社会科学领域,内容极其丰富。如果说思政课教材是浮出知识海洋的"冰山一角",那么思想政治文本资源则是隐藏在冰山底部的庞大部分。长期以来,隐藏在冰山底部的课程资源一直没有得到应有的重视。思政课文本资源开发和利用,将打破以教材为绝对主导的单一课程资源形式,为思政课教学提供丰富的生活素材、开阔的思想资源和多样的价值选择,从而促进课程实施。

2. 激发学习兴趣,彰显学科魅力

长期以来,思政课教学之所以让人感到枯燥乏味,一个重要原因就在于教师缺少正确的课程资源观,"就教材教教材",课程知识被风干化而缺少丰富充盈的文化之水的滋润,结果导致学生对丰富多彩的世界失去了敏感性。与简约化、理论化的思政课教材相比,思想政治文本资源是丰富的、

---

① 余秋雨. 文化苦旅 [M]. 上海:东方出版中心,2001:153.

鲜活的、开放的，能够与学生的日常生活、心灵世界息息相关。丰富的文本资源能够开拓学生的知识视野，给予学生丰厚的精神滋养；能够提升思政课教学的审美价值和人文关怀，激发学生的学习兴趣，彰显思政课独有的育人价值和学科魅力。

3. 培养阅读习惯，构筑智力背景

苏霍姆林斯基在《给教师的建议》中将教材称为"第一套教学大纲"，将课外阅读称为"第二套教学大纲"，提出通过"课外阅读"为"第一套教学大纲"的学习构筑广阔的智力背景。作者指出，如果一个人思考过的材料比教科书里要记熟的材料多好几倍，那么再照教科书去识记就不会是死记硬背了。这时的识记就成为有理解的阅读，成为一种思维分析过程。多年的经验使他深信，如果有意的、随意的识记是建立在不随意识记、阅读和思考的基础上的，那么少年们在学习教科书的过程中就会产生许多疑问。少年们知道得越多，不理解的地方也就越多；而不理解的地方越多，他学习教科书的正课就越容易。针对思政课理论性强、思维程度要求高的特点，教师指导学生课前或者课后有针对性地阅读与教学内容密切相关的文本资源，既可以培养学生的阅读习惯，也可以为思政课学习创造良好的智力背景。

三、思政课图像叙事

随着互联网的高速发展和图像时代的到来，图像成为文化传播的重要媒介和符号。传统以文本灌输为主的思政课教学，需要适应基于信息技术的"读图时代"所引起的新的思维方式和语言方式。思政课图像叙事是指将蕴含一定思想政治教育价值的图片作为教学手段，以图文并茂的方式传达相应的学科知识和意识形态。这里的图像是指用图片形式呈现、传播的图画、照片等。图像是对客观事物高度概括与提炼的艺术表现形式，具有形象性和直观性。思政课图像叙事力求将社会主流价值观念转化为相应的图像符号，将课程理论话语转化为便于理解和接受的图像文本，通过"图说"的方式将思想政治教育目的和教学内容展示出来，实现习近平总书记所要求的"用栩栩如生的作品形象告诉人们什么是应该肯定和赞扬的，什么是必须反对和否定的"。

（一）图像资源的分类

1. 政治宣传画

政治宣传画是以宣传鼓动、制造社会舆论和气氛为目的的绘画。列宁指出："首先应该特别的尖锐，图画和宣传画之间的差异，也就在于宣传画的一切都应该凝聚而集中，本来只有集中起来的、典型的事物，才能给人以强烈的印象。"[①] 政治宣传画的特点是形象醒目，主题突出，风格明快，富有感召力，通过直接面向群众、影响人心而及时地发挥社会作用。如用高大庄严的天安门、腾飞的巨龙等视觉图像象征中华民族；用著名油画《开国大典》《江山如此多娇》象征崭新的人民民主专政政权；用红色经典人物画《沙家浜》《红灯记》《白毛女》《红色娘子军》等反映革命年代的斗争；用文化墙表现中国梦、社会主义核心价值观、社会主义新农村建设、脱贫攻坚等时代政治主题。政治宣传画能够在简单清晰与集中凝练的图像叙事中，构建国家文化形象和意识形态视觉文化系统，将国家执政意图内化为一种视觉秩序。

2. 漫画

漫画是以简单而夸张的手法描绘生活或时事的图画，一般运用变形、比拟、象征等方法来达到尖锐讽刺的效果。作为政治斗争和思想斗争的工具，漫画笔法简练而意义深远，与思想政治课的学科性质和立德树人的根本任务具有内在一致性。思政课教材编写注重用漫画启迪思维，除教材漫画外，用于课堂教学的漫画可分为两大类：一是时事新闻漫画，如用《扫黑除恶》表现保障人民民主与国家长治久安的政府职能，用《啃老》谴责不劳而获的行为，倡导中华民族传统美德和社会主义核心价值观，用《低头族》对"手机控"进行讽刺警醒；二是中外经典漫画作品，如丰子恺漫画小品集、华君武批判官僚主义讽刺画、法国杜米埃政治讽刺画、英国贺加斯经典铜版画、日本浮世绘中的优秀作品，以及插画师约翰·霍洛克拉夫特的当代社会问题批判作品等。

3. 中外名画

中外名画包括中国古代传世名画、现当代名家名作以及西方各美术流

---

① 江琳，安海嵩. 苏联政治宣传画的视觉表达与分析［J］. 中国国家博物馆馆刊，2018（2）：116.

派如古典主义、现实主义、浪漫主义、超现实主义等经典代表作品。学习强国 APP "每日中华名画"、普通高中必修科目"美术鉴赏"和普通高中历史必修 3 "充满魅力中国书画""美术的辉煌"相关内容，均涉及中外名画赏析。中外名画是社会历史生活和意识形态的集中表现，其内容包括历史事件、著名人物、宗教信仰、文化思潮、神话故事、风俗节日等，涉及政治、经济、文化、军事等社会生活的各个方面，与高中思想政治必修模块"中国特色社会主义""经济与社会""政治与法治""哲学与文化"等教学内容有着诸多交集。中外名画是促进认知的历史画卷，是审美欣赏的艺术作品，是文化比较的重要载体，更是思想政治学科重要的却长期得不到应有重视和开发利用的课程资源。

4. 新闻图片

新闻图片分为珍贵历史图片和时事新闻图片两大类。珍贵历史图片具有独特的不可替代和复制的史料价值，如日军侵华战争图片、民国时期海报、杨柳青与桃花坞的年画、人民公社的照片、计划经济年代的票证、改革开放初期的图片等。时事新闻图片可以从学习强国、新浪图片、凤凰图片、影像中国、中国日报、人民日报、中国摄影等网站获取，这些网站定期推出具有鲜明的主题性、强烈的时代性和浓郁的生活性的反映新时代中国特色社会主义最新成果的图文资料，如"精准扶贫""数字经济"等。新闻图片兼具新闻价值和艺术价值，具有明显的纪实性和图文并茂的特点，是思政课弘扬主旋律、完成立德树人任务的重要资源。

（二）图像课程价值

1. 深化认知

康德指出，没有直观的概念是空洞的，没有概念的直观是盲目的。人类知识分为感性和知性两部分，感性提供直观对象，知性以概念思考对象。图像是"看"的形象思维，文本是"思"的抽象思维，两者相辅相成，缺一不可。图像相对于文本给人视觉冲击，能够让人在瞬间整体感知和把握对象。普通高中思想政治课程以马克思主义基本观点及马克思主义中国化最新理论成果为核心内容，其基本原理、观点和概念是高度抽象化的表述。通过特定的图像形式，可以将抽象的内容具象化，以生动直观的方式揭示事物的本质。如透过历史画卷《伏尔加河上的纤夫》和《近卫军临刑的早晨》揭示国家本质属性是阶级统治的工具；欣赏印象派画家莫奈代表作

《日出》或者葛饰北斋的《神奈川冲浪里》，理解事物绝对运动与相对静止的统一；用贺加斯的社会道德题材组画《妓女生涯》《浪子生涯》《文明结婚》启发学生对社会存在与社会意识的辩证关系进行思考。思政课图像叙事符合从感性具体到理性抽象的一般认知规律。

2. 德育渗透

图像具有隐性的思想政治教育功能，通过画面构图与思想主题实现与思想政治教育的契合，把社会道德规范和价值体系蕴含在生动形象的图像符号中，在个体观看之时进行教化和引导。图像符号蕴含的价值体系和道德准则，具有社会意识形态建构功能，通过"看"的方式向社会大众传播社会主流意识形态。如结合"人民群众是历史的创造者"，可以呈现丰子恺反映人民群众辛勤劳作的漫画《云霓》《杨柳岸晓风残月》，或者展示西方现实主义绘画大师米勒赞美劳动人民的系列作品，如黄昏里的《晚钟》、壮如野兽的《扶锄的男子》、弯腰驼背的《拾穗者》、顶天立地的《播种者》等；结合"为人民服务的政府"，可以引出漫画家华君武系列讽刺画《比慢》《一言堂造像》《公牛挤奶》等，激发学生对脱离群众路线的官僚作风进行批判思考。总之，图像的颜值表情和主题内容能够以潜移默化的方式感染和影响人的思想道德。

3. 激发审美

艺术源于生活，又高于生活。图像艺术的价值在于以简明的手法对生活做出诗的阐释。图像作为一种"有意味的形式"，以其画面线条、水墨色彩以及所蕴含的文化意蕴，激起人们的审美感情，培养学生对美的事物、美的形式的辨别力、敏感性和感受力。如结合"世界文化多样性"，可以引导学生赏析不同流派和不同特色的美术作品，如唐画的绚丽奔放、宋画的精致规整、元画的空疏简淡，古典主义的构图严谨、浪漫主义的想象瑰丽、印象主义的光影斑驳。可以在米氏山水中领略中国画虚实相生、"无画处皆成妙境"的特色；在梵·高立体动感的星空麦田、桑树果园下，感受远离工业文明的田园牧歌式的文化乡愁；在被誉为中国邮政"形象大使"的魏晋壁画《驿使图》中，体味中华文化源远流长、经久不衰的生命力；在当代画家吴冠中的"江南水乡"里领略文化的地域特征；在王叔晖《西厢记》绘图中感受文化创新的震撼；等等。思政课图像叙事有利于提高学生的审美素养和人文素养，实现立德树人与立美育人的有机结合。

(三) 图像叙事策略

1. 在造境中激活思维

造境是王国维在《人间词话》中提出的概念，强调艺术对事物的反映是主观创造而不是客观再现。思政课图像造境功能表现在教师发挥主观能动性，精心选择思想主题、画面风格与课程目标和教学内容相符的图像资源，使图像成为教学情境的重要组成部分，增强教学情境的颜值表情和"画外之音"，激发审美情感和探究欲望，进行德育渗透。如结合"真理教学"，可用油画《苏格拉底之死》和《雅典学院》引导学生追问图画"背后的故事"，旗帜鲜明地赞美为追求真理而勇于献身的精神；结合"人民民主专政"，可用油画《开国大典》作为贯穿课堂的背景底色，让学生直观感受新时代、新政权和新气象；结合"哲学的起源"，可用高更后印象主义作品《我们从哪里来？我们是谁？我们到哪里去？》及周文矩的《文苑图》，引导学生超越日常生活进行形而上的反思。图像造境能够为灰色的思想理论镶嵌多彩的探究时空，在学生、图像与文本互动交融中，促进知情意的和谐统一，实现显性教育与隐性教育的有机结合。

2. 在对比中生发议题

议题教学是高中思想政治新课标的重要特征，也是培育学生学科核心素养的重要手段。一般来说，议题要么从课程标准中选取，要么从社会热点问题中获得。图像也蕴含着丰富的议题资源，可将一定的图像主题转化为合适的教学议题。如结合"人民群众是历史的创造者"，呈现两幅大型油画作品《拿破仑翻越阿尔卑斯山》与《自由引导人民》，前者表现拿破仑英雄盖世的高大形象，后者歌颂广大工人、小资产阶级和知识分子的革命热情。通过两幅作品的对比，生发"谁是历史的创造者"议题。图像作品还可以与文学作品对比，如用柳永的词作《雨霖铃》和丰子恺表现劳动人民辛勤劳作的漫画《杨柳岸晓风残月》生发议题：谁是精神财富真正的创造者？结合"意识的能动作用"，用表现主义画家蒙克的《呐喊》与鲁迅同名小说《呐喊》做比较，生发议题：地球上最美丽的花朵——透过"呐喊"看意识；同时创设子议题：呐喊有何特点？呐喊有何作用？

基于图像的教学议题有时是即兴生成的。笔者执教"我国的个人收入分配"时，课题的幻灯片背景恰巧是江西婺源风光——远景是依稀朦胧的山霭，中景是青砖白墙的古朴民居，近景是一大片盛开的油菜花。当笔者打开幻灯片时,学生们惊呼起来,显然他们被眼前的画面惊呆了,笔者没料到学生对于美的感觉如此强烈,于是便借机发挥:"同学们看到的这幅画是号称'中国最美乡村'的江西婺源,它给我们世外桃源般的感觉,然而现实生活并没有如此宁静和谐,生活中有的人得到太多,有的人却一无所有。如何创造我们当代人世外桃源式的生活?那就需要兼顾效率与公平。"

3. 在定格中积聚情感

定格是电影镜头中"刹那间的凝结",是古典作品中"静穆的伟大",通过捕捉典型瞬间,集中反映人物情感、时代特征和社会面貌。思政课图像叙事可借鉴定格手法,呈现人物场景的典型瞬间,引发学生情感积聚和升华,实现认知发展和情感陶冶的有机统一。如结合"价值的实现和创造",可以"天眼之父"南仁东的事迹为例,呈现南仁东生前工作帽、工作服和眼镜等图片,配以文字说明:他闭上了自己的眼睛,却为中国开启了探寻宇宙的眼睛;播放背景歌曲《懂你》,展示歌词:你静静地离去,一步一步孤独的背影。多想伴着你,告诉你我心里多么地爱你。花静静地绽放,在我忽然想你的夜里。多想告诉你,其实你一直都是我的奇迹。图像将看不见的主观情思聚焦在具体的物象上,折射主人翁道德情操的工作遗物与深情款款的哀思歌曲情景交融,在学生内心世界激起强烈的审美体验和"道德磁场",教学主题得以升华并定格成为课堂教学的经典图像和永恒瞬间。一般来说,思政课图像叙事的定格功能与文字说明、背景音乐等元素结合使用,效果更佳。

4. 在组合中强化认同

政治认同是思想政治学科核心素养的灵魂。政治认同的形成需要正面的宣传灌输,恩格斯在评论德国画家许布纳尔《西里西亚的织工》画作时说:从宣传社会主义这个角度来看,这幅画所起的作用要比一百本小册子大得多。长期以来,政治宣传主要借助视觉语言的说服劝导,实现对人民群众的教育和同化。思政课图像叙事主张用同一思想主题、不同内容的系列化图像组合,强化思想理论观点的认同。如结合"中国特色社会主义进入新时代",可呈现教师不同阶段的生活照"现身说法";结合"价值判断和价值选择",可呈现系列画作《致敬人民科学家——钟南山》等,引导学生树立正确的价值判断标准;结合"伟大的改革开放",可呈现中国美术馆馆藏作品之改革开放篇,如《1978年11月24日·小岗》《在希望的田野上——记农民管弦乐队》《春雷·1990——苏南乡镇企业大招工》等。这些组合式政治图像和标语能调动学生已有的观念性想象和理解，使其产生身临其境的体验感和参与社会政治生活的归属感。图像组合能产生递进和叠加效应，放大信息输出符号，强化政治认同的心理图式。

（四）图像开发原则

1. 典型与时代相结合

所谓典型，是指图像主题和形式要与思想政治课程内容、教学目标高度契合，要注意防止图像话语中可能蕴含的非社会主流意识形态对思想政治教育主导性的消解，做好图像资源的识别、剪辑和处理。同时尽可能选择紧密联系当下生活，具有鲜明时代特征，能够反映新时代中国特色社会主义最新成果的图像资源。

2. 本土与外来相结合

思政课图像叙事应该坚持以我为主，全面呈现中华民族优秀文明成果和中国特色社会主义物质文明、政治文明、精神文明、生态文明等成果，彰显民族特色和中国价值，增强学生对中国特色社会主义的道路自信、理论自信、制度自信和文化自信。同时，也要海纳百川、"美人所美"，对一切承载和反映外来优秀文明成果的图像资源予以高度关注和恰当运用。

3. 拿来与自创相结合

首先，坚持"拿来"。面对古今中外浩如烟海的图像资源，教师需要增强课程资源意识，通过网络平台有目的、有意识地收集、整理并加以分门别类。其次，提倡"自创"。教师的人生经验是最重要的"活的课程资源"。教师要注重用文字和镜头记录自己经历的时代生活和个人遭际，并将其转化为合适的课程资源，用自己独特的充满个体生命温度的图像和故事，打破思想政治课理论的坚冰，消除与学生心灵世界的隔阂。

需要指出的是，思政课图像叙事不是将图像建构作为主要的教学方法，而是结合图像信息生成传播特点，把教学活动放在图像视域中进行审视，建构与学科性质、内容相适应的图文互动的教学范式，把握思政课教学与图像信息交互机制，处理好看图与言说、感性与理性、审美与认知的关系，寻求图像元素与教学环节之间最佳契合和平衡。

四、思政课音乐叙事

音乐是一种深度言说的艺术形式。朱光潜指出：音律是一种制造"距离"的工具，把平凡粗陋的东西提高到理想世界。① 学者王旭青指出，音乐表现一个完整的、具体的故事的能力可能是有限的，但音乐具有显在或隐含的叙事特征，它擅长表现各种情感状态。作曲家、听众和研究者都可以凭借自己的经验将不同的情感的状态连接起来，虚构成具有一定秩序、规律和逻辑关系的叙事情节，于是音乐便有了叙事功能。② 音乐作品作为一种特殊的叙事文本，长于情感表达和情境渲染。思政课音乐叙事是指结合教学目标和内容，将古今中外的音乐作品作为课程资源，让其有机参与课堂教学的基本环节，以实现德育与美育相统一。

（一）音乐资源的类型

1. 红色音乐

红色音乐即歌颂党、祖国和人民，歌颂社会主义革命、建设以及改革开放的主旋律音乐，具有强烈的意识形态性，如《黄河大合唱》《十送红军》《十五的月亮》《走进新时代》《春天的故事》《我和我的祖国》等，大多表现出高亢、激昂、雄壮或悲愤等特点。它与政治宣传画以及政治宣传标语一起向民众灌输主流价值观和思想意识，凝聚人心共识，共同构筑国家意识形态的叙事谱系。红色音乐内容主题具有较强的故事性和画面感，契合思想政治课程性质和教学内容，是实现政治认同的重要手段。

2. 古典音乐

所谓古典音乐，泛指具有深刻的思想和完美的艺术形式的典范性的音乐作品。古典音乐具有超越时代的普遍性和永恒性的艺术价值，区别于通俗音乐或者流行音乐。欧洲古典音乐包括交响乐、管弦乐、器乐独奏等，作品一般具有严谨完整的结构、优雅曼妙的旋律、丰富深邃的思想、圣洁崇高的理想。中国古典音乐集中反映古代知识分子的道德理想和审美趣味，蕴含"天人合一"的哲学思想和"乐而不淫，哀而不伤"的中和之美。古典音乐对于净化心灵、提升审美素养具有直接作用。

---

① 朱光潜. 诗论［M］. 北京：生活·读书·新知三联书店，2014：160.
② 王旭青. 言说的艺术：音乐叙事理论导论［M］. 北京：人民音乐出版社，2013：12.

3. 流行音乐

流行音乐是人们日常生活中最具影响力的音乐形式，它贴近大众生活，淡化政治说教，突出娱乐功能，通过抒发自我的真实感受，唤起广泛的情感共鸣。流行音乐是社会文化和大众心理的风向标：邓丽君的缠绵婉约，"台湾校园歌曲"的欢快明朗，崔健的摇滚反映青春迷茫与反叛，"西北风"豪迈中透着对历史和人生的反思，香港地区音乐折射出游戏人生的生活态度，台湾地区歌坛充满乡村怀旧和对现代城市文明的批判，刀郎的西域风情与周杰伦、凤凰传奇的"中国风"各领风骚，网络歌曲、"超级女声"和"中国好声音"掀起全民狂欢。流行音乐以自己独特的叙事方式反映和表征社会思潮，对于青少年的价值观念和行为模式有着巨大的影响，是思政课生动鲜活的教学素材。

4. 民族音乐

民族音乐是祖祖辈辈生活、繁衍在中国这片土地上的各民族，从古到今在悠久历史文化传统上创造的具有民族特色、能体现民族文化和民族精神的音乐。它包括各类戏曲、各地民歌以及前面所说的中国古典音乐，具有鲜明的民族特色和地域特点。民族音乐是讲好中国故事，增强文化自信的重要手段。《茉莉花》曾响彻维也纳金色大厅，《二泉映月》曾让日本音乐指挥家深深折服，《梁祝》在G20杭州峰会上惊艳各国来宾。民族音乐是民族文化的瑰宝，也是思政课重要的课程资源。

总而言之，红色音乐具有政治性，古典音乐具有人文性，流行音乐具有生活性，民族音乐具有民族性。思政课教学可以根据不同音乐作品的特点选择性使用。

（二）音乐叙事的功能

1. 突出价值引领

尽管音乐叙事无法再现具体事件的因果关系，也无法阐释深刻的思想道理，但它能够通过精神和情感的表达直接作用于人的心灵。音乐叙事的主要目的不是叙述某个故事，而是指向叙述意义自身，即通过激发听者的内在情感与想象，达成心灵交流与意义生成。讲好中国故事若没有音乐融入叙事，没有故事情节与音乐旋律的辉映互动，就会削弱其艺术表现力和感染力。就像影视作品经常通过主题曲或者插曲来表达思想感情，对于思政课教师而言，讲好中国故事不仅要选好故事，还要学会给不同类别的故事"配音"。比如，讲个人奋斗的成长故事，可以播放歌手刘德华的励志歌曲《今天》，用故事加音乐的形式诠释"幸福生活都是奋斗出来的"道理；讲农民工的故事，可以播放"旭日阳刚"版《春天里》，通过MV（音乐短片）把教学内容与农民工群体叙事编织在一起，表达对困难群体的民生关怀，深化教学思想主题。结合"人生价值的实现"，可以用歌曲《懂你》向为国捐躯的科学家南仁东致敬。音乐参与课堂叙事，既能刻画故事人物性格，抒发主体思想情感，彰显思政课的价值引领功能，也能起到调节叙事节奏的作用。

2. 促进政治认同

人是政治动物与音乐动物的统一体。音乐自诞生起就是宗教和政治权力的一种表征，总是与政治统治紧密联系。所谓"治世之音安以乐，其政和；乱世之音怨以怒，其政乖；亡国之音哀以思，其民困；声音之道，与政通矣"①，音乐是最能表达集体情感和意志的一种艺术形式。一个政治共同体、民族和国家的建构，是其成员共同的认同和忠诚的确立过程，在这一过程中需要音乐发挥其独特的唤醒和动员功能，激发、培育和代表群体情感和意志。西方学者指出，一个族群或者一个宗教团体用他们的歌曲，一个民族用国歌，革命运动用《国际歌》来表达自己的群体感情，除此之外，似乎没有更好的方式可用以表达他们的群体感情了。思政课强调知识性与价值性相统一，如何引导学生坚定科学社会主义信念，拥护中国共产党的领导，坚持中国特色社会主义道路，除了要把道理讲透彻外，也要"寓教于乐"，发挥音乐作为"社会秩序维护者和政治信仰整合者"的作用。例如2019年江苏省高中思想政治优质课一等奖课例"科学社会主义的理论与实践"，教师有意识地引导学生多次吟唱《国际歌》。

3. 培养科学精神

马克思指出，音乐是"现实的镜子"，不同时期的音乐作品都是当时政治生活的反映和时代社会的心声，所反映的思想内容可以作为思政课教学的情境素材。

如结合"人生价值的实现"，引导学生思辨"人生应该负重前行"还

---

① 刘方元，刘松来，唐满先. 十三经直解（第二卷·下）[M]. 南昌：江西人民出版社，1996：517.

是"潇洒走一回";结合"意识的能动作用",让学生思考"人是否应该跟着感觉走";在歌词"外面的世界很精彩,外面的世界很无奈"的赏析中,把握矛盾的对立统一;在"我很丑,可是我很温柔"的呐喊中,引导学生正确认识自己;在《一样的月光》的倾诉中,思考城市文明的弊端以及人与自然如何和谐共生;在价值观导向作用的教学中,思考"爱情能否买卖""什么样的爱情观是正确的";在唯物史观的教学中,播放电视剧《三国演义》片尾曲《历史的天空》,设计问题讨论:为什么赫赫一世的英雄人物不能主宰历史的车轮,历史的兴衰沉浮究竟由什么决定,社会发展背后那只"看不见的手"又是什么。如此,通过对歌词内容与歌手人品的思辨与拷问,引导学生用马克思辩证唯物主义和历史唯物主义的理论观点和方法来分析问题,树立科学精神和正确的世界观、人生观和价值观。

4. 增强文化自信

罗曼·罗兰说过:"一个民族的政治生活,只是它生命的浮面;为了探索它的内在生命——它的各种行动的源泉——我们必须通过它的文学、哲学和艺术而深入它的灵魂,因为这里反映了人民的种种热情、思想和理想。"艺术是一个民族最全面、最深刻的表达方式。文化自信是一个国家和民族最深沉、最持久的力量。思政课教学要善于引导学生欣赏民族文化的精粹。如结合文化知识教学,可以让学生聆听古典名曲《春江花月夜》,想象曲中所描绘的"春江潮水连海平,海上明月共潮生"的景象,体会花好月圆的良辰美景和古典诗意;可以让学生欣赏古典名曲《渔歌唱晚》,感受曲中所表达的"渔舟唱晚,响穷彭蠡之滨;雁阵惊寒,声断衡阳之浦"的优美意境;也可以将现代"中国风"音乐作品,如电视剧《红楼梦》插曲、《新贵妃醉酒》、《卷珠帘》、《西厢》以及刀郎《山歌廖哉》等作为课堂教学背景音乐或者主题音乐。"中国风"音乐作品具有"三古三新"的特点,即古辞赋、古文化、古旋律、新唱法、新编曲、新概念,既能够在潜移默化中增强学生对于民族文化的认同感,也是中华优秀文化创造性转化与创新性发展的生动体现。

(三)音乐叙事的方法

1. 拿来

对于与思政课教学主题相契合的音乐,可以直接拿来作为背景音乐或者主题音乐,如将《春天的故事》用在"伟大的改革开放"的教学,将

《我爱你中国》用在"中华民族精神"的教学中、将《国际歌》用在"科学社会主义"的教学中、将李叔同的《送别》或者周华健的《朋友》用在"深深浅浅话友谊"的教学中等。"拿来"的音乐作品对于深化教学内容和思想主题要具有典型性和直接作用,要通过音乐衬托和渲染,凸显思政课堂的思想主题和审美境界。

2. 改编

对于旋律符合思想主题,但歌词内容不适合故事情节的音乐作品,可以进行歌词改编。如结合"全民守法"教学,讲述"李启铭交通肇事案",改编小沈阳的歌曲《我是小沈阳》为《我爸是李刚》。歌词改为:横行路中央,轿车轻飞扬,黄土地养育着我那霸道的爹娘。我爸叫李刚,大名鼎鼎的李刚。李是李世民的李呀,刚是金刚的刚。如此,用戏谑的旋律和歌词把叙事与议论、抒情有机结合,讽刺封建特权思想,引导学生树立法律面前人人平等的法治意识。

3. 组合

通过自拍或制作抖音视频,将有一定故事情节的生活场景和画面镶嵌在一定的音乐之中,使得教学叙事更加集约流畅。如讲授"坚持新发展理念",将竹笛曲《姑苏行》作为背景音乐,展现教师或者学生镜头下的苏州经济社会发展新面貌。再如,结合婚姻法相关教学内容,以"堂弟的婚姻"为教学情境,将法国经典歌曲《玫瑰人生》或者电影《花样年华》的主题曲作为背景音乐,展示故事中男女主人翁的生活片段,表现对美好爱情的向往,以推进情节发展,引发问题讨论。

五、思政课意象叙事

意象是中国古典美学固有的概念,包括"意"和"象"两方面的内容。"意",指的是创作主体的思想感情,"象"指的是创作客体的客观物象。所谓"意象"就是作者主观感情与客观物象的融合,就是融入作者思想感情的"物象"。中国古典文学擅长借用意象叙事抒情,如用杨柳或长亭表现依依惜别的情思,用鸿雁表达游子思乡怀亲和羁旅伤感之情,杜鹃鸟是凄凉、哀伤的象征,月亮是思乡的代名词,等等。荣格指出:"每一个原始意象中都有着人类精神和人类命运的一块碎片,都有着在我们祖先的历史中重复了无数次的欢乐和悲哀的一点残余……"① 思政课教学可以借鉴意象所蕴含的文学创作手法和民族审美经验，依据教学目标和课程内容将具有一定象征意味的物象，加工改造成蕴含一定情节性和连贯性的教学意象，使得教学过程成为理性与感性相统一、认知与审美相融合、知识与价值共生长的"特殊的审美过程"，成为触摸学生灵魂的"有意味的形式"。

（一）教学意象的特征

1. 形象性

在一切形式的审美经验中，直观感受是前提。人的美感主要依赖视觉和听觉，抽象的文本无法成为审美对象。因此，要充分运用视听方式对教学内容和学科知识的外部形态轮廓进行描绘，使之形成清晰可感的"象"，便于学生接受并在大脑中形成认知表象。文学作品中的意象一般以语言文字符号为载体，教学意象的创设需要将文本转化为图画、实物或音像。

2. 学科性

教学意象是能够聚焦和浓缩学科知识，承载课程目标、教学内容的物质外壳。它一方面连接着日常生活的具体感性世界；另一方面充当学科探究和认知活动的主要抓手。不同学科性质和特点，应该选择不同的具有典型意义的教学意象充当教学素材。就教学素材而言，教学意象比一般教学情境更简约、更聚焦。从教学情境上升到教学意象，需要教师具有化繁为简、深入浅出的学科素养和教学能力。

3. 象征性

意象是表情达意的典型物象。古人云："立象以尽意。"教学意象的象征和隐喻功能，表现在不仅能够指代具体的学科知识，更要指向情感态度价值观以及学科核心素养要求。就思想政治学科而言，承载着马克思主义基本原理和中国特色社会主义理论的"大意"，具有较强的理论性和较高的抽象思维能力要求，需要寄寓在具体的物象之中，从而以有限表达无限，以瞬间表现永恒，实现教学的审美化改造。

教学意象本质上是学科知识与价值目标高度融合的教学载体。教学意象的形象性与学科性主要是观照思维认知，象征性是彰显价值引领，教学意象作为美的自由形式，应该符合教学目的和认知规律。教学意象离不开

---

① 荣格. 荣格文集[M]. 冯川, 译. 北京：改革出版社, 1997: 226.

课前预设，但主要是在师生互动的教学过程中生成的。

（二）教学意象的功能

1. 串联课堂

文艺作品创作有所谓"中心意象结构法"，即通过设置关系全局、贯穿全书的，具有深厚历史积淀与特殊审美意蕴的中心或焦点意象，对作品主题、情节冲突乃至整体结构起到融会贯通、画龙点睛、衬托映照的艺术效应，从而辉映和拓展作品的境界与层面，聚合和统摄作品的结构体系，使之成为完美的艺术整体。思政课教学意象同样具有串联课堂的结构化功能。

课例1：说说大白菜的那些事（唐敏执教：经济生活"市场配置资源"）

环节1：当家菜

播放视频：计划经济时代的回忆——北京居民购买冬储大白菜。

问题：今天普通不过的大白菜，当时政府为什么要定为国家二类物资进行限量分级供应？

结论：资源稀缺，需要合理配置。限量供应是计划手段。

投影：中国经济体制改革历程，引出市场经济的含义。计划经济时代的"当家菜"变成市场经济时代的"家常菜"。

环节2：家常菜

角色模拟：教师扮演种子店老板，学生充当菜农。模拟种子市场买卖活动，引导学生作为买方，从价格、销量、品种、质量、种植技术等方面进行询问，由此获得市场信息进行判断。

结论：市场调节的机制和优点，即通过供求、价格波动和竞争，促进资源合理配置，促使商品生产者推动科技和管理进步，提高劳动生产率和资源利用率。

环节3：伤心菜

展示图片：消费者餐桌上的家常菜因大白菜滞销变成田间农民的伤心菜。

结论：市场调节的局限性。

环节4：舒心菜

展示场景：大白菜滞销后，某公司去年与农民签订每千克0.3元的收购合同。今年大白菜价格下降到每千克0.1元，该公司不再收购。

问题：怎样评价公司行为？

结论：市场经济需要市场秩序。

小结：大白菜诉说着从田间到餐桌的波折和期待，记录着从计划经济到市场经济的转变和跨越。我相信，市场会一直创造中国经济发展的奇迹。

该教学设计最令人瞩目的地方就是进行"化大为小"的意象叙事，即结合社会生活与教学内容，赋予普通大白菜课程意蕴，使其成为浓缩学科知识的教学意象，并且由此衍生出"当家菜""家常菜""伤心菜""舒心菜"的意象群，勾勒出中国社会经济体制从计划经济向市场经济跨越的伟大历程，使原本抽象的学科知识得以具体生动地表达。不仅实现了学科逻辑与生活逻辑有机统一，而且符合新课标"课程内容活动化"和"活动内容课程化"的结构化设计要求，表达了教者对农民生活境况的民生关怀和对经济体制改革的政治认同。普通大白菜连接着历史与当下，成为聚焦和串联课堂教学的课眼。

2. 深化主题

作为立德树人的关键课程，思政课学科育人价值在于思想引领和价值引导，即培养学生良好的政治素质、道德品质和健全的人格，坚定中国特色社会主义道路自信、理论自信、制度自信和文化自信，引导学生形成正确的世界观、人生观、价值观。意象的主要作用在于"托物言志""借景抒情"。思政课教学意象通过将课程目标、教学内容和教师主体精神寄寓在一定的载体中，在链接学科知识的基础上进行思想主题升华，以实现知识性与价值性相统一、显性教育与隐性教育相统一。

课例2：雨伞的故事（杨璐执教：哲学生活"树立创新意识是唯物辩证法的要求"）

导入：最近天气阴晴不定，出门得带把伞。伞，造型不同，花色各异，被人们赋予了审美价值。"日脚沈红天色暮，清凉伞上微微雨"，欧阳修的伞上有轻柔之态，曹雪芹的伞下有忧愁，"雨巷诗人"戴望舒的眼中有撑着油纸伞像丁香一样的姑娘。与此同时，伞的不断创新，也见证了人类社会白云苍狗、沧海桑田的变化。

环节1：雨伞的困扰

问题1：下雨天，雨伞使用后合起来会滴水，给我们带来很多困扰，有哪些方法来解决雨伞滴水的问题呢？

活动1：设计方案解决雨伞滴水的问题。

结论：从传统伞到反向伞，说明辩证否定观是联系的环节和发展的环节，其实质是扬弃。

环节2：买伞去何处

问题2：传统实体店销售为什么会向电商平台转移？电子商务是不是零售业的终极模式？

活动2：学生讨论。

结论：辩证法的本质是批判的、革命的、创新的。

环节3：伞下你我他

师：社会好比一把大伞，社区好比一把把小伞，我们则是生活在伞下的你、我、他。曾经我们的社会阡陌交通、鸡犬相闻，是人情往来密切的"熟人社会"，而如今变成"邻居对门不相识，冷脸闭门不往来"的"陌生人社区"。

活动3：针对当今"陌生人社区"问题，如何把社区建设成"互动—互助、共享—共治"的新型社区，请设计一款APP。

结论：辩证法革命批判精神要求关注实际、突破成规陈说，研究新情况、寻找新思路。

该课在承接伞的古典意象的基础上，不仅赋予它"创新"的时代意蕴，更充分挖掘伞的隐喻功能，从具体的伞（"雨伞的困扰""买伞去何处"）走向虚拟的伞（"伞下你我他"），意象所指由近及远、由实向虚，教学立意不断向纵深拓展，即从学科知识的理解和掌握向公共参与的核心素养培养转变。如此，教学经历了从"立象以尽意"到"得意而忘象"的过程。思政课意象教学，"立象"是手段，"得意"是目的。所立之象，必须服务立德树人的课程目标，聚焦学科知识对于学生成长的意义。课堂教学立意高低和精神价值大小是评价思政课教学的重要指标。没有立意和"看法"的教学是照本宣科的教书匠行为，是席勒式的把个人精神变成时代精神的单纯的传声筒。教学意象通过凸显教师主体的教学立意，能够有效发挥思政课学科育人价值。

3. 激发审美

意象是民族美学的结晶。朱光潜说，美感的世界是纯粹的意象世界。叶朗指出，美在意象。意象世界就是美的世界，是物我交融、天人合一的境界。教学成为审美活动的关键就在于能否塑造形象直观、寓意深刻的教学意象。思政课的教学意象是沟通德育与美育的桥梁，是实现立德树人与立美育人有机统一的载体。

课例3：一个政治教师的文化乡愁（李勇斌执教：文化生活"传统文化的继承"）

导入：李老师（我）是一个对传统文化一往情深的人。我最喜欢的当代作家是余秋雨，他写的《文化苦旅》一书，是对中国传统文化最深的乡愁。今天，我想与同学们一起开启传统文化之旅。

环节1：体验与分享

传统文化小测试：选取最具代表性的传统文化景观，借助视听感受，激发学生对传统文化的记忆与热爱。播放背景音乐《琵琶行》。

小结：传统文化的基本形式以及各自特点。

环节2：认识与反思

情境展示：清明踏青、中秋赏月、元宵闹灯、重阳登高，传统节日作为中国人日常生活的民俗画卷，承担着强化民族文化传统记忆和民族情感认同的社会功能，具有下列特点：相对稳定性和鲜明民族性。

情境展示：散文《囷山踏青》，播放背景音乐《琵琶行》。

师：传统文化像一根看不见的情感纽带，维系着我们共同的精神家园。可是，鲁迅先生对传统文化做出了最严厉、最无情的批判。

辩论：传统文化是财富还是包袱？

小结：传统文化具有两重性以及对待它的正确态度

环节3：创伤与拯救

情境展示：古村落人去屋空，民俗手艺濒临失传，乡土文献无人问津。播放背景音乐《长相思》。

问题探究：在现代化、城镇化大潮中，传统文化是否应该为经济发展"让路"？请你为保护传统文化设计一条公益广告语，或者提出一条建议。播放背景音乐《长相思》。

意象包括视觉意象和听觉意象。如何用一个传统文化意象架构课堂？该课设置了一个副标题——一个政治教师的文化乡愁，作为贯穿课堂的情感基调。这文化乡愁包含文化自信（曾经的辉煌）与文化焦虑（现实的破坏）两个层面。乡愁是看不见、摸不着的，需要寄寓于一定的物质载体，故选用古典音乐《琵琶行》和《长相思》作为寄托文化乡愁的意象参与课堂叙事。前半部分用欢乐明快的《琵琶行》激发文化自信，后半部分用绵绵哀伤的《长相思》表达文化忧愁。这样无形的文化乡愁通过听觉意象的反复呈现，达到"言有尽而意无穷"的艺术效果，也使课堂结构"形散而神不散"。与视觉意象的直观形象性不同，听觉意象富有想象性，能够触动学生心灵最柔软的地方，唤起学生对传统文化的热爱和向往。在这一教学过程中，叙事与抒情结合，认知与美感协同，道德的光辉与审美的愉悦水乳交融。

（三）教学意象的开发

朱光潜指出："'贫富不均'一句话入耳时只是一笔冷冰冰的总账，杜工部的'朱门酒肉臭，路有冻死骨'才是一幅惊心动魄的图画。"① 思想家往往不是艺术家，就是因为不能把抽象的概念翻译为具体的意象。政治教师不仅要当引领方向的思想者，更要做开发意象的艺术家。具体来说，应该遵循以下几个原则。

1. 就地取材

意象教学与"托物言志""借景抒情"在本质上是一致的。教师首先应该在自己熟悉的生活场域寻找合适的课程意象。执教"市场配置资源"的教师来自北京，对大白菜司空见惯。执教"树立创新意识是唯物辩证法的要求"的教师来自多雨的江南，对雨伞也熟悉不过。意象开发就地取材契合新课程回归生活的理念，也便于教师实施。

2. 以小见大

意象是文学的基本组成单元，"杏花、春雨、江南"，"小桥、流水、人家"，意象的物质载体大多是日常生活中具体细微的事物和场景，文学作品的情思就寄寓在细微的事物和场景中。思政课的意象开发，也要力求从"宏大叙事"走向"微观叙事"。普通的大白菜，能够折射经济体制改革的伟大历程。寻常的雨伞，能够赋予创新以时代新意。"小切口"才能"深挖掘"。

3. 特色开发

教学意象的开发，要从地域特点、学校特点、教师特点、学生特点出

---

① 朱光潜. 谈美［M］. 北京：中华书局，2015：69.

发，发挥各自的优势，使课程意象的开发呈现出多样性、丰富性。大白菜的意象叙事反映了北方文化的厚重，雨伞的意象叙事彰显出江南文化的灵动，古典音乐参与课堂叙事体现了教师的人文底蕴和美学修养。唯有"各美其美"，才能"美美与共"。

需要指出的是，教学意象的开发能力和应用水平取决于教师的审美素养。教师审美素养直接影响教学艺术的创造。从这一意义上说，提升教师审美素养是实现思政课堂审美化改造，凸显学科育人价值，实现立德树人与立美育人有机统一的关键。

每一种叙事媒介都是人类感官的延伸，都有自身的优势和不足，都离不开课堂教学语言这一最基本、最核心的叙事载体。音乐叙事、图像叙事和意象叙事都是偏重感官的视听叙事，不能背离思政课立德树人的学科本质要求，不能沦为消解理性思考与迎合感官刺激的娱乐方式。对于思政课而言，思想和价值观念是灵魂，一切表现形式都是表达一定思想和价值观念的载体。离开了一定思想和价值观念，再丰富多样的表现形式也是苍白无力的[①]。思政课音乐叙事、文本叙事、图像叙事和意象叙事侧重立美育人，伦理叙事指向立德树人。思政课"有我之境"的叙事教学，始终坚持立德树人与立美育人的有机统一。

第二节 思政课"有我之境"的课例开发

鲁迅指出，一个艺术家，只要表现他所经验的就好了。"有我之境"的思政课要求提炼教师和学生的人生经验，即从向外部世界寻找和收集公共性教学素材，转向对师生人生经验的学科化改造。首先要梳理教师的心路历程。孔子曰："四十不惑。"40岁之后，笔者将人生不同阶段的生命感悟开发成系列化的课程资源。于是，在笔者的课堂里，有"上门女婿"苦乐人生的故事，有堂叔歧路人生的悲剧，有农民工爱情保卫战的故事，有政治教师的文化乡愁，有追忆似水年华的人生感喟。每一个"有我之境"课例的开发，都是学科知识与生活经验的"视界融合"，都是生命历程的回眸梳理与重新出发。

---

① 习近平. 习近平谈治国理政：第2卷[M]. 北京：外文出版社，2017：351.

一、讲述教师的心路历程

1. 第一次备课流下眼泪

2014年是笔者教师职业生涯的分水岭。这一年，笔者以40岁"高龄"获得市高中政治优质课大赛一等奖，并取得参加省赛的资格。备战省赛选择什么课题令笔者颇费思量。经过反复权衡，笔者将目光锁定在"消费及其类型"这一课上。2014年也是笔者家庭生活的分水岭，笔者、笔者的妻子和儿子在与岳父、岳母合住7年后，终于搬进自己的小家。这7年生活，笔者目睹了岳父、岳母作为城市低收入者令人叹为观止的节俭。笔者父母都生活在农村，过日子算是很节俭的，可是笔者没想到作为普通退休工人住在城里的岳父、岳母，居然有过之而无不及。选择"消费及其类型"的原动力，就是想把这段刻骨铭心、难以释怀的往事倾诉出来。笔者要告诉孩子们：不要忘记社会角落里那些卑微的身影。备课时，笔者的脑海里总是浮现出父亲、母亲、岳父、岳母缩衣节食、含辛茹苦的生活场景，笔者禁不住潸然泪下，这是笔者第一次因备课而流泪。笔者设置了一个副标题——"一个'上门女婿'的苦乐人生"。以"上门女婿"的视角，展示了一个普通家庭消费状况的变化，将课堂设计成"我的愁""我的乐""我的烦""我的盼"四幕剧，同时将消费的类型、衡量消费的指标、影响消费的因素等学科知识穿插其中。

省赛中笔者出色发挥，一举夺得一等奖第一名。点评嘉宾康鸣对我课的评价是："立意新颖、朴素自然、润物无声、过渡巧妙，是一堂对学生放心、使学生动心、让学生开心的有浓厚政治味的精彩课。"这堂课成功之处不仅在于故事人物真实可信，更在于采用了"虚实结合"的艺术手法。前三幕"我的愁""我的乐""我的烦"侧重讲述故事，落实知识。第四幕"我的盼"追求情感升华。笔者将视角从自己家庭的消费状况，切换到社会困难群体和低收入者。笔者让学生在《春天里》的背景音乐中，朗读笔者撰写的博客文章《我期盼》：我期盼有一天，住在城里的岳母、岳母不再为柴米油盐而争吵不断。我期盼有一天，待在乡下的父亲、母亲不再为物价上涨而愁容满面。我期盼，进城农民不再露宿工地，下岗工人不再奔波流浪。留守儿童不再形容消瘦，鳏寡老人不再孤独感伤。我盼呀盼，我望呀望！党的十八大的温暖，必将照亮每一个人的心房。如此，思政课从表达自己生命哀乐的"小我",转向彰显国家意识形态的"大我",立意提高了,情感升华了,学科育人价值得以彰显。"有我之境"的思政课,要处理好思想性与情感性的关系,善于将个体主观情感转化为主流思想意识。

2. 父与子的故事

堂叔与堂弟这对父子是笔者家族绕不开的话题人物。我爷爷生前在苏州吴江县(今苏州市吴江区)同里镇做茶食谋生。20世纪70年代,爷爷去世,堂叔去吴江一家国营饭店"替职"。后自己单干,没多久便从农村穷小子摇身一变,成为有钱人。然而,堂叔一生嗜赌如命,且有过偷税的不光彩经历。堂弟是甜水里长大的"富二代",继承赌博家风,大四那年因打架斗殴被判刑两年。出狱后因赌博而输得倾家荡产。为了躲避追债,父与子两代人、两个家庭黯然归乡隐居。笔者一直想把他们的故事作为反面教材引入课堂。

省赛归来不久,笔者担任"镇江好课堂"政治学科赛课评委,课题是经济生活"征税与纳税"。几位赛课教师不约而同地以"小明的爸爸中彩票"这样一个较为老套的虚拟故事为线索,将学科知识融入故事情境之中。该教学设计没有真正回归生活。虚拟化的教学情境并不能激发学生的学习热情与探究欲望,也折射出教师生活经验与学科知识之间的"隔阂"。镇江市政治教研员张翰老师说:"这节课经常被选作公开课,我都听了几十遍了,要不你也上一回吧?"我欣然应允。以"堂叔的歧路人生"为主题,借鉴央视普法栏目剧形式,设计了"创业致富""困境求援""铤而走险""痛定思痛"四幕剧,再现了堂叔跌宕起伏的悲剧人生。教学中,学生最关切的问题是"老师你讲的故事是真的还是编的"。为了增强真实感与可信度,笔者呈现了堂叔衣锦还乡时具有年代感的"蛤蟆镜、喇叭裤、烫卷发"等照片,通过细节刻画增强叙事的真实性,学生深受启发。同样,我以堂弟为生活原型,结合人教版《道德与法治》八年级下"依法履行义务"一课,开发出以"失控的青春"为主题的课例,创设了3个故事性强的情境:生日宴会惹风波,拾到一只"苹果"后和为朋友"两肋插刀",勾勒出堂弟从好逸恶劳走向违法犯罪的事物发展一般趋势。当课堂播放表达堂弟后悔心声的歌曲《铁窗泪》时,部分学生眼里流露出怜悯。实践证明:真人真事永远比虚拟情境、虚拟人物,更具道德劝导力和艺术感染力。

3. 语文教师潜伏在政治教师队伍里的"卧底"

2016年《中学政治教学参考》杂志主编黄建炜先生邀请笔者参加全国

高中思想政治卓越课堂观摩及研讨活动，并开设一节公开课。笔者不假思索地选择了"传统文化的继承"这一课题。因为笔者是一个具有古典情怀、对传统文化一往情深的人。每次回故乡，城镇化大潮中乡村的凋敝与传统文化的流失，都令笔者沉痛惋惜。笔者对学者陈壁生的文章《我的故乡在渐渐沦陷》特别有共鸣：在城市是寓公，在家乡成了异客，在工业社会里是孤独者，在农业文明中也是异乡人。于是，笔者将本课的情感基调设定为：一个政治教师的文化乡愁。

笔者将自己的3篇原创散文《圌山踏青》《苏州拾梦记》《乡村的惆怅》贯穿课堂。有一处细节给听课教师留下了特别深刻的印象。在《琵琶行》古典背景音乐中，笔者展示了这样一段文字：

一脚踏进平江路，就像推开中国历史文化的大门。细雨绵绵中的平江路像一卷历史厚重、徐徐展开的黑白胶片：绿柳条下疏朗淡雅的青瓦白墙，老宅院中幽香飘远的寂寞桂树，青石巷里吴侬软语的卖花婆婆，小桥河边藤萝缠绕的斑驳墙影。曾几何时，这里回荡着浣女素手的捣衣声，孩童采莲的嬉闹声，归人"达达"的马蹄声，游子望乡的叹息声。杏花春雨江南，小桥流水人家。这里构筑起中国人最诗意、最温暖的精神空间，成为千百年来无数才子佳人、文人墨客的精神故乡。当中原的狼烟将阴霾的天空层层围裹时，这里始终保持着与政治权力绝缘的生命姿态，营造着一种"小楼一夜听风雨，深巷明朝卖杏花"的慵懒恬淡的慢生活。"啸聚山林"太辛苦，"身居高堂"不自由，历史上儒道之间还有第三条路可走，那就是"隐于市"。平江路是中国文化中"隐于市"的生动版本和历史记忆。

笔者让学生猜一猜这篇散文的作者是谁？学生说是余秋雨。笔者说："作者就是老师本人，该段选自《苏州拾梦记》，发表在《京江晚报》'江花周刊'。我觉得中国最江南的地方在苏州，而苏州最江南的地方就在平江路。"那一瞬间，学生被笔者的文化底蕴、文学修养折服。听课教师打趣笔者是"语文教师潜伏在政治教师队伍里的'卧底'"。"有我之境"的思政课，不就是要让教师的才情学识充分绽放，形成自己鲜明的教学特色和风格吗？

4. 追忆似水年华

《江苏教育》邀请笔者参加省"教海探航"论文颁奖暨全国名师课堂教学观摩活动。笔者又一次为选择课题而纠结。笔者已是不惑之年，经历了母亲、堂叔、舅舅等亲人去世的人生大悲痛，也品尝到被评为江苏省特级教师的人生大欢喜。卢梭有句名言："生活得最有意义的人，并不就是年岁活得最大的人，而是对生活最有感受的人。"最终笔者选择了人教版《道德与法治》第四单元第八课"生命可以永恒吗"这一课题，笔者想借助课堂将自己的生命感悟与学生分享。

受普鲁斯特长篇自述性小说《追忆似水年华》的启发，笔者以自己的人生履历为主线，以"追忆我的似水年华"为副标题，设计了"生如夏花""死若秋叶""走向永恒"3个生命乐章。为了引导学生直面死亡、正视死亡，在"向死而生"中思考生命的意义和价值，笔者将画面定格在母亲生前在菜地里弓腰干活的背影，播放背景音乐《我的父亲母亲》，同时让学生朗读笔者悼念母亲的文章：

> 母亲被人从棺材里抬出的刹那，我终于撑不住跪倒在她面前，号啕大哭，泪如雨下。月头的端午节，母亲还撑着伞、弓着腰在河边的菜地里给儿子拣菜，没想到这一镜头竟成永别。灵车上，我一遍遍抚摸母亲又硬又冷的双脚。殡仪馆里，目送躺在推车上的母亲遗容，我长跪不起。那一刻，我真正懂得"子欲养而亲不待"的意味。骨灰观口，锅炉打开。母亲一堆白骨，依旧保持着原先的躺姿。生与死的距离只有咫尺之遥，我内心弥漫着冰一样的苍凉。大雨中，我捧着用红布盖着的骨灰盒，从村口一步一步往家走，身后是一片伤心的唢呐声。

王国维指出，境非独谓景物也。喜怒哀乐，亦人心中之一境界。故能写真景物、真感情者，谓之有境界。"有我之境"的思政课因为融入教师自身的真情实感，在引发情感共鸣、落实情感态度价值观教学目标方面具有明显的优势。真挚的情感是思政课教师人格魅力不可或缺的重要组成部分，没有教师情感参与的课堂就会干巴巴的没有生气和活力。思政课"有我之境"坚持将国家意识形态的灌输与师生灵魂深处的触动统一起来，坚持以情动人与以理服人有机统一。

二、聚焦学生的真实问题

思政课"有我之境"的课例开发，既要敞开教师的心路历程，更要聚焦学生的真实问题。作为德育课程，思政课实施的有效性就在于能否针对学生的思想实际，为学生的思想道德成长服务。相对而言，学生的生活经验、道德选择和认知困惑具有较强的隐蔽性。

1. 课前：捕捉生活现场

苏霍姆林斯基指出，用环境、用学生自己创造的周围情景、用丰富集体精神生活和一切东西进行教育，这是教育过程中最微妙的领域之一。教师要善于捕捉即刻发生的具有典型教育意义的学生生活案例和现场，并转化为课堂教学的活资源。

案例呈现："保护隐私权——从一个女孩的出走谈起"（崔雅丽执教）

这节课源自一个真实的故事。该校八年级的一个女孩突然离校出走了，老师们焦急万分，四处寻找，最后通过她的一个好朋友调出了她在网上的聊天记录，发现了她的行踪。可是当千辛万苦地将她找回来的时候，她说的第一句话是：你们这不是在侵犯我的隐私吗？于是，崔老师就如何保护隐私权这个话题进行深度挖掘，设计了5个两难选择：（1）学校监控器装还是不装？（2）老师是否可以拥有学生信息？（3）未成年人是否可以有隐私？（4）父母侵犯孩子的隐私告还是不告？（5）关于朋友的秘密保持沉默还是说出来？

这5个问题涉及4对矛盾冲突：学校的管理与学生的隐私、老师的教育与学生的隐私、家长的抚育与学生的隐私、朋友的帮助与学生的隐私。整节课学生随着故事情节的演进，不断地处于矛盾冲突和两难选择之中，不断地思考、探究和解决与学校、教师、家长、朋友之间因隐私产生的冲突问题。该课最大的亮点就是利用学生校园生活的真实案例，设计系列化具有较强针对性和思辨性的两难问题，学生不再是学科知识的"旁观者"，而是以真实事件的"当事人"、"参与者"或者"闻说者"的身份参与课堂讨论。思政课教学只有师生主体"在场"、经验与知识深度融合，才能促进学科核心素养落地生根。

2. 课堂：交流时事新闻

捕捉学生生活现场、挖掘事件背后的教育意蕴具有一定的偶然性。要了解学生内心世界的所思所想，常态化的做法是通过每节课的时事新闻交流来把握。一方面，教师可以通过课堂5分钟时政演讲的方式，引导学生及时关注社会重大事件和热点问题，要求学生对这些事件和问题进行独立思考与评析，挖掘事件背后的内在意蕴及可能对我们产生的影响和意义；另一方面，教师可以将富有启迪意义的社会事件作为课程资源引入课堂，以开阔学生眼界，激发学生思考。课堂上时事新闻交流能够引发师生思想碰撞、情感共鸣、价值澄清，甚至出现不期而遇的精彩。

3. 课后：走进学生内心

"有我之境"的思政课必须建立在师生关系融洽和谐、彼此敞开心扉的基础之上。这就需要教师以一种"蹲下去"的姿态去关注和聆听学生的内心世界。很多时候，学生就是我们最好的老师，学生的心声和建议往往充盈着教育智慧，堪为"活"的教育学。教师可以通过谈心、周记、家访等方式，掌握学生真实的思想状况。笔者曾经对学校多个班级进行以"假如我当班主任"为主题的学生调查，摘录"民意"并做简约的点评。

1. 其实受欢迎的老师就是为学生着想，站在学生的立场上，而不是学校。

点评：事实上一味"唯上"的班主任，学生会从内心鄙视他。既贯彻学校指示，又关照学生的需求是班主任工作艺术和智慧所在。

2. 不要动不动就请家长，不要动不动就写检讨书，有时这个方法一点也不奏效。

点评：请家长是教育无能的表现之一。久而久之，学生会疏远你，家长也会从心底轻视你。

3. 告诉学生健康第一，思想第二，学习第三。

点评：遗憾的是很多学校和老师恰恰反其道而行。我们有必要重温一下洛克的经典之语：健康之精神寓于健康之身体，这是对于人世幸福的一种简短而充分的描绘。凡是身体精神都健康的人就不必再有什么别的奢望了；身体精神有一方面不健康的人，即使得到了别的种种，也是徒然。

4. 我会在班会课上放电影或者音乐给学生听，我不会在原本安静的自习课上自己一个人在那里啰里啰唆。我会开很多次班会，让学生自由交流有趣的事。

点评：班主任不要做唐僧，大话、废话和空话只能让人心灵麻木、心生厌倦。不妨把班会课的自主权交给学生。

5. 我当班主任该放任就放任，该严格就严格。我不会让我的学生很严格地遵守校纪校规，有些校纪校规根本就不对，譬如，不能带电子产品，我觉得手机、MP4是不可以带，但MP3总可以吧，每天晚上回宿舍听上一两首歌放松一下，总不能一棒子打死。

点评：教育的高度就是人性的高度，学校规章制度合理性和生命力就在于在多大程度上尊重和满足人的正当需求。学校规章制度应该是解放人的武器，而不是束缚人的锁链。

6. 不要像监视犯人一样监视学生，这样会让学生反感。

点评：学校不是监狱，教师不是牢头，学生更不是犯人。正如劳动产品与劳动者对立是劳动的异化，教师与自己的"劳动产品"——学生对立则是教育自身的异化。

教育首先是师生之间活生生的人际关系。政治教师不能像"装在套子里的人"把自己裹起来而单纯地传授知识。教师的心灵对学生如果是一个未知的世界，那么就谈不上教育的心心相印。一个高明的政治教师应该把自己对人生、对事业、对教学的看法都真诚地和学生倾谈，这样学生才会真诚地、无保留地谈他们的看法。课堂教学的"有我之境"要求教师不仅要主动向学生打开心门，更要有钻进学生的心灵世界与学生"共舞"的本领。只有善于站在学生立场上换位思考，关注学生的生活经验和"期待视野"，把教书和育人真正融为一体，课堂教学才能入境，师生情感才能共鸣。相反，不能走进学生的心灵世界，师生即使近在咫尺，也是天各一方。

第四章
思政课"有我之境"的课例研究

笔者将王国维的理论借鉴、化用到思政课教学中,提出了"有我之境"的思政课这一教学主张,即在思政课教学中采用叙事化、文学化、审美化的教学方式来传授学科知识、表达思想政治学科所蕴含的价值目标和意识形态。同时开发了系列化"有我之境"的课例,如"消费及其类型——一个'上门女婿'的苦乐人生""征税与纳税——二叔的歧路人生""价值判断与选择——堂弟的爱情保卫战""市场配置资源——老爸当'供销社主任'的这辈子""传统文化的继承——一个政治教师的文化乡愁""新发展理念——东乡人的城镇化之路"等。这些课例以类似生活纪录片的影像风格,构筑了群像式小人物的生命"史诗"。笔者利用所主持的江苏省"十三五"规划课题"从'无我之境'到'有我之境':政治课师生主体融入的教学优化行动研究"以及镇江市名教师工作室等平台,引导广大教师持续多年开展研究。相关成果获得 2020 年第五届江苏省教育科学优秀成果奖一等奖、2021 年江苏省基础教育类教学成果奖特等奖,在省内外具有一定的知名度和美誉度。

第一节 思政课"有我之境"的特色分析

一、艺术的真实

艺术真实与生活真实是文艺创作中的一对矛盾。生活真实是指实际生活中客观存在的人和事,是没有经过主观意识加工的生活。它是自然的、原始的、粗糙的。艺术真实是指艺术家对生活真实进行提炼加工和概括创造，通过艺术形象集中反映一定历史时期社会生活的本质和规律。回归生活是新课程的核心理念，是思政课教学最基本的原则。但回归生活并不意味着全盘照搬生活，并不意味着任何生活素材都可以直接搬进课堂。"有我之境"的思政课教学，应坚持生活真实与艺术真实相统一。

1. 要学会"过滤"

"消费及其类型"是笔者获全国一等奖的课例。该课设置了一个副标题——"一个'上门女婿'的苦乐人生"，以笔者居住在岳母家的生活为背景和素材，将课堂设计成"我的愁""我的乐""我的烦""我的盼"四幕剧。其中，第一幕"我的愁"以歌曲改编加清唱的方式导入：

愁啊愁，愁就白了头。自从我踏进岳母的屋，就没有一天舒心过。电灯呀只能开一盏，坐便器的水不能冲，每天买菜必须多绕几里路呀，这种日子叫我怎么过?!

听课教师意见："愁味"太浓。学生感觉：这位老师在岳母家遭到"虐待"。几经打磨后，修改为：

愁啊愁，愁就白了头。自从我踏进岳母的屋，就总是觉得忧心忡忡。电灯呀总是亮一个，坐便器的水舍不得冲，每天买菜必须多绕几里路呀，穷人日子何时是个头?!

这样修改使得原来对生活不满的个人愁怨心理，转变为对岳母家窘困生活的客观描写，教师的思想感情从生活真实上升为艺术真实，从自然情感上升为审美情感，立意提升了。该课结尾，笔者将对岳父、岳母的怜悯之情，进一步上升为对所有低收入者的民生关怀，更加契合艺术真实的要求。

朱光潜在《文艺心理学》中指出：艺术家在写切身情感时，都不能同时在这种情感中过活。必定把它加以客观化，必定由站在主位的尝受者退为站在客位的观赏者。[①] 笔者在执教"消费及其类型"时，起初表现出来的是"愁太多，怨太盛"，原因正是没有从家庭矛盾的负面消极情绪中走出来，没有从"主位的尝受者退为站在客位的观赏者"，从而陷入"写实主义""自然主义"的泥沼，对学生造成一定的负面影响。艺术源于生活，也高于生活。思政课教学也是如此，不仅是对"真"的反映，更是对

---

① 朱光潜. 谈美 [M]. 北京：中华书局，2015：13.

"善"与"美"的反映。思政课教学走向艺术真实要学会"过滤",对生活素材去粗取精、去伪存真。去除不适合课堂教学的负面信息、负面情绪,净化和提升教师自身的思想道德境界,以彰显思政学科的价值引领作用,发挥其独特的学科育人价值。

2. 要学会"包装"

一次偶然的机会,笔者看到网络上一个很流行的段子——《"90后"水漆工给准岳母的扫盲信》:我是水漆工。你说刷漆很脏很累,其实干啥都有辛酸泪。你说刷漆的身体都很坏,其实刷水漆无污染无危害。你说我起早摸黑赚得少,其实远超大学生那仨瓜俩枣。只要您同意女儿与我结良缘,我保证买房不找您借钱!这简直是新时代农民工的"爱情宣言"。联想到同为农民工的堂弟也有相似的婚恋受挫经历,在上"价值判断与选择"一课时,笔者将"堂弟的爱情保卫战"作为主线贯穿课堂,批判过于看重金钱物质、干涉子女婚恋自由的错误行径。笔者是这样开头的:

> 堂弟有个女朋友叫小丽,两人是高中同学,小丽高中毕业后顺利考上大学,如今是一名白领。堂弟没考上大学,做了一名从事环保涂装行业的水漆工。尽管职业差距悬殊,但丝毫没有影响两人的感情。去年春天,小丽带堂弟回家见父母,但准岳母并不看好两人的感情,嫌他职业不体面、不卫生,说他是"癞蛤蟆想吃天鹅肉"。堂弟很无奈,也很无助,陷入了"爱的惆怅"。

评课时,一位女教师一针见血:"我是那个母亲,也要'棒打鸳鸯'!凭什么我辛苦培养的大学生女儿,最后却跟了一个农民工,这对我女儿和我们父母的辛劳付出都不公平!"于是,笔者不得不对堂弟进行了一番"艺术包装":

> 堂弟出生在农村,学生时代成绩非常优异,可是因为家境贫寒,母亲长期卧病在床,堂弟只能放弃"大学梦",高中毕业后就外出打工,做了一名水漆工。他边打工边自学,现在已经拿到法律自考本科,正准备考律师资格证书。

如此,堂弟的形象"高大上"起来,听课教师也没有非议。

为什么"真实的堂弟"不被认可,而"包装后的堂弟"却合情合理呢?原因也是没有处理好艺术真实与生活真实的关系。亚里士多德《诗学》

中有一个著名的观点："诗比历史更具普遍性。"① 历史记录偶然事件，艺术则揭示普遍存在。所以，艺术真实比生活真实更典型、更接近事物本质。课例中，真实版堂弟的爱情只是生活中的偶然，就像"白马王子与灰姑娘的爱情童话"，不具有普遍性和必然性。而"包装"后的堂弟是一个集知识、美德和理想于一身的"新时代农民工"形象，这样的堂弟更加符合社会生活发展的趋势，更能赢得女大学生的芳心及其父母的认可。因此，遵循艺术真实的思政课，要对初始的、个别的生活素材进行艺术加工和"包装"，既要依据事物本来的样子，也要反映事物应当有的样子，使其具有强烈的时代感与鲜明的典型性，从而通过个别表现一般，通过特殊表现普遍，以增强思政课的理论说服力。

3. 要学会"借鉴"

观摩2014年江苏省高中思想政治优质课比赛，一位教师所执教的"人生与责任"给评委与听课教师留下了深刻印象。该教师以自己一家人徐州"云龙山游记"为线索展开课堂教学，将游记拍成几段视频依次呈现，让学生在真实的生活情境中感悟人生责任。叙事中出现了"母亲要坐索道"与"儿子想爬山"的矛盾冲突，教师在既要"报母恩"又要"养育儿"的两种责任、两难困境中，引导学生结合课本知识，探究问题解决办法，得出责任有大小、主次和轻重之分的结论。课的结尾，教师投影文字：

> 我们呐喊着向山顶"观景台"进发！后来，母亲说累了，我于是背起了母亲。儿子也说累了，妻子于是背起了儿子。我想，我背上的加上妻子背上的就是整个世界，我们背起的是责任！

该课以家庭纪实的生活影像和散文般行云流水的教学语言，赋予学科知识以生活原貌与生命气息，架通了知识与生活的桥梁，勾勒出一幅其乐融融的人性之美的动人画卷。

然而，这样看似将教师生活搬进课堂的教学，却是一场精心而美丽的虚构。其叙事的主要情节与内容借鉴了当代作家莫怀戚的散文《散步》。大意为：

> 田野里，我、母亲、妻子和儿子散步。母亲要走大路，大路平顺；儿子要走小路，小路有意思。最后结局皆大欢喜：我蹲下来，背起了母亲；

---

① 亚里士多德. 诗学 [M]. 陈中梅，译. 北京：商务印书馆，2022：81.

妻子也蹲下来，背起了儿子。我背上的同她背上的加起来，就是整个世界。

教师将散文中的生活细节巧妙地移植到自己生活中，并转化为课程资源用于教学。其游记是鲜活真实的，"母亲要坐索道"与"儿子想爬山"的矛盾冲突是虚构与改编的，但是学生与听课教师感觉不到"假"，因为这样的矛盾即使没有发生在叙述者本人身上，也可能发生在别人身上，它符合生活的逻辑。事实上，正是这一匠心独具的虚构与改编，成就了这节课的美丽与高度。亚里士多德说得好：诗人的职责不在描述已经发生的事，而在于描述可能发生的事。[1] 艺术真实在一定程度上恰恰表现为艺术想象和艺术虚构，这种想象与虚构对现实的反映更具表现力和感染力。一个教师的社会实践与生活经验总是有限的，思政课教学要达到艺术真实，除了对自身生活经验净化"过滤"、加工"包装"外，还要学会在别人的经验和故事里获得教学素材和灵感，通过"借鉴""改编"和一定程度的"虚构"，创造出生动可信的课堂艺术形象。

需要指出的是，艺术真实与生活真实是矛盾的对立统一。生活真实是基础，艺术真实是升华；生活真实是根，艺术真实是花。艺术真实是对生活真实的净化、深化和美化，比日常的生活更高、更美、更真实。对于思政课教学而言，从生活真实走向艺术真实，需要教师从对客观世界进行照镜子式的直观反映，转向穿透生活表象，把握事物的本质和规律。这无疑对教师提出了更高要求。

二、文学的表达

教育就其形式而言，是以"语言—符号"为中心的活动。教育必须通过具体能动的符号接受和创造活动使自然人逐渐成为"文化人"。文学语言侧重形象思维。别林斯基在《智慧的痛苦》中说：诗人用形象来思考；他不证明真理，却显示真理。思政课"有我之境"的叙事教学，要求教师的教学语言具有一定的文学性，既可以"拿来主义"为我所用，也要根据教学目标和内容进行自我创作。

1. 直接引用诗歌、散文、成语、典故、寓言、小说等

古今中外存在大量富有哲理性、能给人以智慧启迪的诗歌、散文、成

---

[1] 亚里士多德. 诗学[M]. 陈中梅，译. 北京：商务印书馆，2022：81.

语、典故、寓言、小说等，这些可以为我们直接所用。如可以让学生在苏东坡"人有悲欢离合，月有阴晴圆缺，此事古难全"的叹息中感悟矛盾的普遍性；在《红楼梦》人物判词的赏析中把握矛盾的特殊性；在对《雷雨》名句"你是萍，凭——凭什么打我的儿子！"的品读中体会社会意识的阶级性；在对卞之琳现代诗"你站在桥上看风景，看风景人在楼上看你。明月装饰了你的窗子，你装饰了别人的梦"的沉吟中认识矛盾双方在一定条件下相互转化；在顾城的名言"黑夜给了我黑色的眼睛，我却用它寻找光明"中理解事物发展前进性与曲折性的统一；结合资本主义经济危机教学，可以让学生诵读《资本论》经典论断——生产资料的集中和劳动的社会化，达到了同它们的资本主义外壳不能相容的地步，这个外壳就要炸毁了。资本主义私有制的丧钟就要敲响了。剥夺者就被剥夺了。总之，适当运用文学语言，使得知识的身体里有情感的血液流淌，从而增强思政课育人功能。

笔者在执教"和平与发展：当今时代主题"时，播放完《悲惨的非洲》视频后，为了激发学生珍惜今天来之不易的幸福和平生活，做了一个动情的演说：

在人类文明走到21世纪的今天，却还有这样一群在饥饿与贫困的死亡线上苦苦挣扎的卑微身影。由此，我想到作家魏巍的一段名言："亲爱的朋友们，当你坐上早晨第一列电车驰向工厂的时候，当你喝完一杯豆浆、提着书包走向学校的时候，当你坐到办公桌前开始一天工作的时候，当你往孩子口里塞苹果的时候，当你和爱人一起散步的时候……朋友，你是否意识到你是在幸福之中呢？"同学们，很多时候，幸福就在我们身边，只是我们缺少一双发现的眼睛和一颗感恩的心。

这样，借用作家的文学语言对学生进行道德召唤。

2. 教师的创作

教师本人或者群体，依据教学目标和内容，自主创作以语言文字为载体的"文学作品"或者"准文学作品"，并作为课程资源运用到课堂教学中去。具体的形式包括以下几种。

(1) 打油诗

语言是思维的外壳，是传递信息的工具。学生喜不喜欢某学科，该学科教学效果好不好，首先取决于教师的语言艺术。贫瘠乏味的教学语言像老太婆的"裹脚布",往往吞噬学生的上课激情。相反,教师的文学语言、文学创作是激发学生学习兴趣的"催化剂"。例如,"和平与发展:当今时代主题"的导入,笔者写了一首打油诗:

太平世界不太平,国际社会多纷争。
克里米亚枪声起,钓鱼岛边摩擦生。
美女总理被下课,硬汉总统遭制裁。
正所谓"乱哄哄你方唱罢我登场,反认他乡是故乡"。

以打油诗的形式概括国际形势,让学生判断"克里米亚在哪里""美女总理(泰国英拉)、硬汉总统(俄罗斯普京)是谁""钓鱼岛谁和谁发生摩擦"等问题,考查学生对时事政治的了解程度,激发学生课堂参与的热情。引用《红楼梦》语寓古讽今,提升人文素养。反之,采用平铺直叙的方式直接导入,逐个引入相关时事新闻,既占用课堂时间,降低课堂效率,也不利于兴趣激发和人文熏陶。

(2)颁奖词

作为一门德育课程,情感态度价值观是思政课教学的首要目标。迄今为止,文学是人类感情表达最丰富、最生动的形式之一。思政课的文学创作,能够强化情感目标的实现。例如,在"民族区域自治制度"一课的教学中,我以本校一位援疆教师的事迹贯穿课堂。在课的结尾,为了进一步升华主题,鼓励和引导学生知行合一,将维护民族团结、促进各民族共同繁荣落实到具体行动中去,我特意为这位援疆教师写了一篇颁奖词——《你是一片雪花江南来》:

你是一片雪花江南来,
默默滋润西部孩子的心田。
你是民族团结的使者,
将民族友谊的温暖带到边疆。
作为一名普通数学教师,
你架起了一座知识的桥梁。
从江南到南疆,
从省港中到农四师,
你不畏艰辛,勇于负担。
天山盛开的雪莲有你绽放的笑颜。

学生在背景音乐《我和草原有个约定》中，大声朗读颁奖词，情感得到升华。这一教学环节，以自创颁奖词表达对援疆教师支教行为的赞美，凸显了教师主体情感、态度与价值观的"在场"，以教师旗帜鲜明的是非判断和爱憎分明去影响学生、感染学生，从而使课堂呈现雅斯贝尔斯所倡导的育人境界：一棵树摇动另一棵树，一朵云推动另一朵云，一个灵魂唤醒另一个灵魂。

（3）散文

马克思在《1844年经济学哲学手稿》中指出，人的一切实践活动要"按照美的规律来建造"。文学创作是人对现实的审美关系的集中表现，既要反映客观的社会生活，又要表现主体的审美意识、审美体验和思想感情。教师的文学创作能够对思政课教学进行审美化改造，将学科认知融于审美体验之中。比如，在"中国特色社会主义"模块的"阶级社会的演进"教学中，为了强化学生对封建专制统治走向没落的历史必然性的认识，笔者与学生分享了自己的散文《北国江南》：

> 偌大的天坛，琉璃飞檐，朱墙森严，城门旷达，地势平阔，一派皇城气象。从西门入园，道路笔直，古柏参天，衰草遍地。耳边不时掠过乌鹊"啊、啊"的声响，透着苍劲雄浑的历史沧桑感。一树梨花，插入蓝天，将古老衰败的园子装点出绵绵春意。祈年殿金碧辉煌、气势恢宏，让人遥想明清帝王祭天拜地的盛大场面。古人敬鬼神，面对"精神鸦片"的神学，封建统治者是否能够预料自己的命运？从午门步入故宫，华美沧桑的故宫像垂暮静思的历史老人。少年逛故宫是惊叹，中年观故宫是慨叹。那见不得人的去处，窝藏多少人间罪恶，吞噬多少白骨尸骸。珍妃的眼泪，光绪的愁苦，太后的跋扈，弄臣的狰狞。辛亥革命的枪声敲响了一个王朝的丧钟。这里上演过自近代中国以来最惊心动魄的剧目。太和殿顶，乌鸦哀鸣，仿佛在缅怀一个王朝的逝去。

如此，用优美深刻、"有我之境"的散文将马克思唯物史观的抽象道理寓于审美体验之中，使学生以感性的方式触摸历史发展的脉搏，较好地落实了党的十八届三中全会提出的"改进美育教学，提高学生审美和人文素养"的要求。

再如，结合"矛盾普遍性"与"发展普遍性"教学，笔者呈现了自己的生活随笔《文明的悖论》：

自古以来，文明就是一把"双刃剑"，它在增进人类福利的同时，也在一定程度上戕害人类自身。高度发达的交通和通信，使我们无法再体味"断肠人在天涯"的浓浓乡思和"杨柳岸晓风残月"的深深离愁；婚姻解放和恋爱自由的同时，爱情却没有了梁山伯祝英台式的忠贞、罗密欧朱丽叶般的热烈；现代化的生活节奏和工作方式少了"采菊东篱下"的悠然和"人闲桂花落"的惬意；在工业文明隆隆的机器声中，难以寻觅稻花香里的蛙声和春日溪头的荠菜花；都市灯红酒绿的繁华与喧嚣，使人无法享受巴山夜雨的宁静与诗意；人工繁殖和转基因技术发展的同时，却只能怀想桃花流水中肥美的鳜鱼和春江水暖中鲜美的河豚。总之，人类在享受现代物质文明的同时，也失去了"诗意地栖居在大地上"的可能。

毋庸置疑，人类文明是不断进步和发展的。问题是仅让学生对人类文明持乐观态度，是不够的或者说是比较盲目的。要引导学生思考和警惕文明背后的野蛮和代价。当今社会，人类面临人口剧增、环境污染、资源短缺、贫困疾病、战争与核武器的威胁等诸多问题。要引导学生对人类文明的两重性保持清醒的认识，增强忧患意识和社会责任感。

（4）网络文章

思政课应培养学生的批判性思维，即不仅仅要让学生把握现实的生活是什么，更为重要的是要激励学生去探寻理想的生活可能是什么。文学是社会批判的武器，鲁迅在《我怎么做起小说来》中指出，文学创作"必须是'为人生'，而且要改良这人生"。思政课的文学创作必须落实思想政治教育的批判功能，引导学生反思当下生活的合理性。如在"消费及其类型"一课教学中，为了帮助学生感受低收入者生活的窘迫，激发学生关注民生，探求社会改造之良策，笔者创作了一篇博客文章《我期盼》，节选如下：

我期盼有一天，
住在城里的岳父、岳母不再为柴米油盐而争吵不断。
我期盼有一天，
待在乡下的父亲、母亲不再为物价上涨而愁容满面。
我期盼，
进城农民不再露宿工地，
下岗工人不再奔波流浪。
留守儿童不再形容消瘦，

鳏寡老人不再孤独感伤。
我盼呀盼，
我望呀望！
党的十八大的温暖，
必将照亮每一个人的心房。

这篇博客文章以对仗、排比的形式，真实地再现了穷人生活的窘迫与贫富不均的社会现实，唤起了学生的批判反思意识和公民社会责任感。教师的文学创作既要求教师对生活有深刻的洞察力和有较高的语言修养，也要求教师有一定的灵性和文采。教师的文学创作不同于作家的文学写作，它必须立足和服务学科教学，达到用文学作品提升育人境界的目的。总而言之，思政课教学要将口语化的"说的语言"与书面化、文学化的"写的语言"相结合。"说的语言"亲切自然，"写的语言"意味深长。人的语言与思想感情是并行展开、不可分割的。"有我之境"的思政课要求教师通过锤炼教学语言来锤炼思想感情，以增强课堂教学艺术感染力和价值引领作用。

三、审美化的改造

"有我之境"的思政课如何彰显学科育人价值，坚持立德树人与立美育人的有机统一？结合对"价值的实现和创造"两次教学设计的比较，具体分析如何借鉴和运用美学思想和手法来提升思政课教学境界和水平。

第一次教学设计

第一篇 "天眼"之难

1. 情境呈现

播放视频《辉煌中国》，介绍"天眼"，突出建设难度之大。展示多张"天眼之父"南仁东在贵州大山里的工作照片。

2. 学生谈感受

结论：在劳动与奉献中创造价值。

第二篇 "天眼"之巨

1. 情境呈现

材料1：由南仁东领衔的FAST团队是由国内几十家科研院所、大专院校、工程企业以及100多位科学家组成的数千人庞大队伍。

材料2：FAST工程常务副经理郑晓年说："FAST只有中国人能建成，因为我们可以举国体制办大事情。"

材料3：FAST团队为南仁东个人所获荣誉屈指可数而鸣不平时，他却看得很淡，更在集体报奖时把自己的名字往后放。

2. 问题思考

南仁东在做成"中国天眼"的过程中，除了他的聪明才智和坚守外，还有哪些因素起了作用？

结论：在个人与社会的统一中实现价值。

第三篇 "天眼"之强

1. 情境呈现

材料1：南仁东是个不折不扣的学霸，当年以吉林省高考理科状元的身份考入清华大学无线电系，工作10年后又报考了中国科学院天文专业研究生。在"天眼"建设过程中，他能指出设计图纸的错误，他能从美学角度谈建设……面对同伴的诧异，他却说："因为我每天都在学习。"

材料2：南仁东放弃了日本顶级科学家高出中国300倍的工资，回到祖国投身于"天眼"事业。300倍的工资是什么概念，就是在日本一天的收入几乎等于回国后一年的收入，而南仁东却说："我得回国。"因为"天眼"这个梦想，可以直抵苍穹，可以穿越一生。

材料3：为了给"天眼"找到最满意的安置地点，他开始在西南大山里翻山越岭、寒暑不息地探索，喝浑水、吃冷干粮，先后对比了1 000多个洼地，亲手丈量了几百个"坑"，终于为"天眼"找到了它的安身之地。

2. 问题思考

为什么"天眼之父"偏偏是南仁东？

结论：在砥砺自我中走向成功。

第四篇 "天眼"之美

1. 情境呈现

展示南仁东生前工作帽、工作服和眼镜的图片。

2. 问题思考

结合唯物史观"实现人生价值"的相关内容，谈谈南仁东的人生价值是如何实现的？

第一次教学设计的优点是情境创设立足生活，时代性强。但是，存在3

点不足：一是教学素材繁杂；二是教学结构失联，4个篇章（"天眼"之难、"天眼"之巨、"天眼"之强和"天眼"之美）之间缺少内在的逻辑关系；三是教学重心失衡，整个教学设计偏重知识本位，道德思辨不足，审美体验缺失。总之，该教学设计缺少对生活素材去粗取精的裁剪和加工，缺少"按照美的规律来塑造"的过程，生活性有余，艺术性不够。从教学效果看，教师的激情洋溢并没能引发学生的情感共鸣。德育的关键在于动情，要学生动情，教师首先要动情，但教师仅有情感充沛也是不够的。托马斯·曼指出，生糙的热烈的情感向来是很平凡的不中用的……强烈的情感并无艺术的意味。① 就像一个号啕大哭的儿童释放出的情感比一个音乐家释放出的情感多得多，却只是缺少艺术形式的纯粹自我表现，虽然用力很猛但不具有打动人心的力量。教师只有像莎士比亚或巴尔扎克那样把教学中的情感形象化，变成文艺作品中富有节奏的诗歌、色彩鲜明的油画或表情生动的雕塑，才能将"自然情感"转化为"审美情感"，从而使教师心灵的美成为学生看得见的"有意味的形式"。思政课的价值引领既需要立足生活的真诚，也离不开向美而教的匠心。

第二次教学设计（副标题"帽子的生活叙事"）

第一篇　猜想帽子的主人

师：价值反映事物属性与主体需要之间的关系。帽子作为生活中的寻常物，对人们有着不同的价值。

展示图片：图1古代乌纱帽，图2沙滩遮阳帽，图3南仁东生前工作安全帽，请学生猜想帽子主人的身份。

学生：图1的主人是官员，图2的主人可能是个老板或者妙龄女郎，图3的主人是工人或者农民工。

展示图4：南仁东戴着安全帽，像农民工一样在工地工作的照片。

师：大家认识这位"农民工"吗？（学生漠然摇头）这位"农民工"可是位大科学家。（学生眼中流露出惊讶、不信的神情）

小结：乌纱帽象征权力，遮阳帽代表享受，安全帽意味着责任与辛劳。让我们走进戴着安全帽的"农民工"——科学家南仁东的生命世界。

第二篇　走近帽子的主人

---

① 朱光潜. 文艺心理学［M］. 合肥：安徽教育出版社，2006：18.

1. 情境呈现

播放视频《辉煌中国》之"天眼"。

文字展示：南仁东，中国"天眼之父"。他以吉林省高考理科状元的身份考入清华大学无线电系，工作10年后报考中国科学院天文专业研究生。他放弃了日本顶级科学家高出中国300倍的工资，回到祖国投身于"天眼"事业。他领衔的FAST团队是由国内几十家科研院所、大专院校、工程企业以及100多位科学家组成的数千人庞大队伍，在贵州山区跋山涉水历经22年、攻克十几项世界级难关，取得令世界瞩目、国人自豪的成就，被中共中央、国务院授予"改革先锋""人民科学家"等荣誉称号。2017年9月15日，南仁东因病逝世。

2. 问题思考

南仁东的人生价值体现在何处？其人生价值实现的主客观条件是什么？

结论：在劳动与奉献中创造价值，在砥砺自我中走向成功，在个人与社会的统一中实现价值。

第三篇　评价帽子的主人

观点讨论：有人认为，南仁东放弃国外优厚的工资待遇和生活条件，虽功成名就，却还没来得及好好享受生活、照顾家人，就因劳累过度而英年早逝，这样的人生价值不要也罢。你如何看待这一观点？

第四篇　致敬帽子的主人

1. 情境呈现

展示南仁东生前工作帽、工作服和眼镜的图片，并配以文字说明：他闭上了自己的眼睛，却为中国开启了探寻宇宙的眼睛。播放背景歌曲《懂你》，展示歌词：你静静地离去，一步一步孤独的背影。多想伴着你，告诉你我心里多么地爱你。花静静地绽放，在我忽然想你的夜里。多想告诉你，其实你一直都是我的奇迹……

2. 请您跟帖

向"改革先锋"南仁东致敬，写出心中最想表达的话。

结束语：有的人为了"乌纱帽"不择手段，有的人追求"博士帽"寒窗苦读，有的人戴着"遮阳帽"享受海滨凉风习习，有的人顶着"安全帽"跋山涉水攀登科技的无限高峰。帽子何其普通，人生何其广阔。同学们，你们内心深处追求的那顶"帽子"是什么呢？

在第一次教学设计的基础上,第二次教学设计进行了适度的"美化"。

第一,意象化。意象是创作主体经过独特的情感活动而创造出来的一种艺术形象,简而言之,就是寓"意"之"象",就是用来寄托主观情思的客观物象。古人云:"立象以尽意。"思想性是思政课的本质特征,意象是中国传统文学手法和美学标准,思政课可以结合教学目标、课程内容与学生实际,选择或者创造一定的教学意象。本课两次教学设计都是讲述南仁东的事迹,前后最明显的变化就是将叙事视角用"帽子"的生活叙事替换"天眼"的宏大叙事。将猜想帽子的主人、走近帽子的主人、评价帽子的主人和致敬帽子的主人4个环节贯穿课堂教学,实现生活逻辑与学科知识的有机统一。在这一过程中,南仁东的工作帽成为教学叙事的"课眼"和中心,映照着主人翁高尚的人格境界和卓越的人生价值。中国有个成语:睹物思人。意象的主要作用就是将抽象的主观情思寄托于具体的客观物象,使之成为可感可触的艺术形象,使情思得到鲜明生动的表达。在"致敬帽子的主人"的教学环节中,折射主人翁道德情操的工作帽与深情款款的歌曲情景交融,在学生的内心世界激发强烈的审美体验和巨大的"道德召唤场",使教学主题得以升华并定格成为课堂教学的经典图像和永恒瞬间。同时,本课还充分挖掘意象的隐喻功能,通过象征权力的乌纱帽、代表享受的遮阳帽与代表责任和辛劳的安全帽对比,启发学生对生命价值和人生道路进行思考,使得课堂教学立意高远。教学成为审美活动的关键就在于塑造形象直观、寓意深刻的教学意象。

第二,陌生化。陌生化是一个著名的文学理论,20世纪俄国形式主义评论家什克洛夫斯基在《作为手法的艺术》中指出,艺术之所以存在,就是为了使人恢复对生活的感觉,就是为了使人感受事物,使石头显出石头的质感。艺术的目的是要人感觉到事物,而不是仅仅知道事物。艺术的技巧就是使对象陌生,使形式变得困难,增加感觉的难度和时间长度,因为感觉过程本身就是审美目的,必须设法延长。第二次教学设计是基于帽子的生活叙事,如何让学生对南仁东的工作帽这一教学意象印象深刻甚至永生难忘?为此增加了"猜想帽子的主人"的教学环节。现实生活中安全帽多为建筑工地的工人装束,是"农民工"形象的标配。人们很难将安全帽与"科学家"联系起来,南仁东戴着安全帽在工地劳作的照片,也很难与科学家相联系。陌生化就是要制造学生主体与教学对象之间的认知距离和审美张力。当教师故意顺应学生的"前理解",将安全帽归于农民工,并出示"农民工"(南仁东)的照片时,绝大多数学生认不出他的真正身份。当教师告知学生这位"农民工"是科学家时,很多学生表示怀疑和惊异。与第一次教学设计将南仁东的工作帽直接呈现给学生相比,第二次教学设计陌生化的运用意在"增加感觉的难度和时间长度",引发学生认知冲突与惊异体验,强化主人翁集农民工吃苦耐劳品质与科学家智慧创造于一身的特殊审美印象。

第三,简约化。老子有句名言:大道至简。简约不仅是中国传统哲学智慧,也是重要的美学主张,即所谓"朴素而天下莫能与之争美"。第二次教学设计的简约化具体体现在3个方面:一是教学素材的简朴;二是教学环节的简洁;三是教学语言的洗练。从教学素材看,第一次教学设计的"天眼"虽然具有时代性和教育性,但是过于"高大上",远离师生生活。第二次教学设计的"帽子"是生活中的寻常之物,朴素而接地气。一项普通的帽子却蕴含着人格光辉,给人"静穆的伟大,单纯的高贵"的审美感受,能够引发道德共鸣与价值思考,符合孔子"绘事后素"的审美标准。从教学环节看,表面上两次教学设计都是4个环节,但是第二次教学设计已经做了较大的简化处理。第二次教学设计中"走近帽子的主人"的教学环节,高度精简压缩第一次教学设计前面3个环节("天眼"之难、"天眼"之巨和"天眼"之强)的教学情境,使之成为一个集中主干知识点的"主情境"。原先3个情境中的简单问题也合并成具有一定思维含量的"主问题"。同时,又在"主情境"基础上,引发"评价帽子的主人"的深度思辨。如此,第二次教学设计"猜想帽子的主人""走近帽子的主人""评价帽子的主人""致敬帽子的主人"4个教学环节,就具有层层递进、简明清晰的内在逻辑关系,使得课堂教学融学科认知、审美体验和道德评价为一体。如此,通过精选教学素材、精简教学环节、精致教学语言,实现"以一统多""以少胜多"的教学效果。

席勒指出,要使感性的人成为理性的人,除了首先使他成为审美的人,没有其他途径,[①] 即通过审美活动实现道德提升与人格健全。反思当下思政课教学,第一次教学设计很普遍,但是能够上升到第二次教学设计的很稀

---

① 席勒. 美育书简[M]. 徐恒醇,译. 中国文联出版公司,1984:116.

少。两次教学设计的高下分野，与教师学科专业知识和教育教学理论没有必然联系，但与教师美学素养直接相关。教师的审美素养直接影响教学艺术的创造和育人价值的实现。党的十八届三中全会明确提出，改进美育教学，提高学生审美和人文素养。如何将美育融入德育过程，使思政课成为"一曲动听的歌""一首美丽的诗""一幅七彩的画"？需要政治教师不断学习美学理论、自觉提升美学素养，努力使教学过程成为理性与感性相统一、认知与审美相融合、知识与价值共生长的"特殊的审美过程"，成为触摸学生灵魂的"有意味的形式"。

四、人文化的追求

长期以来，由于受"泛政治化"思维方式和应试教育的影响，思政课的人文色彩被遮蔽和遗忘。相反，作为思政学科"母体"的马克思著作却充满浓郁的人文精神。无论是其青年时期的《青年在选择职业时的考虑》《博士论文》《巴黎手稿》，还是思想成熟期的《资本论》《经济学手稿》《人类学笔记》，无不包含对人的尊严、自由和权利的执着追求，无不洋溢着深厚的人文关怀。面对不断流逝的人文精神所导致的课堂教学的矮化与异化，思政课如何还原其"人文"面目？笔者就以下4个教学片断谈几点感受。

1. 聆听历史深处的声音

师：社会生活中我们经常看到这样一种现象：卑者向尊者低头司空见惯，而尊者向卑者认错却不多见；个人屈从于国家是常事，而国家向个人致歉却罕见。然而，100多年前，法国却发生了一起国家向个人低头致歉的事件。

展示"德雷福斯事件"：1894年，法军上尉德雷福斯被法国军事法庭以泄密罪判处终身流放。之后，法国情报人员通过一名德国间谍证明德雷福斯无罪。然而，法国军方却掩盖真相，拒不纠错。作家左拉不顾势单力薄，连续发表《告青年书》《告法国书》，揭露事件真相，并于1898年发表了震动一时的《我控诉》，控诉法国军方和整个司法制度。结果左拉以"诽谤罪"被判刑而流亡至英国。1906年，即左拉逝世4年后，法国最高法院正式宣判德雷福斯无罪，这是法兰西共和国历史上国家第一次向个人低下了它的头颅。

展示《我控诉》片断，学生朗读：

我控诉帕蒂上校，因为他是司法误审中的凶暴主角。

我控诉梅西耶将军，因为他是本世纪最不公平行动之一的同谋，但其所为至少出自其脆弱的心志。

我控诉比约将军，……

至于我控诉的人，我并不认识他们，我从未见过他们，和他们没有恩怨或仇恨。我在此采取的行动只不过是一种革命性的方法，用以催促真理和正义的显露。我的激烈抗议只是从我灵魂中发出的呐喊，若胆敢传唤我上法庭，让他们这样做吧，让审讯在光天化日下举行！我等待着！

师：左拉为了一个素不相识的人，不顾自身安危和名誉，与整个国家机器进行了不屈不挠的斗争。这场斗争的实质是"个人权利"与"国家权力"的较量。那么，公民可以通过哪些合法方式去监督和制约国家权力呢？这就是本课所要学习的内容。（李勇斌执教："民主监督：守望公共家园"）

本课选取了历史上具有典型人文意蕴的德雷福斯事件，将公民的监督权置于世界政治文明发展进程的大背景下考察和观照，使学生能够深切理解民主权利获得的艰辛与不易，更沐浴在左拉良知、责任和道义所创造的人文光辉中。古今中外，历史长河中回响着诸多无法磨灭的声音，如苏格拉底临刑前捍卫真理的慷慨陈词，马丁·路德·金"我有一个梦想"的挥泪演说，孙中山"民族、民权、民生"的治国理想，朱镕基整顿吏治、改善民生的庄重承诺，习近平"房子是用来住的，不是用来炒的"的科学研判，等等。一个具有人文情怀的政治教师，应经常引领学生聆听淹没在历史深处的人文之音，培养具有社会主义核心价值观的现代公民。

2. 叩问人文经典的意蕴

师：大家知道我国宋代出了一位著名的女词人——李清照。她写了很多脍炙人口的诗词，其中有一首词叫《声声慢》。

【投影该词】

寻寻觅觅，冷冷清清，凄凄惨惨戚戚。乍暖还寒时候，最难将息。三杯两盏淡酒，怎敌他、晚来风急！雁过也，正伤心，却是旧时相识。

满地黄花堆积，憔悴损，如今有谁堪摘？守着窗儿，独自怎生得黑！梧桐更兼细雨，到黄昏、点点滴滴。这次第，怎一个愁字了得！

师：哪位同学来给大家有感情地朗读一下？

生：（语文课代表）示范朗读。

师：从这首词中你能品出作者怎样的感情？

生：苦闷、伤感。

师：法国诗人克洛岱将李清照的这首词翻译为《绝望》。

【投影该词】

呼唤！呼唤！／乞求！乞求！／等待！等待！／梦！梦！梦！／哭！哭！哭！／痛苦！痛苦！我的心充满痛苦！／仍然！仍然！／永远！永远！永远！／心！心！／存在！存在！／死！死！死！

师：这首词翻译得好不好？为什么？

生：不好，语言太直白了，缺少韵味和意境。

师：比较而言，你觉得中国文学艺术有何特点？

生：意境美、想象丰富、辞藻优美……

师：可见，中国文学艺术独树一帜，独领风骚。（张蓓执教："正确认识中华传统文化"）

海德格尔说得好：语言是存在的家。①。诗词是民族的原语言，本课教师匠心独具地引出李清照的《声声慢》和克洛岱的译文《绝望》，让学生在朗读、赏析、比较和探讨中感悟中国古典文学的独特风韵，不仅解决了学生的认知问题，更激发了学生对中文、对中华优秀传统文化的认同和向往。作为社会人文学科，思政课应善于从人文经典作品中汲取营养，以彰显其独特的人文魅力。以文化教学为例，可以让学生在孔孟老庄的典籍中感受中国传统思想的精髓和魅力，在余秋雨《文化苦旅》中领略中国文化的博大精深，在费孝通《乡土中国》中寻找失落的乡土文明，等等。包括山水国画、古典音乐、园林建筑等在内的一切优秀传统文化，均可进入思政课堂。

3. 关注困难群体的境遇

师："老有所养，病有所医，少有所学"是千百年来中国人对幸福人生、和谐社会的经典诠释和热切向往。多年前两个农民工夹杂着忧伤和希冀的《春天里》的呐喊，使得社会公平再次成为人们聚焦的社会热点话题。下面，请同学们欣赏这首歌曲。

---

① 海德格尔. 海德格尔选集［M］. 孙周兴，选编. 上海：上海三联书店，1996：358.

【投影歌词】

也许有一天，我老无所依。

请把我留在，在那时光里。

如果有一天，我悄然离去，

请把我埋在，在这春天里，春天里。

问题讨论：（1）何谓农民工？（2）说说你所了解的农民工生活。（3）造成农民工身份的原因有哪些？（4）请为农民工走出困境献上一策。

生：略

师：孔子说，"邦有道，贫且贱焉，耻也"。我们在享受现代城市物质文明时，不应忘记支撑我们幸福背后的辛酸劳作的身影。温家宝同志答记者问时，说了这样两段话：一是"我想起了诺贝尔奖获得者，一位经济学家叫舒尔茨的一句话，他说世界大多数是贫困人口，如果你懂得了穷人的经济学，那么你就会懂得经济学当中许多重要的原理"；二是"世界大多数贫穷人当中，又主要是以农业为生计的。如果你懂得了农业，那你就真正懂得了穷人的经济学"。我想总理的话就是对我们本课课题的最好诠释。

（李勇斌执教："我国的个人收入分配"）

党的十八大报告指出："加强和改进思想政治工作，注重人文关怀和心理疏导。"所谓人文关怀，就是对人的生存状况的关怀、对人的尊严与符合人性的生活条件的肯定，对人类的解放与自由的追求。本课最大的亮点就在于超越认知层面，将目光投向现实生活中的困难群体，引导学生关心穷人、尊重穷人、帮助穷人，从而实现情感态度价值观的提升。新时期中国共产党庄严承诺："人民对美好生活的向往，就是我们的奋斗目标。"政治教师要具有强烈的民生意识，善于捕捉诸如"范跑跑事件""躲猫猫新闻""最美洗脚妹"等触动社会神经、涉及民生关怀的新闻事件并将之引入课堂，吸引学生眼球，激发学生思考，引导学生走出小我，关心社会，培育富有公共意识、人文情怀和社会良知的时代新人。

4. 直面心灵成长的困惑

师：矛盾无处不在，矛盾无时不有。苏轼指出，"人有悲欢离合，月有阴晴圆缺，此事古难全"，南唐李后主更发出"人生长恨水长东"的感喟。下面让我们敞开心扉，谈谈自己在学习和生活中遭遇的矛盾和问题。

生1：学校军事化管理，使我不得开心颜。

生2：我热爱学习，却不喜欢上学。

生3：匆匆离别假期，心情就像久别大自然的鸟又被关进笼子。尽管每节课都很努力听，晚自习也埋头做作业，可是仍然感到迷茫，我仿佛迷失了前进的方向。面对父母的热切期盼和老师的谆谆教导，我渐渐麻木。（李勇斌执教："唯物辩证法的实质与核心"）

这一教学环节，直面学生成长困惑，直抵学生内心深处，师生在倾听与对话中实现了思维碰撞、价值澄清和心灵共鸣，从而成为彼此生命中一段有意义的旅程。思政课最鲜明的育人功能就是对学生心灵成长的观照。高中思想政治课程标准强调：加强思想政治方向的引导与注重学生成长的特点相结合。直面学生成长的困惑，解决学生成长的烦恼是思政课教学重要的出发点和落脚点，也是彰显学科人文意蕴的最高旨趣和最终归宿。教师只有从"关注分数"转向"关怀学生"，从"为考而教"转向"为人而教"，才能成为走进学生生命、呵护心灵成长的"那个人"。

第二节 思政课"有我之境"的比较研究

一、3类教学情境的比较

情境育人是思政课改的一个重要成果和显著特征。思政课回归生活需要依托生活化的教学情境。思政课情境创设出现过"一理一境""主题情境""有我之境"3种不同的设计思路与教学特征，正如烹饪中的家常菜、宴客菜和私房菜，每一种情境、每一道菜肴都有其自身的优点和不足。笔者试以"民主监督：守望公共家园"为例，对思政课教学情境进行梳理和比较。

例1 家常菜的味道：一理一境

所谓"一理一境"，是指用一个教学情境落实一个学科知识点，不同学科知识点用多个不同的、没有内在联系的教学情境加以分析。以笔者10年之前执教的一节公开课"民主监督：守望公共家园"为例，其教学过程大致如下：

1. 导入激趣

出示《六问镇江》相关材料，引出课题：民主监督。学生讨论《六问镇江》中哪些问题已经得到很好解决，哪些问题依然存在？

2. 举案说法

播放重庆卫视《拍案说法》——"躲猫猫"事件（2009年2月，云南青年李荞明死在看守所，警方称其"躲猫猫"时撞墙。后经查实，系被狱霸打死）。学生根据自学知识做出判断，受害人家属采用了何种民主监督的方式，并且区分不同方式。结合网民介入和参与"躲猫猫"事件调查，回答民主监督的意义，使学生在感性认识的基础上，分析归纳监督权的意义，提高学生理性概括和准确分析问题的能力。

3. 情境导学

展示"杨佳袭警案"材料和《信访条例》，从正反两个方面说明要依法行使公民监督权。

4. 知行合一

播放原国家食品药品监督管理局局长郑筱萸被判死刑的新闻报道，介绍中国的左拉式人物——高纯勇斗郑筱萸的事。学生观看、阅读和讨论，并对这一案件做简短的评论或者谈谈感想。

5. 情感升华

展示左拉《我控诉》，学生朗读。

师总结：左拉为了一个素不相识的人控告法国军方和司法机关，与整个国家权力做斗争，其勇气值得我们学习。如果有一天，当民主与法治像阳光和空气一样成为我们生活不可或缺的一部分的时候，我们心中所期待的美好社会就离我们不远了。这个目标的实现，需要在座每一名同学的努力！

教学反思：该课采用的是典型的"一理一境"的方式。5个教学环节分别创设了5个不同的教学情境：用本土素材《六问镇江》导入，激发学生兴趣；用热点新闻"躲猫猫"事件，引导学生了解民主监督的方式和意义；用"杨佳袭警案"说明要依法行使公民监督权；用高纯勇斗原国家食品药品监督管理局原局长郑筱萸的案例，引导学生勇于和善于行使监督权，解决学思结合、知行合一问题；朗读左拉名篇《我控诉》，激发学生参与民主监督的责任感和使命感。该课设计体现了浓厚的生活性、时代性和人文性。"躲猫猫"事件、"杨佳袭警案"、"高纯勇斗郑筱萸"的事迹，充满浓郁的生活气息和鲜明的时代特征，尤其是重庆卫视《拍案说法》对"躲猫猫"事件的解说极具感染性，极大地调动了学生的学习兴趣和参与热情，甚至"躲猫猫"一词一度成为学生的口头禅。"德雷福斯事件"及左拉的《我控诉》直接来自学生语文读本，洋溢着强烈的人文主义色彩。在思政课教学实践中，"一理一境"是教师青睐的"家常菜"，其最大的优势是灵活便捷、开放度大和实用性强。教师可以对古今中外适合课堂教学的情境素材进行跨时空组合与剪接。但是，该教学设计的弊端也很明显：一是情境数量偏多，学生阅读量和信息量偏大，对学科知识掌握有一定的干扰；二是课堂被众多没有内在联系的教学情境分割，课堂结构呈现出碎片化的形态，且教学节奏拖沓冗长，课堂效率不高。

例2 宴客菜的标准：主题情境

所谓"主题情境"，是指以一个典型案例为主题或主线贯穿教学始终，同时结合主题与教学内容创设彼此联系的多个情境场景，以链接学科知识与生活实际。一位教师对于"民主监督：守望公共家园"是这样设计的：

1. 导入新课

播放视频《讨薪难》（内容为老何等农民工在讨薪过程中遇到当地政府部门的不作为和监察机关个别工作人员的无礼对待）。

2. 情境一：路在何方

问题探究：请你帮老何出谋划策，并说明依据。随着时代的发展，你还能列举一些民主监督的新方式吗？师生共同归纳、整理民主监督的方式并通过表格形式呈现。

3. 情境二：陷入迷茫

老何决定要将监督进行到底，准备向上级政府部门反映情况。

农民工甲：老何您都一把年纪了。这事吃点亏就算了，反正工钱也不多。

农民工乙：我看可以去他们办公室讨个说法，不解决问题就让他们办不了公。

农民工丙：那多费事儿，直接去趟网吧，捏造他们贪污受贿并匿名举报，现在国家正好在打"虎"灭"蝇"，保管拿下。

老何一听犹豫了，不知如何是好。

问题探究：如果你在现场，请分析他们所提的做法是否正确合法，并说明理由。

教师归纳如何正确行使监督权。

4. 情境三：欣喜若狂

经过激烈的思想斗争，老何决定亲自去上级政府一趟，反映一下问题。政府的工作人员热情地接待了老何，记录了老何反映的问题，并承诺在一周内给予答复。在政府的调查后，老何全额获得了工资，同时涉事的政府工作人员受到了处罚，政府还出台了相关条例。老何感慨地说："这以后，可得积极地行使监督权来维护自己和大家的利益啊！以后再遇到这些事，知道怎么办了。"

问题探究：说说老何的这种行为有什么意义？归纳行使监督权的意义。

教学反思：与"一理一境"相比，"主题情境"具有两个明显优势或者特点。

一是主题性，即所有情境都聚焦和服务于1个与教学目标和内容密切相关、能够统领课堂教学的主题。本课3个情境的问题探究均紧紧围绕"农民工老何讨薪"这个中心话题展开，引导学生探究民主监督的方式、意义和正确行使权利的要求，树立依法行使监督权的法治意识和公共参与精神。二是结构性，即主题之下的情境设计呈现出系统化、整体化的特征。本课围绕"讨薪难"分别设计了"路在何方""陷入迷茫""欣喜若狂"3个分镜头，整个教学设计主题鲜明、脉络清晰，不仅有情境，更有情节、有情趣，呈现出"形散而神不散"的向心结构。如果说"一理一境"是朴实无华的"家常菜"，那么"主题情境"则是精心烹饪的"宴客菜"。与"一理一境"的简单照搬、拿来主义相比，"主题情境"要求教师对初始情境素材进行二次开发和深度打磨，以克服课堂结构的无主题和碎片化，实现生活经验与学科逻辑的有机统一。因此，从"一理一境"到"主题情境"是教学设计的优化与发展。但是，受主题与结构的制约，"一例多境"的灵活性与开放性显然不如前者，一些充满思想性、人文性的经典素材如左拉的《我控诉》等难以融入主题情境之中。而且过于追求"主题情境"，过于在主题与课堂结构上花费功夫，在一定程度上会削弱对教学内容与学生本身的研究，同时也会加重教师备课负担，甚至会出现胡编乱造的情况。

例3　私房菜的魅力：有我之境

"有我之境"是王国维《人间词话》里的一个美学概念。笔者将其借鉴、化用到思政课教学中，提出"有我之境"的思政课这一教学主张，即思政课教学要讲述发生在教师、学生身上或者师生所见所闻的真实故事。笔者工作室成员在执教"民主监督：守望公共家园"时，以"一个政治教师的'迂'"为副标题，将自己亲身经历的事件开发成教学课例，其教学过程如下：

第一回　狭路相逢

一天傍晚，我开车回家，快要进入小区时，有辆面包车逆向行驶，面包车司机猛按喇叭，大声喊道："往后退，让我先过去！"我对他说："你逆行了，我后面有顺行的车辆和行人，后退不安全！你旁边就有空车位，停进去，让我们顺行车辆先过！"面包车司机就是不动，还喊道："你不让我先过，你们谁也别想过，看谁耗得过谁！"同学们，如果你是我，当时你会怎么办？

第二回　交警执法

我报了警，交警很快就到了，要求面包车司机把车停到旁边车位，但面包车司机并不理睬。交警无奈地对我说："你一看就是高素质的人，你就让他先过，现在是下班时间，别把路堵了，你看行不行？"在交警的指挥下，我倒出车道，让面包车先过，面包车司机在经过我车旁时，没说"谢谢"，而是很轻蔑地说："报警有个屁用，还不是让我先过！"交警也没对面包车司机的行为进行任何处罚。这下我不平静了，决定依法行使监督权，惩治恶人。同学们，请阅读课本了解公民行使监督权的方式，选择一种向老师推荐并说明理由。

第三回　家庭分歧

妻子：还是算了，那司机一看就不是什么好人，他如果被处罚了，有可能会报复咱们！母亲：要夸大些事情经过，你就说那面包车司机对你进行了生命威胁，不然没人重视！父亲：要实事求是，调取监控录像，收集面包车司机违规的证据。同学们，你赞同谁的观点？请依据课本知识阐释理由。

第四回　我的困惑

经过我将近两个月的努力，面包车司机受到应有的惩罚，"扣3分，罚款100元"，执勤交警也因当时未能依法执法向我道歉。妻子说："不算时间成本，为了这事，光是电话费和汽油费等加起来都超过500元了，你这不是'迂'吗？你这样做一点意义都没有！"同学们，你们同意我妻子的观点吗？为什么？

教学反思：从上述课例可以看出，"有我之境"是升级版的"主题情境"。该教学设计除了具有主题性和结构性的特征外，更具有鲜明的亲历性和别人无法复制的原创性。教师是情境中的"主人翁"或者"见证人"，教师通过讲述自己的生命故事，引导学生自主探究、自我建构学科知识。与"一理一境""主题情境"不同的是，"有我之境"不是从外部世界寻找和收集公共性教学素材，而是教师对自身生活遭际、生命体验的课程开发，彰显了教师自身的课程意义与价值，教师从照本宣科的"知识旁观者"向有感而发的"知识经验者"转变，从而打破教师生活经验与课程学科知识之间的"隔阂"，使得"教师即课程"的角色担当成为可能。该课教学中，教师以"一个政治教师的'迁'"为副标题，以现身说法的方式，引导学生讨论"善良是否比是非更重要""忍一时真的会风平浪静吗""老师的'迁'值不值"等真实而富有思辨性的问题，生动再现了依法维权的矛盾心理和艰辛之路。教师不再是学科知识和意识形态的传声筒，而是身体力行的实践者和垂范者。"有我之境"教学价值在于以教师自身的人格魅力和精神力量直接进行价值引领。但是，由于教师的社会实践范围是有限的，教师的人生经历与学科知识之间的交集也是有限的，经验与课程的相遇和碰撞往往可遇而不可求。"有我之境"的课例开发就像有家传秘方的"私房菜"一样不同寻常，因此，鉴于不同教学情境各自的特点，笔者认为思政课常态化教学应该立足"家常菜"，教学展示与参加比赛要做优"宴客菜"，形成教学主张和风格要追求"私房菜"。

二、3种人物形象的比较

教育的对象是"人"，教育过程是在"人与人之间"展开的。对于思政课而言，这里的"人与人之间"不仅仅指现实生活中的师生之间、生生之间的相互作用与影响，也蕴含着师生与教学情境中人物之间的相互关系。长期以来，关于思政课教学情境的研究很多，但是对教学情境中人物形象特点、功能与价值的研究尚为空白。笔者以教学情境中的人物形象为研究视角，结合人教版《道德与法治》八年级下"依法履行义务"一课的3次教学设计3种情境，对思政课教学情境中的人物形象做出梳理。

（一）符号人

《人论》作者卡西尔说，人类是一种"符号人"，也就是一种"文化人"。卡西尔认为，动物只能对"信号"做出条件反射，而只有人才能把这些"信号"改造成有意义的"符号"，用这些"符号"去创造文化。"符号人"是道德与法治课中最常见的人物形象。本课第一次教学设计，呈现了以下3个情境与人物。

情境1：中学生王某与两个好朋友在学校附近新开的一家川菜馆庆祝自己的生日。3人点了一桌菜，又叫了几瓶酒，吃喝得不亦乐乎。酒足饭饱后3人跌跌撞撞地去收银台结账，只听扑通一声，王某摔倒在地，到医院一检查才知道一条胳膊骨折了。事后王某的父母与餐馆老板交涉赔偿事宜，餐馆老板说自己在店堂的显著位置有明确提示"餐馆地滑，注意安全"。餐馆老板认为自己尽到了安全提示义务，为此拒绝赔偿。

问题探究1：餐馆老板是否可以拒绝赔偿呢？

结论1：权利与义务的关系。

情境2：南京市民张先生在乘坐一辆出租车到中央门附近下车，不慎将刚买的iPhone7手机丢在车上，被搭载他们的司机捡走，司机没有主动联系归还。张先生通过派出所调看监控，发现手机被司机胡师傅捡走。经过联系，胡师傅开价1 000元的好处费，张先生一怒之下报了警。

问题探究2：归还失物，能否索要报酬？如果你是警察将如何处理？

结论2：依法履行义务——法律要求的必须做。

情境3：社会青年李某与人摆场子，召集二十几人携带利器在东门广场大哥大歌舞厅门口集合。后因遇到公安巡逻车，大家一哄而散。嗣后，李某重新召集人马在长江路与仇家相遇，双方互殴，致2人死亡、1人重伤。该案后果极其严重，主犯及从犯先后在江苏省镇江市中级人民法院和江苏省镇江市润州区人民法院接受审判，其中3人被判死刑，其余人员被判死缓、无期徒刑、有期徒刑等。

问题探究3：一哄而散之后，李某该不该负法律责任？

结论3：依法履行义务——法律禁止的坚决不做。

人物剖析：上述3个情境中的人物中学生王某、市民张先生和社会青年李某，分别代表3种不同的行为主体和社会角色。不同的社会角色，具有相应的行为规范与道德约束，能够发挥一定的道德劝诫与价值引领作用。

如教学中，学生能够结合王某"中学生"的身份，在问题探究中指出王某没有履行中学生不饮酒的义务；同时，为"市民"张先生依法维权而点赞，对"社会青年"李某违法犯罪行为进行谴责。这就是教学情境中人物形象对学生产生潜移默化的道德影响。但是，上述3个情境中的人物是"但闻其名不见其人"的人称代码，尽管人物故事来自现实生活，但是人物形象具有明显的模糊性和虚拟性特征，故笔者称之为"符号人"。教学中，"符号人"发挥着道德隐喻与知识探究的双重作用。但是，"符号人"在教学情境中只是面目模糊、可随时更改的人称代码，是服务于学生课堂学习的认知工具，其本身的教育意义与道德意蕴往往不被师生关注，其人物形象难以深入学生内心世界，其道德劝诫作用也具有明显的标签化、浅显化倾向。同时，不同的"符号人"分散在不同的教学情境中，彼此分离，没有联系，整节课被分割成几个毫无关联的片段，以致课堂内容在呈现上显得支离破碎。

（二）市偶人

为了克服教学情境的碎片化与人物形象的模糊性，在第二次教学设计中，笔者以"王某的歧路人生"为副标题，对上述3个情境做了一定的修改。

情境1：生日宴会惹风波

中学生王某与两个好朋友在学校附近新开的一家川菜馆庆祝自己的生日。3人点了一桌菜，又叫了几瓶酒。酒足饭饱后结账时，只听扑通一声，王某摔倒在地上，胳膊骨折了。王某的父母与餐馆老板交涉赔偿事宜，餐馆老板认为店堂的显著位置有明确提示"餐馆地滑，注意安全"，自己尽到了安全提示义务，为此拒绝赔偿。

情境2：拾到一只"苹果"后

高中毕业后，王某开出租车谋生。乘客张某搭乘王某的出租车，下车时不慎将刚买的iPhone7手机遗忘在车上。张某通过派出所调看监控，发现手机被王某捡走。经过联系，王某开价1 000元的好处费，张某一怒之下报了警。

情境3：为朋友"两肋插刀"

王某的朋友"狗子"与人摆场子，召集了王某等二十几人携带利器在东门广场大哥大歌舞厅门口集合。后因遇到公安巡逻车，大家一哄而散。

嗣后,"狗子"重新召集人马在长江路与仇家相遇,双方互殴,致2人死亡、1人重伤。该案后果极其严重,主犯及从犯先后在江苏省镇江市中级人民法院和江苏省镇江市润州区人民法院接受审判。

人物剖析:修改过的3个情境将原先的3个教学情境、3个人物故事,聚焦在王某一个人身上,以"王某的歧路人生"贯穿教学过程,给教学情境增加故事性强的3个小标题:生日宴会惹风波、拾到一只"苹果"后和为朋友"两肋插刀"。教学明线讲述王某不堪回首的3段故事。教学暗线一方面引导学生探究课本3个知识点;另一方面通过塑造生动具体的典型人物形象,帮助学生树立依法履行义务的法治意识。王某的形象是教师根据教学需要"改编"的产物,他从中学生发展成为与社会不良青年有交往的出租车司机。如此,王某的形象从仅为人称代码的"符号人",变成教师根据一定教学目标和内容精心设计的"木偶人"。与脸谱化、标签化的"符号人"相比,"木偶人"经过了一定艺术加工,使得人物形象变得具体丰满起来,课例中王某"歧路人生"的故事很像现实生活中的某个人,能够给学生似曾相识的感觉。因此,"木偶人"形象具有一定的清晰性、生动性的特征。与此同时,用一个"木偶人"取代多个"符号人",串联起原先碎片化的教学情境,使整个课堂教学"形散而神不散",不仅有情境,更有情节、有情趣。需要指出的是,从"符号人"到"木偶人",体现了教师对情境素材的二次开发与艺术加工,是教师教学艺术性和创造性的表现,但是这种开发与加工不能随心所欲,更不可胡编乱造,而应遵循生活逻辑与学科逻辑的有机统一。

(三)真实人

"木偶人"解决了情境设计的碎片化问题,也在一定程度上减轻了人物形象模糊性,然而其真实性往往遭到学生的质疑:教学情境中的王某到底是谁?老师怎么会知道他的这些事?实践证明:"符号人"与"木偶人"均因先天的虚拟性,而降低道德与法治课程实施的可信度,削弱学科育人的价值。因此,在第三次教学设计中,笔者以王某的生活原型——我的堂弟为故事主人翁。

导入:同学们有没有看过这档节目,央视普法栏目剧。看普法故事,品百味人生。今天李老师也给大家带来了一个普法故事,故事的名字就是本课的副标题:失控的青春。故事的主人翁是我的堂弟。这是20年前我与堂弟的合影，地点是镇江火车站。我叔叔、婶婶忙于生意，很有钱，但是没时间管教孩子，堂弟是典型的"富二代"，从小养成了好逸恶劳、好吃懒做的恶习。堂弟有句口头禅："今朝有酒今朝醉，何必活得太疲惫。"那么在堂弟青春成长中，究竟发生了什么样的曲折呢？

情境1：生日宴会惹风波设定为堂弟少年时代的故事。

情境2：拾到一只"苹果"后设定为堂弟高中时代的故事。拾到一只"苹果"后，由文字呈现改成小品表演。

学生甲（堂弟扮演者）："亲爱的，你慢慢飞，小心前面带刺的玫瑰。"呀，这是谁丢的手机呀，还是"苹果"牌呢，还挺新的。"你是我的小呀小苹果，怎么爱你都不嫌多。"

学生乙（失主扮演者）：大哥，请问有没有看见地上有一部手机？

学生甲：什么牌子？

学生乙：苹果。

学生甲：是这个吗？

学生乙：是的！太好了，大哥，我爱死你了！（伸手接）

学生甲：这样吧，给我200元"弯腰费"作为报酬吧。

学生乙：200?！大哥，我是学生，没那么多钱。

学生甲：那是你的事！我等你半小时，你给不出200元，我就消失了！

学生乙：大哥，你这是敲诈勒索！

学生甲：我这是"拾金不昧"，顺带为自己搞点"小费"。

学生乙：不行，咱们派出所说理去。

学生甲：去就去，谁怕谁！

情境3：为朋友"两肋插刀"设定为堂弟大学时代的故事。

结尾：播放表达堂弟悔恨之情的歌曲《铁窗泪》，要求学生运用本课所学知识对堂弟说几句劝慰话。展示教师创作的《堂哥寄语》：都说时光若流水，花样年华要珍惜。贪图享乐不可取，责任担当是要义。行使权利莫任性，履行义务是保证。遵守宪法与法律，奋斗人生最可贵。

人物剖析：教师讲述发生在自己身上，或者作为目击者、见证人亲眼所见的真实故事是笔者一贯的教学主张。第三次教学设计中故事的主人翁由虚拟的"木偶人"王某变成了教师的堂弟。堂弟是现实生活里的"真实人"，引发了学生强烈的情感共鸣。

尤其是当课堂播放表达堂弟后悔心声的歌曲《铁窗泪》时，部分学生深受触动。"真实人"是对"木偶人"现实原型的"还原"与"再现"，它剔除了"木偶人"身上最后一点虚拟成分，因此人物形象血肉丰满、生动鲜明，不仅能够给予学生直接的画面感，更赋予人物形象以强烈的道德评价和审美观照，具有鲜明的形象性、强烈的真实性和凸显的德育性等特征。"真实人"除了具有"木偶人"聚焦主题、串联情境的功能外，最大的功能和亮点就是"让故事的主人翁自己讲话"，使情境人物与学生发生真实有效的教育对话。需要强调的是，教学情境中的"真实人"不完全等同于现实生活中的真实人。教学情境中的"真实人"形象，需要结合教学目标与内容对现实生活中的真人真事进行裁剪和加工，是生活真实与艺术真实的统一。在第三次教学设计中，除了堂弟为朋友"两肋插刀"而锒铛入狱外，其他两个故事并非发生在堂弟身上，而是教师"嫁接"的结果，这一"嫁接"勾勒出一个从小好逸恶劳的"富二代"最终走向违法犯罪的事物发展一般趋势，真实地再现典型环境中的典型人物性格，更具有理论说服力和道德劝导力。教学情境中的"真实人"，类似于文学作品中的典型人物，是一与多、虚与实、偶然与必然的有机统一。

在学生的社会化过程中，教学情境中的人物形象对于学生道德成长的作用不可忽略。在道德与法治课教学中，"符号人"模糊不清，"木偶人"虚拟不真，"真实人"血肉丰满、真实感人。不同的人物形象具有各自的特点与功能，教学中应加以综合运用。"符号人"在引导学生掌握学科知识方面具有方便、快捷的特点；"木偶人"在聚焦主题、串联情境方面功能显著；"真实人"最大的功能和亮点是"让故事的主人翁自己讲话"。"真实人"是对前两者的辩证否定与扬弃。从"符号人""木偶人"到"真实人"，教学情境中的人物形象逐渐清晰鲜明，人物形象本身的道德意蕴更加丰润，使得教学情境从"一理一境"向"主题情境""有我之境"转变，从单纯认知功能向凸显道德教化与审美感化功能转变，更加契合道德与法治教育课程的学科性质。这要求教师在设计情境时要结合课程性质与教学目标，从简单照搬的"生活再现"走向深度打磨的"艺术表现"，从而创造出真实感人、鲜明生动的课堂人物形象，使得学生若干年后即使忘记学科知识，也依旧记得教师当年塑造的课堂人物形象。如此，道德与法治教育才能直抵学生的生命世界，学科核心素养才能落地生根。

三、3 种课堂境界的比较

叶澜在《让课堂焕发出生命活力》一文中指出，把丰富复杂、变动不居的课堂教学过程简括为特殊的认识活动，把它从整体的生命活动中抽象、隔离出来，是传统课堂教学观的最根本缺陷。[①] 课堂教学只有将学生看成是完整的"人"，满足学生多方面需求，才能促进学生健康全面的发展。反观思政课教学，可以分为 3 种境界：知识课堂、审美课堂和生命课堂。知识课堂是知识本位、效率至上、具有压迫色彩的"目中无人"的课堂；审美课堂是通过艺术手段实现认知活动与情感陶冶相结合的课堂；生命课堂是具有形而上意味的，塑造世界观、人生观和价值观的，能够给学生以人生重大问题深度指导的课堂。下面以"矛盾具有特殊性"教学片段为例，呈现 3 种课堂形态。

片段 1　知识课堂

教师甲：同学们，如果棉被着火、电器着火、汽油着火，分别应该怎么处理？（展示棉被、电器和汽油着火的图片）

生：棉被着火了要浇水，电器着火了要切断电源，汽油着火了用沙土灭火。

教师甲：这说明了什么哲学道理？

生：矛盾具有特殊性，要具体问题具体分析。

这是最常见的一个教学场景。教师能够理论联系实际，能够着眼于学生的生活经验，从而实现从个体经验向社会知识的转化和提升，符合杜威"教育即经验的改组或改造"的思想，也体现了新课程回归生活的理念。但是，这是一种纯粹的认知主义教学，课堂如同冰冷的流水线，师生的问答严格局限在知识范围内，表现为控制与服从的单向度的主客体关系，缺少真正的主体间的人际互动。知识从人的意义世界中剥离出来，学生在学习过程中不能感受到由衷的欢欣和喜悦，"知"与"意"相隔，"情"与"理"相离。

片段 2　审美课堂

教师乙：大家知道世界公认的三大男高音都是谁吗？

[①] 叶澜. 让课堂焕发出生命活力：论中小学教学改革的深化 [J]. 教育研究，1997（9）：4 - 5.

生：帕瓦罗蒂、卡雷拉斯、多明戈。

教师乙：大家的视野很开阔！那么他们的音色都有什么特点呢？我们一起来欣赏他们的经典作品片段。请大家边看边听，细细品味、揣摩。（多媒体展示人物照片、播放歌曲）

生：（认真聆听）。

教师乙：（小结）帕瓦罗蒂声音华丽、透亮，具有干净的穿透力，音色带有金属声。卡雷拉斯嗓音圆润，情感细腻，表现力丰富。多明戈音色富有一种深沉的抒情色彩，也有点苍劲、挺拔的意味。三大男高音在艺术上各有千秋，各具特色，这说明了什么？

生：矛盾具有特殊性，要具体问题具体分析。

学生沉浸在世界三大男高音的经典歌曲中，品味、揣摩和感悟各自的特色，领会矛盾的特殊性。这一刻，学生感到"心旷神怡""妙不可言""神通万里"，教学进入了"情""景""理"交融的审美状态。这样的审美化教学摆脱了知识教学的窠臼，给人巨大的精神愉悦和审美享受。同样，还可以让学生在聆听《春江花月夜》的音乐诗画中，感受国乐经典的风韵；在欣赏《千手观音》美妙绝伦的舞姿中，理解中华民族自强不息的精神；在观看央视纪录片《再说长江》中，体会中国文化遗产的精致；在白先勇青春版《牡丹亭》的表演中，认识文化创新的重要性；在萨克斯曲《回家》优美而略带感伤的旋律中，感受和平对于人类的意义；在余光中款款深情的《乡愁》中，体味两岸同胞期盼祖国统一的心声；等等。长期以来，思政课教学缺少对自身学科美的眷顾与挖掘，"为考而教""为分而教"，使得政治教学变成"政治说教"与"考试工具"。思政课需要审美化，但是如果只局限于审美，就会"止于技"而非"进于道"，变成脱离现实的空陶醉，忘却立德树人的根本任务。

片段3 生命课堂

教师丙：以《红楼梦》诗词为题材，以电视剧《红楼梦》主题曲为背景音乐，创设了一个"红楼人物猜想"的教学情境。

无故寻愁觅恨，有时似傻如狂。纵然生得好皮囊，腹内原来草莽。

侬今葬花人笑痴，他年葬侬知是谁？试看春残花渐落，便是红颜老死时。一朝春尽红颜老，花落人亡两不知！

机关算尽太聪明，反算了卿卿性命。生前心已碎，死后性空灵。

才自精明志自高，生于末世运偏消。清明涕泣江边望，千里东风一梦遥！

霁月难逢，彩云易散。心比天高，身为下贱。风流灵巧招人怨。

柱自温柔和顺，空云似桂如兰。堪羡优伶有福，谁知公子无缘。

教师丙：请同学们根据诗词所描绘的人物性格或命运猜猜她（他）们是谁。

生：《葬花吟》说的是黛玉，性格温柔的是袭人，心狠手辣的是王熙凤。

师：正是把握了人物不同的性格或命运，我们正确认识和区分了这些人物。这给予我们什么哲学启示？

生：把握矛盾的特殊性，做到具体问题具体分析。

师：这些人物虽然性格和命运各不相同，却也有明显的共性。同学们能从诗词中体会出来吗？

生：她们的命运都很悲惨。

师：对。她们的命运都很悲惨，宝玉出家，黛玉殒殁，探春远嫁，晴雯被害，王熙凤家败身亡，袭人心与愿违，可谓"悲凉之雾，遍被华林"。有人说，人生就是一出悲剧，每个人都在自己的哭声里来到这个世界，在别人的哭声中离开这个世界。哲学家叔本华认为，"幸福"是个否定词，所谓"幸福"是指最大限度地减少不幸。相反，不幸和悲剧才是人生的常态。作家钱锺书也认为"快乐是短暂的，几分钟或几天的快乐便赚我们活了一世"。那么，你们认为呢？

生1：我欣赏欧·亨利的一句名言：人生是由啜泣、抽噎和微笑组成的，而抽噎占了其中绝大部分。所以我认为人生具有悲剧性。

生2：我喜欢白岩松的"痛并快乐着"，人生中痛与快乐相伴相随、不可分割，究竟是痛大于快乐，还是相反，我想应该因人而异，因为每个人的生活选择和道路都不尽相同。

生3：我记得电影《泰坦尼克号》的男主角杰克说过的一句话"享受每一天"。虽然生活会有这样或那样意想不到的烦恼，但很多时候取决于你的心态。如果我们抱着"享受生活，享受每一天"的心态，我们将发现生活中很多的真善美，我们会从内心深处由衷地发出"活着，真好！"的感叹。

师：（小结）我们从"红楼人物猜想"这一教学环节中懂得了要具体问题具体分析，同时还就《红楼梦》人物命运的悲剧结局，探讨了人生是否具有悲剧性的话题。同学们的发言非常精彩。人生是不是场悲剧，我不敢妄下结论。我们每个人都在积极筹划未来生活，我们每个人都怀揣美好愿望"在路上"，至于等待我们的是喜还是悲，是乐还是苦，我们不得而知。但是，即便人生是场悲剧，我们也要轰轰烈烈地演下去，正如泰戈尔所言"生如夏花之绚烂"，也许，只有在生命悲壮的开放中，我们才能真正领会到人生的意义，才能领略到一种惊心动魄的美。

北京大学叶朗教授指出，所谓"意境"，"就是超越具体的有限的物象、事件、场景，进入无限的时间和空间，即所谓'胸罗宇宙，思接千古'，从而对整个人生、历史、宇宙获得一种哲理性的感受和领悟"①。中国古典美学认为"境生于象外"，"境"是"象"与"象"外虚空的统一。"红楼人物猜想"这一教学环节在得出"具体问题具体分析"的道理之后，并未到此为止，而就《红楼梦》人物命运的悲剧结局，反身观照我们现世的人生，抒发对整个历史人生的感悟，从而获得某种人生的意味。这样的课堂突破有限的教学时空，进入无限的宇宙人生，让人觉得意境深远、回味无穷，如此教学从审美课堂进入生命课堂。生命课堂超越知识层面和审美愉悦，对如何安身立命等重大人生问题进行对话和思考，这是"有我之境"的思政课追求的最高境界。

第三节　思政课"有我之境"的教学反思

一、江苏省教学新时空课例实录（"生命可以永恒吗？"）

（一）课堂导入

同学们，很高兴与大家一起学习"生命可以永恒吗？"，请把课题读3遍。同学们，你们思考过这个问题吗？李老师在你们这么大的时候没有想过这么大、这么抽象的问题。如今李老师已经人到中年，常常追忆我的似水年华。（注：本课副标题为"追忆我的似水年华"）这节课，我将结合自

---

① 叶朗. 说意境［J］. 文艺研究，1998（1）：19.

己的人生故事，与大家分享我对生命的思考。

【设计意图】"有我之境"的思政课，是基于师生生命故事的叙事。受普鲁斯特长篇自述性小说《追忆似水年华》的启发，本课笔者以自己的人生履历为主线，以"追忆我的似水年华"为副标题，营造有利于师生敞开心扉的"教学场"。副标题是思政课"有我之境"的一个重要标识，是一节课的基调与灵魂，也是教师价值取向、人文素养和教学风格的集中反映。

（二）教学过程

第一章：生如夏花

师：1975年10月，我出生在镇江市大路镇的一个农村中。

照片1：最早相片（说明：这是我出生之后最早的一张相片，1983年，那时我才8岁。相片中的父亲30多岁，多年轻啊！）

照片2：10岁生日（说明：10岁那年，母亲请人帮我做了一身西装，穿着这身衣服爬圌山，可神气了。）

照片3：小学毕业（设问：同学们能认出照片中哪一个是李老师吗？）

照片4：少年时代（说明：这是我少年时代的一次旅游，我来到北京，登上了长城，游玩了故宫。多么难忘啊！）

照片5：高考前夕

照片6：大学时代

照片7：参加工作（说明：参加工作第一年的照片，这张照片对于我来说意义非凡，当时我获得了学校青年教师教学基本功比赛第一名，学校帮我拍了这张照片，并且放在学校橱窗展览呢！）

照片8：步入婚姻殿堂

照片9：人到中年（说明：这是今年暑假，我、妻子、儿子和岳母在桂林合影留念。第八张照片与第九张照片相距10年，我的儿子已经10岁，而我已经两鬓斑白、人到中年。）

设问1：昨日天真孩童，今日白发中年。在我年华的流逝中，你觉得生命是_____。（用一个形容词）

设问2：我多想回到童年时代，这可能吗？

结论：生命具有短暂、不可逆的特征。

【设计意图】思政课"有我之境"的叙事教学，要求教师架通学科知识与生活经验之间的桥梁。该教学环节，从发黄的黑白影像到光鲜的彩色相片，用9张照片将教师的童年往事、青春岁月、婚姻家庭、中年生活等整个生命世界都呈现出来，既让学生直观地"目击"生命的精彩和短暂，也拉近了师生的情感距离，为后续的师生交流创造了条件。

话题交流：同学们，刚才老师追忆了自己的前半生，现在也请你回首自己走过的日子，画一条从出生到现在的生命轴，标出你生命年轮中的重要时间和重要事件，分享一则你成长的故事。

学生：画生命轴，交流。（背景音乐《时间都去哪儿了》）

师：生命像夏花一样绚烂，每个人的生命坐标都不尽相同，每个人的生命故事也不相同，每一朵怒放的夏花都是那样的独特。

结论：生命是来之不易的、独特的。

【设计意图】思政课"有我之境"，并不是教师一个人唱"独角戏"。彰显教师之"我"，是为了引出学生之"我"。"有我之境"的教学设计要向学生开放，要让学生能够参与其中。该教学环节以教师的"追忆"，激发学生对自己生命的回眸与思考。通过画生命轴，分享成长的故事，唤醒学生珍爱生命的情怀，引导学生感悟生命的美好、独特与来之不易。

第二章：死若秋叶

过渡：同学们，生命是美好的。可是，有生就有死。正如泰戈尔所言，生如夏花之绚烂，死如秋叶之静美。3年前，我的母亲去世了。这是母亲去世前最后一张照片。（呈现照片并解读）母亲去世后，我写了篇文章纪念她。

展示文章片段：母亲被人从棺材里抬出的刹那，我终于撑不住跪倒在她面前，号啕大哭，泪如雨下。月头的端午节，母亲还撑着伞、弓着腰在河边的菜地里给儿子拣菜，没想到这一镜头竟成永别。灵车上，我一遍遍抚摸母亲又硬又冷的双脚。殡仪馆里，目送躺在推车上的母亲遗容，我长跪不起。那一刻，我真正懂得"子欲养而亲不待"的意味。骨灰观口，锅炉打开。母亲一堆白骨，依旧保持着原先的躺姿。生与死的距离只有咫尺之遥，我内心弥漫着冰一样的苍凉。大雨中，我捧着用红布盖着的骨灰盒，从村口一步一步往家走，身后是一片伤心的唢呐声。

学生读文章片段。（背景音乐《我的父亲母亲》）

师：母亲的去世，让我第一次真正感觉到"生与死的距离只有咫尺之遥"。所以，生命既是来之不易的、独特的、短暂的、不可逆的，也是走向死亡的，即所谓"生命有时尽"。

【设计意图】将画面定格在母亲生前在菜地里弓腰干活的背影，让学生朗读悼念母亲去世的文章，用教师经历亲人死亡的切肤之痛感染学生，既是抒发伤逝的情怀，更为引导学生直面死亡、正视死亡，在"向死而生"中思考生命的意义和价值。在这一教学环节中，因为教师情真意切，学生也眼含泪花。与传统课堂相比，思政课叙事教学因为融入教师自身的真情实感，在引发师生情感共鸣、落实情感态度价值观方面具有明显的优势。

合作探究：

1. 既然人终有一死，那么是否意味着生命没有意义？请列举生命中让我们留恋的美好事物、瞬间或细节。

2. 孔子的"未知生，焉知死"是什么意思？给我们什么启示？

教师点拨1：这些生活中点滴温馨的细节、场景和瞬间，构成了人生幸福的长河。它们就是人生意义和价值所在，就是我们活着的理由。

教师点拨2：孔子告诫我们，活着的时候怎么做人还没有弄懂，哪有时间研究死的事情，即不要老是想死的事情，而应多考虑怎样更好地活着。这是一种积极入世的人生态度。孔子还有一句名言："发愤忘食，乐以忘忧，不知老之将至。"这是一种怎样乐观超然的生命智慧与人生境界呀！有两位外国哲学家的思想与孔子不谋而合。

展示外国哲学家的名言：

死亡对于我们是无足轻重的。因为当我们存在时，死亡对于我们还没有来，而死亡时，我们已经不存在。死不是死者的不幸，而是生者的不幸。

——伊壁鸠鲁

人不应当害怕死亡，他所应害怕的是未曾真正地生活。

——奥里利乌斯

小结：中西方哲学家、思想家都告诉我们，对于死亡应该抱着顺其自然的态度，应多思考如何更好地活着。

【设计意图】生命的意义和价值，对于初中生而言是一个抽象的、具有形而上意味的哲学命题。人都有一死，但生命的意义需要自己发现和创造。教学中，教师要培养学生感激生命、珍爱生命、敬畏生命的情怀，引导学生捕捉生命中瞬间的诗意与美好。因此，该教学环节将教材的设问"人终有一死，那我们为什么还要活着"，改成"请列举生命中让我们留恋的美好事物、瞬间或细节"，以避免学生回答"为人民服务""为人类做贡献"之类的豪言壮语，从而将生命教育落到实处。

第三章：走向永恒

情境一：呈现我小时候与父亲的合影；我与儿子、父亲的合影。

思考：说一说相片中的人物关系的变化？

结论：单个生命是短暂的，但一代又一代的个体生命实现了人类生命的延续。所以，生命既有时尽，也有接续。

情境二：呈现我参加工作的照片；我被评为江苏省特级教师的照片。

思考：两张照片的内容体现了怎样的生命传承关系？

结论：社会价值的创造与精神生命的延续。生命有接续，不仅体现在自然生命与社会关系的延续上，更体现在精神生命的延续与社会价值的创造上。

过渡：母亲去世后，我并没有意志消沉、悲痛欲绝。相反，我更加珍惜活着的每一天。2014年6月母亲去世，2014年10月我获得江苏省评优课一等奖第一名，2015年我又代表江苏获全国赛课一等奖，2016年我被评为江苏省第十四批特级教师。这些年，我觉得自己像是在与时间赛跑，我想在有生之年，让自己的社会价值得到最大限度的发挥，让自己的精神生命得到最大范围的传承。

【设计意图】"有我之境"的叙事课堂上，教师不再是知识的旁观者和传递者，而是人生经验的分享者和学生精神的引路者。这一教学环节，是教师第三次"出镜"。通过情境一的两张照片，学生探究得出教师自然生命的延续。通过情境二的两张照片，学生感受到教师精神生命的延续与社会价值的创造。思政课"有我之境"的最高境界，就是教师以自己的人格魅力感召学生、激励学生。

投影臧克家的诗作《有的人》：有的人活着，他已经死了。有的人死了，他还活着。想一想：哪些人死了，却依然活在我们心中？他们为什么会活在我们心中？

教师引导：他们是不死的，因为他们的精神生命与社会价值如一盏盏明灯，照亮着我们前行的道路。

思考：生命可以永恒吗？

结论：就个体生命而言，生命是有时尽的、短暂的；就人类社会而言，生命是代代传承、永恒的。个体生命要想获得永恒，就必须投身于历史长河，在社会历史中肩负一份责任，担当一份使命。

话题交流：《遇见最好的自己》描绘你未来的人生轨迹图，设计你未来不同阶段的社会角色、责任担当、事业成就、婚姻家庭……

学生：交流发言。（背景音乐《琵琶语》）

小结：同学们的发言，反映了各自的生活追求和生命价值，都体现出生命的延续与创造。我们不能改变生命的长度，但能改变生命的宽度与厚度。祝愿同学们在今后的学习和生活中都能够实现自己的蓝图，都能够在未来遇见最好的自己。

学生读《人生寄语》：生命就像一次旅行，我们都是人生列车上的过客。善待旅途中遇到的所有旅客，珍惜当下每一天的生活。不辜负身边每一场花开，不辜负身边每一滴拥有，用心地去欣赏，去热爱，去感恩，去创造。"手掌盛住无限，刹那便是永恒。"

（三）教学反思

学者刘小枫将现代叙事伦理分为两种：人民伦理的大叙事和自由伦理的个体叙事。人民伦理的大叙事是宏大叙事，自由伦理的个体叙事是日常生活叙事。前者突出民族国家与社会理想，强调政治动员与道德教化功能；后者彰显个体日常生活的生命感觉，具有情感倾诉与抱慰生命的功能。思政课本质上是人民伦理的大叙事，但是"在宏大的国家叙事的画卷上，如果缺少了形色各异的个体补白，所有的历史都将是灰色的"①。因此，思政课叙事教学主张将宏大叙事的价值目标编织在日常生活叙事的经纬之中。

1. 以叙事彰显价值引领

思想性是思政课的本质属性。思政课价值引领需要适当的理论灌输，但主要在于启发引导、榜样示范和情感陶冶。这就要求课堂教学不能照本宣科地传授冰冷的知识，而要映照教师自身情感体验和主体精神，坚持"知识性与价值性"的统一。本课教学中，笔者以"追忆"的方式，讲述自己生命成长的故事、母亲去世的故事、自己专业发展的故事，以"现身说法"的方式，传递和分享故事中的内在情感与道德意蕴，将"学科大道理"融入"人生小故事"中，以帮助学生反思、建构个体生命的实践智

---

① 周晓虹. 国家叙事与个人口述：历史的补白［N］. 北京日报，2021-09-06（12）.

慧。同时，笔者在追忆往事中也获得了对于自我生命存在的统一性和意义感。以叙事方式进行价值引领，弱化了教师真理"代言人"与"宣讲者"的强制性角色，突出了教师与学生娓娓谈心的倾听者与交流者的非正式角色，能够淡化教育痕迹，建立平等友善的师生关系，克服教学过于生硬、缺少亲和力的弊病。

2. 以叙事展开课堂对话

思政课"有我之境"的叙事教学是以师生生命故事为基础的课堂对话，要求教师价值引导与学生主体建构相统一，而不是教师一个人自说自话唱"独角戏"。叙事要能够体现对话性和交互性，即教师的生命故事要向学生开放，能够为学生的学习探究和体验对话所服务。本课教学中，"我"的人生故事从头贯穿到尾，每一次"我"的"出镜"都是为了与学生展开对话和互动。笔者那串联前半生的一组照片，是为了让学生直观感受生命的精彩而短暂，也为学生画生命轴、交流自己成长的故事做铺垫；笔者那悼念母亲的文章，是为了引导学生树立正确的人生观、价值观以及对于死亡的正确态度；笔者呈现自己专业成长的成就与心路历程，是为了用"榜样示范"启迪学生思考"生命如何走向永恒"。笔者的3次"出镜"，引发了学生的3次活动。

3. 以叙事激发审美观照

首先，副标题"追忆我的似水年华"脱胎于文学名著《追忆似水年华》，具有浓郁的文学气质。其次，课堂结构的3个生命乐章"生如夏花""死若秋叶""走向永恒"，化用了泰戈尔的名言"生如夏花之绚烂，死如秋叶之静美"。笔者悼念母亲的文字，是一篇感人至深的散文，诗歌化的《人生寄语》也是文学语言的综合运用。真实的人生故事与优美的文学语言，是思政课叙事教学的鲜明标识。最后，为了增强课堂叙事的表现力和感染力，3个生命乐章选用3段不同的音乐。第一章"生如夏花"，用《时间都去哪儿了》作为背景音乐，让学生忆往昔画生命轴；第二章"死若秋叶"，读悼念母亲去世的文字时，用背景音乐《我的父亲母亲》对生死离别之情进行渲染；第三章"走向永恒"，用欢快光明的古典音乐《琵琶语》，激发学生对未来人生的想象与描绘。3段音乐恰如其分地参与了叙事教学流程，将道德理想主义与审美浪漫主义融为一体。

二、全国一等奖课例实录（"消费及其类型"）

（一）教学思路

根据王国维"有我之境"的美学理论和现代建构主义"知识植根于个体经验"的相关主张，本课以"一个'上门女婿'的苦乐人生"为副标题，以教师自己作为"上门女婿"的生活经验为素材，以家庭消费状况的横向比较与纵向变化为线索，将课堂设计成"我的愁""我的乐""我的烦""我的盼"四幕剧，将消费的类型、衡量消费的指标、影响消费的因素等学科知识穿插其中，努力实现学科知识与生活逻辑的有机统一。

（二）教学过程

第一幕：我的愁

同学们发现没有，老师的课题下面还有一个副标题——一个"上门女婿"的苦乐人生。这个"上门女婿"就是我。今天我想通过我的一段故事与同学们分享经济学中有关消费的知识。我来自农村，2007年结婚，2008年有了小孩，孩子出生后，所住的那套40平方米的房子就显得很局促，于是我将房子卖掉，在离市中心较远的地段买了套130平方米的大房子。因为没钱装修，更因为孩子需要老人照料，便在岳母家住了下来。这一住就是7年，这7年，我目睹了一个城市低收入家庭的生活状况。我想用一个字形容我对老两口生活的担忧，那就是：愁。（教师清唱）

愁啊愁，愁就白了头。
自从我踏进岳母的屋，
就总是觉着忧心忡忡。
电灯呀总是亮一个，
坐便器的水舍不得冲，
每天买菜必须多绕几里路呀，
穷人日子何时是个头？！

过渡：在岳母家的日子里，我真切地感受到一个城市低收入家庭生活的拮据，同时也深深懂得过日子必须勤俭节约，精打细算。岳父、岳母一直有个好习惯，记账。这里，我想晒一晒老两口的生活账单。

投影：岳母家月消费状况饼状图：食品700元、书刊50元、医药费

100元、交通通信费100元、日常用品（含水电）200元。

自主学习：上述消费项目涉及哪些消费类型？教师追问、点拨不同消费类型的特点——贷款去哪里贷？（你家有没有贷款消费？）什么情况下选择租赁？租来的东西所有权是不是你的？

小结：同一消费项目，可能涉及多种消费类型。比如食品支出，如果是解决温饱问题，就属于生存资料消费；如果是享受美味佳肴，就属于享受资料消费；如果从交易方式看，很可能是钱货两清消费。了解了消费类型，让我们再把目光聚焦在老两口的生活账单上。你觉得老两口的生活状况怎么样呀？（用一个词形容）拮据。我们每月上交800元伙食费，他们一分不动地帮我们存着，让我们抓紧时间还清房贷。

第二幕：我的乐

师：岳母家的7年，为了尽快改善一大家子的生活条件，我和爱人努力工作，奋力打拼。2011年，学校实施绩效工资，我和爱人收入有了大幅度提高。2013年我们终于将那套130平方米的房子装修一新，今年暑期刚刚搬进去，生活从此开启了新的篇章——由愁变成乐。想不想看看李老师家新居图片呀？（展示家装图片）这里，我也想用一句歌词表达我的心情，那就是——等了好久终于等到今天，忍了好久终于把梦实现。（播放刘德华歌曲《今天》）

为了感谢岳父、岳母7年来对我们小家庭的支持和帮助，今年3月我还特地带老两口去了趟北京，以了却他们有生之年的心愿。（展示图片）这就是我含辛茹苦的岳父、岳母。老两口还真倔，硬是不肯和我们住在一起。讲到这里，有同学可能会问，李老师刚装修了房子，又去北京玩，哪来的这么多钱呀？这里，我也晒一晒我家月消费状况图表。

展示图表：我家与岳母家消费结构比较图。

设问：比较两份账单，你看到了什么？

追问一：什么是恩格尔系数？恩格尔系数是食品支出占家庭总支出的比重。恩格尔系数是反映消费水平的重要指标。

追问二：恩格尔系数低好还是高好？一般来说，恩格尔系数减小，表明生活水平提高，消费结构改善。

追问三：我家生活水平高的原因是什么？由此我们得出一个重要结论，影响消费的主要因素是收入。收入是消费的前提和基础。在其他条件不变的情况下，收入越高、收入增长越快，消费数量就越多。

第三幕：我的烦

师：李老师的幸福生活正是建立在收入水平相对较高的基础上的。可是，李老师的幸福生活刚刚开始，新的烦恼就接踵而来。

投影：搬进新居后，妻子每天骑电瓶车到单位上班，来回要花1个多小时，既不安全，又很劳累。我和妻子多么渴望买辆小汽车，以提高生活品质。我想一步到位，买辆上档次的车，妻子只想买辆便宜的车，权当代步工具，为此我们总是意见不合，原本快乐的小家庭陷入了幸福的烦恼。

小组合作：今天，我想请同学们帮我出主意，李老师究竟该买什么价位的车？

师追问：为什么贷款？为什么敢贷款？为什么建议我买低档车？车价会不会下降？

师：综合大家的意见，经过慎重考虑，今年暑期李老师准备买车了（展示图片：自己看中的一款车），首付10万元，月供1 300多元。当我把要买车的消息告诉岳父、岳母，他们那个欢喜呀，直夸我这个女婿有本事。那天，岳父也特别高兴，刚刚加了300元退休金，把他乐得手舞足蹈，一个劲地说："一个月300，积攒一年，就可以买辆电瓶车了，我跟你妈去菜市场买菜就不需要再蹬自行车了。"那天岳父居然高兴得喝醉了。我有些不大理解，不就加了300块吗，至于那么高兴吗？

问题讨论：新增同样的收入，为什么岳父与我的感受会有如此大的反差呢？

师引导：就像一个饿汉，你给他1块烧饼效用就很大。相反，对于一个饱汉，你给他10块烧饼的效用都不见得有这一块烧饼大。这里，低收入者就像饿汉，消费需求强烈；而高收入者就像饱汉，消费需求已经相对饱和。

师追问：要想提高社会总体消费水平，必须大力增加什么收入？如果低收入者的收入增长缓慢，高收入者的收入即使大幅度增长，社会总体消费水平提高会不会很大？

小结：社会总体消费水平与收入差距密切相关。党的十八届三中全会提出要从金字塔型社会迈向橄榄型社会，目的是要缩小收入差距，促进社会总体消费水平提高，让全体人民共享改革发展红利。

第四幕：我的盼

师：讲到这里，我就特别感慨。岳父、岳母辛苦了一辈子，还处于金字塔的底部。再看看他们（展示农民工图片和平均收入），同在一片蓝天下，还有多少低收入群体正承受着生活的巨大压力。我是一名政治教师，关心时事与民生。那天从岳母家回家之后，我的脑海里总是浮现这样的情景——寒风呼啸中，岳父、岳母弯腰弓背，气喘吁吁地蹬着三轮车去往蔬菜批发市场。夜里，我写了一篇博客文章，祝福老两口以及天下所有低收入者都过上幸福而有尊严的生活。博客文章的名字就叫《我期盼》。（学生朗读，播放背景音乐《春天里》）

我期盼有一天，
住在城里的岳父、岳母不再为柴米油盐而争吵不断。
我期盼有一天，
待在乡下的父亲、母亲不再为物价上涨而愁容满面。
我期盼，
进城农民不再露宿工地，
下岗工人不再奔波流浪。
留守儿童不再形容消瘦，
鳏寡老人不再孤独感伤。
我盼呀盼，
我望呀望！
党十八大的温暖，
必将照亮每一个人的心房。

设问：同学们，这样一个与生活抗争的群体，既需要靠自身的坚强努力，更需要政府的关心扶持。如果你是网友，请你结合今天所学知识，跟上一帖，说说政府应当如何帮助他们提高生活水平？

总结：实际上，上述很多举措政府正在积极实施。我们的政府可以说是千方百计谋发展，想尽办法促民生。党的十八大报告指出，着力解决发展不平衡问题，让改革的红利更多、更公平地惠及全体人民。我们有理由相信，一个更加富强、更加公平、更加和谐的社会一定会到来，我们翘首以盼。

（三）教学反思

1. 发挥副标题的作用

思政课"有我之境"的叙事教学，一般用副标题作为叙事主题或者教学议题统领课堂教学流程。副标题既是对叙事主题的提炼与概括，也与课题所指向的教学目标与教学内容密切相关。副标题作为叙事教学的"课眼"，既要能够吸引学生的注意力，也要蕴含道德教育的基本价值。具体来说，首先，要力求生活化和口语化。如本课副标题"一个'上门女婿'的苦乐人生"，取意自孔子的"乐而不淫，哀而不伤"，直白通俗。其次，要蕴含一定的道德判断和价值取向。如"征税与纳税"的副标题"堂叔的歧路人生"，"依法履行义务"的副标题"失控的青春"，都表明了叙述者的主观态度。最后，可用道德隐喻设置悬念和强化价值引领。如结合"立足职场有法宝"设计副标题"她不愿做沉默的羔羊"，用"沉默的羔羊"比喻职场中遭遇不公正待遇或者不法侵害而选择隐忍者。结合"全民守法"，设计副标题"玫瑰人生何处寻"，用"玫瑰人生"指代幸福美满的爱情婚姻生活。总之，要善于把"高大上"的课标议题，创造性地转化为贴近时代、贴近生活、贴近学生的教学主题。

2. 隐藏教育者的意图

思政课叙事教学从根本上说服务于立德树人的育人目标。叙事的展开，必然包含着显在或隐在的价值判断。与议题式教学用具有鲜明意识形态的议题统领课堂教学不同，思政课叙事教学一般不主张直接采用意识形态很强的议题或者话题，而强调表面上的"价值中立"，以消除学生被教育、被灌输的压迫感和抵触情绪。本课副标题"一个'上门女婿'的苦乐人生"，没有通常意义上思想政治教育的说教意味。教师在叙事过程中，将"幸福生活要靠奋斗来创造""对困难群体的民生关怀"等道德诉求，以润物无声、潜移默化的方式进行渗透，取得较好的教学效果。恩格斯指出，思想倾向应由情境和情节本身产生出来，而不应特别把它指点出来。[①] 如果每节课都直接呈现诸如"为什么马克思是对的""为什么我们不能'躺平'"等不容置疑的思想观点，用政治性遮盖学术探讨和思想交锋，不仅会遏制学

---

① 中共中央马克思恩格斯列宁斯大林著作编译局. 马克思恩格斯选集 [M]. 北京：人民出版社，1972：454.

生思维的火花，也会压制学生真实的心理，甚至培养"道德伪君子"。苏霍姆林斯基指出，学生想成为一个优秀的人，但他容忍不了那种赤裸裸的思想和倾向，而这种赤裸裸的思想和倾向有时会成为学校教育的真正灾难。[1]因此，思政课叙事教学要处理好"隐"与"显"的关系，坚持先"隐"后"显"，"隐"强调"和风细雨、育人无痕"，"显"要求"暴风骤雨、立场鲜明"。

3. 突出叙事者的身份

人的本质是一切社会关系的总和。马克思指出："人不是抽象的蛰居于世界之外的存在物。人就是人的世界，就是国家，社会。"[2] 人的社会关系和身份是人与人之间对话交流和意义理解的前提条件。叙事作为日常生活言语实践方式，对于师生身份建构和角色认同具有重要意义。叙事者对其经历的理解和评价，可以再现和重塑个体生活和社会关系。思政课叙事教学应该充分挖掘师生双方作为叙事者的各种身份关系。一种社会身份代表一种生活故事的视角，对应一种或者多种道德要求。结合不同的教学内容和思想主题，挖掘叙事者不同的社会身份，能够为思政课提供多角度和多样化的对话时空。例如，本课教学先后呈现"上门女婿"与岳父、岳母的人伦关系，为了改善生活共同努力奋斗的夫妻关系，政府履行对困难群体的帮扶职能，教师家庭生活水平在绩效工资改革与社会发展中不断提高，等等。这样多维度的社会关系的建构与确认，使得课堂教学能够真正贴近社会生活，引导学生正确认识和处理各种社会关系和相关法律、道德要求，强化自身角色认同。

三、讲好中国故事之一

叙事是人类探寻意义的重要方式，也是古老的德育法则。"讲好中国故事"是新时期对思政教师提出的新要求。讲故事属于叙事学的范畴，包括两个层面：一是"事"的层面，即"讲什么"；二是"叙"的层面，即"如何讲"。如何结合思想政治课程性质与教学内容，系统化开发中国故事

---

[1] 苏霍姆林斯基. 育人三部曲[M]. 毕淑芝, 等, 译. 北京: 人民教育出版社, 2015: 359.

[2] 中共中央马克思恩格斯列宁斯大林著作编译局. 马克思恩格斯选集[M]. 北京: 人民出版社, 2009: 3.

的生动课例，是思政课教师需要探索的问题。笔者以人教版高中《思想政治 必修2 经济与社会》（简称《经济与社会》）中的"坚持新发展理念"为例，借助叙事学相关理论探讨思政课讲好中国故事的基本元素。

（一）教材分析

人教版高中《思想政治 必修2 经济与社会》第三课"我国的经济发展"共两框。第一框为"坚持新发展理念"，第二框为"建设现代化经济体系"。第一框着眼于新时代社会主要矛盾发生变化，强调以人民为中心，贯彻新发展理念，以破解发展难题、推动经济高质量发展。党的十八届五中全会提出了包括创新、协调、绿色、开放、共享在内的五大新发展理念，向世界展示了中国发展的新思路和新方向，也是习近平新时代中国特色社会主义经济思想的主要内容。本课教学重难点不在于知识点的认知和理解，而在于引导学生对坚持"发展为了人民、发展依靠人民、发展成果由人民共享"的切实认同并内化为自觉行动。笔者主张将叙事作为思政课教学的基本方式和主要载体，通过口述、图说、剧演、馆展等方式，将思想政治教育的基本观点和原理方法渗透融入中国故事中，增强思政课教学的针对性和亲和力，实现学科核心素养的落地生根。

（二）课例展示（李勇斌执教："探寻东乡人的城镇化之路"）

导入： 在脍炙人口的下一站——"十四五"拉开中国新的五年发展建设之际，"创新、协调、绿色、开放、共享"五大新发展理念成为中国演绎"现代舞"的行动指南。5年来，中国"现代舞"交出了怎样的成绩？播放视频《新发展理念指导下中国成就》。"十四五"前后，老师的家乡也发生了很大的变化，也经历了曲折的过程。今天，就与同学们分享一下我家乡的城镇化之路。

第一篇 "小码头"的华丽转身

口述： 我家乡的邻镇大港镇曾经是长江边的一个小集镇，20世纪80年代我在那里读初中，学校前后都是水塘、稻田，那里藏着我少年时代的美好回忆。

图说： 1989年老照片——街头一角、码头轮渡、学校旧址。

文本： 1976年，交通部决定在大港镇建设万吨级码头，工程分4期进行，由此揭开了大港镇改革开放的新篇章。先后建成的多个万吨级浮水泊位和浮船码头迎来了世界各地的万吨轮。1986年实现了由内贸型港口向外贸开放型港口的转变。2004年由内河型港口转型为沿海型国际港口，形成了参与国际港口业市场分工、带动城市和区域经济发展的战略格局。同时引进外资，金东纸业、奇美化工、道达尔液化气、嘉吉饲料等世界知名化工企业纷纷落户。1993年成立大港经济开发区，1998年合并周边村镇成立镇江新区。

问题讨论：对照新发展理念，大港镇华丽转型的原因有哪些？又隐藏着什么发展危机？

小结：肯定开放发展、协调发展的成绩，指出环境污染、生态破坏的问题。

第二篇　矛盾与危机

情境一：网民的两种声音

网民"磁悬虎"：一进入大港就闻到酸酸的异味！空气非常不好。很多居民吐槽大港有满满的化工味。强烈建议政府关闭污染化工企业。

网民"长相守"：政府特意照顾大港人民，把化工厂搬迁到大港，拉动了当地的经济，大港没有化工区能发展得这么好吗？关闭化工厂会影响当地经济发展、政府财政收入，更会影响工人劳动就业和生活水平。

观点辨析一：对于污染化工企业关还是不关？

小结：坚持绿色发展理念，强化"绿水青山就是金山银山"的理念。

第三篇　建设美丽新农村

图说：老师的家乡大路镇的照片，反映"家乡美"与"家乡穷"两个方面。（播放背景音乐《故乡的原风景》）

乡情介绍：大路与大港毗邻。面积50平方千米，人口3.5万人。东临长江，辖21个村委会和1个居委会。东中部盛产稻、麦、棉、油料等，西部属丘陵边缘，以林、茶、蚕为主。境内的圌山报恩塔被称为万里长江第一塔。有"黄明节"踏青习俗。羊肉、长鱼汤是当地美食。该地工业欠发达，保留着农业文明的田园本色。

出谋划策：以新发展理念为指导，借鉴大港发展经验，设计一份以"乡村振兴：大路，路在何方"为主题的发展方案。

成果展示：黄明文化旅游节、圌山旅游度假村、通航小镇、歌曲《圌山情》唱响"学习强国"等。

课堂寄语：创新发展筑动力，协调发展促平衡。绿色发展谋长远，开放发展活资源。共享发展是目标，人民利益不能抛。五大理念携手抓，东乡人民乐开花。

（三）教学策略

1. 叙事文本的开发

思政课叙事教学以故事贯穿课堂，就必然涉及素材来源与开发的问题。具体来说有两种方法：一是直接拿来，即对现成的、经典的故事直接利用，如中华优秀传统文化故事、中国革命故事、改革开放和中国特色社会主义现代化建设的故事。二是故事新编，教师以自己为故事主人翁或者见证人，挖掘具有时代意义和中国特色的典型事例，并进行话语重组和故事新构。本课以"探寻东乡人的城镇化之路"为副标题，以教师自己家乡两座城镇发展之路为故事题材，创设基于真实生活的教学情境。该故事素材既有源于生活的客观事实，如居民对环境污染的吐槽，又有加工创作的艺术虚构。初始的、粗糙的生活经验只有转化为具有学科特点和教育意义的叙事文本，才能成为适合课堂叙事的课程资源。直接拿来是叙事教学的低级阶段，故事新编是叙事教学的高级阶段。无论是直接拿来还是故事新编，故事素材必须加以学科化、审美化改造，遵循生活真实与艺术真实相统一。能否将原初的故事素材裁剪成为合适的叙事文本，是衡量教师教学智慧和艺术的重要标志。

2. 叙事主题的确定

叙事主题反映课堂教学的"立意"，直接关乎教学目标能否有效落实。一般来说，思政课教学课题是宏观的，叙事主题是中观或者微观的。叙事主题承载教学课题，要将"高大上"的教学课题转化为"接地气"的叙事主题。要结合课程性质、教学课题、时代特点、学生成长需要与教师自身生活经验等多种因素确定叙事主题，一般多以积极的、正面的、励志的为主。依据高中思想政治新课程标准，一般将叙事主题与教学议题有机整合，作为课堂叙事教学的灵魂。本课"探寻东乡人的城镇化之路"，既是叙事主题也是教学议题，在真实情境的价值冲突中展开辨析，引导学生认识、理解和认同新发展理念和以人民为中心的发展思想。同时，要求学生学以致用，尝试用新发展理念破解发展困境，实现知行合一。社会学家费孝通曾经提出"离土不离乡"的乡村城镇化模式。党的十八届三中全会通过的

《中共中央关于全面深化改革若干重大问题的决定》指出，走中国特色新型城镇化道路。本课叙事主题，既立足生活经验"接地气"，也富有时代特色"有高度"。小课堂连接大社会，彰显思政学科立德树人的学科育人价值。

3. 叙事视角的选择

叙事视角是叙事学的核心，反映叙事者与故事的关系问题。同样的事件从不同角度看可能呈现出不同的面貌和意义。按照叙事学理论，叙事视角可分为第三人称全知视角、第一人称内视角与外视角三大类型。思政课叙事视角能够反映教师与故事的亲疏远近，也就是教师与故事"隔"还是"不隔"。一般来说，以第一人称叙事，教师是故事的主人翁或者见证人，通过"身临其境"激发学生的政治认同和情感共鸣；以第三人称叙事，教师是置身于故事之外的旁观者，充当国家意识形态和宏大叙事"代言人"的角色。第一人称叙事具有亲和力、针对性；第三人称叙事追求客观性、典型性。思政课要综合运用多种叙事视角。热拉尔·热奈特指出，采用某种焦点，不一定在全篇叙事中固定不变。叙事视角的组合转换，既可以使整个叙事更加自然流畅，也能够更好地承载教师的主观意图和教学立意。本课以第一人称"我"贯穿3个篇章，在叙述与抒情、追问与思辨中呈现家乡城镇化之路的历程。

4. 叙事结构的设计

思政课叙事不同于文学叙事，它是叙事与教学合二为一。从课堂教学结构看，思政课叙事表现为内外两条线索双重叠加、相互交织。"外结构"可以设置成具有一定情节的几幕场景剧，"内结构"是依据叙事场景的教学问题设计与学生认知活动。叙事结构要求将学科知识均匀地穿插和分布到叙事的各个环节之中，使得内外两条线索平行推进、有机结合。本课叙事设计了3个篇章："小码头"的华丽转身、矛盾与危机和建设美丽新农村。前两篇设置了一个问题讨论和两个观点辨析，将新发展理念的内涵和要求等学科知识贯穿其中，解决知识的理解和认同问题。第三篇通过设计乡村振兴发展方案，引导学生从"学知识"向"用知识"转变，促使学科核心素养在解决真实问题中落地。整个教学设计主题旗帜鲜明、脉络简约清晰，实现了生活逻辑与学科逻辑的有机统一。同时，在叙事结构的每个篇章中，综合运用口述、图像、音乐、视频、文本等叙事媒介和手段，使得故事既蕴含道德意义，也富有形式美感。

讲好中国故事，既要重视内容"讲什么"，在叙事文本开发和叙事主题确定上下功夫，也要重视形式"怎么讲"，在叙事视角和叙事结构方面细思量。只有内容与形式有机统一，事件与叙述有机融合，才能真正讲好中国故事，发挥思政课作为立德树人关键课程的重要作用。

四、讲好中国故事之二

思政课讲好中国故事，关键要解决好两个问题：一是讲什么；二是怎么讲。不仅要讲好传统故事、红色故事、改革故事等，更要立足当代教师和学生共同的生活经验，"讲述老百姓自己的故事"。通过多元主体叙事视角，讲述大时代中"小我"的生活遭遇和真实感受，以"小视角"折射"大时代"，将"天下事"转化为"身边事"，把思政学科意识形态话语转化为切近师生经验的生活话语。立足"大时代"，中国故事才有深度；基于"小视角"，中国故事才有温度。要处理好"小课堂"与"大社会"的关系，对与学科知识相关的社会问题以思辨、议题或者社会实践的方式做适度拓展，坚持理论性与实践性相统一。"小课堂"的知识学习只有连接"大社会"的源头活水，才能促进学科核心素养的落地生根。以笔者执教的公开课"财产所有权和财产继承权"（人教版高中《思想政治 选择性必修2 法律与生活》）为例，做一探讨。

第一，立足"小我"的叙事铺陈：联通法律与"我"的生活。

关注学生的生活世界，赋予课堂教学以生活意义和生命价值，是新课程改革的重要特征。思政课所述的中国故事，必须基于客观真实的社会生活，这是教学的逻辑起点。高中思想政治新课标提出了政治认同、科学精神、法治意识和公共参与四大学科核心素养培育目标。其中，围绕法治意识，设置了选择性必修课程"法律与生活"，为学生进一步发展学科核心素养，增强法治意识，提供日常的法律常识。将抽象严谨的法律概念演绎成鲜活生动、富有时代感的生活故事，是沟通法律知识与生活经验的必然要求。

财产所有权和财产继承权是公民最重要的经济权利，是公民行使政治权利、文化权利等其他民事权利的物质基础。财产所有权本质上是一定社会的所有制形式在法律上的表现，财产继承权是公民依照法律规定或者被继承人生前立下的合法有效遗嘱，而承受被继承人遗产的权利。笔者在教学中力求贴近现实生活,将教材专题一之维护物权与专题二之赡养继承关系等内容加以归并整合,要求学生区分财产所有权中的占有、使用、收益和处分权,理解财产继承权的两种方式,即法定继承与遗嘱继承,在增强依法维权能力的同时,树立依靠自己的劳动获得幸福生活的正确价值观。

笔者倡导与践行"有我之境"的教学主张,结合自身的法律和生活经验,以"我家老宅那些事"为副标题,以"小我"的视角展开叙事,真实地再现了一个家庭三代人围绕财产所有权和继承权所引发的财产矛盾和情感纠葛。故事分为4个部分:第一幕"奶奶的老祖产",引出财产所有权的概念;第二幕"李家三兄弟",围绕家庭遗产纠纷介绍财产继承权的概念及分类;第三幕"父亲的恋恋风尘",结合老年人再婚,比较两种继承方式的异同;第四幕"在房产与亲情的十字路口",对老年人再婚引发的财产矛盾和继承纠纷进行深度思辨,引导学生既要依法维护自己合法的财产权,又要有崇高的理想和追求,依靠自己的努力奋斗创造幸福生活。四幕故事的叙事场景时代特点鲜明,按照叙事节点,先后呈现了拆迁大潮中的家乡变迁图景、奶奶在老宅劳动的生活场景、"李家三兄弟"清明上坟的镜头等。课堂教学就像播放家庭电视剧,叙事线索清晰,人物形象生动,将枯燥的法律知识还原为真实的生活场景。从"小视角"折射"大时代",联通法治"小课堂"与"大社会"。让学生走进鲜活的社会生活,全面认识、理解公民的民事权利和义务,意识到相关法律责任,更理性地看待生活中的矛盾和纠纷等,提高主动学法的意愿和自觉用法的能力。观照社会发展和学生成长,让法治意识等学科核心素养落地生根。

第二,"问题"导向的叙事情境:深化法律知识的认知与理解。

基于个人视角的叙事情境,为课堂教学展开提供了主题式、结构化的生活素材。但是,情境本身不是目的,而是载体,是激发学生学习兴趣的小妙招和教师开展教学的线路图。在课堂教学设计中,教学目标是灵魂,决定教学方向和学科育人价值;问题设计则是核心,引导学生从感性直观向理性思维、从经验世界向科学世界转变,实现认知的深化与能力的形成。

在本课故事讲述的关键情境细节中,笔者设计了一系列引导问题,将法律知识的认知与理解融入情境叙事过程之中,力求让学生融入情境,引发深度思考,从而深化其对法律生活的理解。

一是用真情境衍生真问题。在第一幕"奶奶的老祖产"教学中,展示家乡在拆迁大潮中支离破碎的图片，生发出奶奶的担忧：政府拆迁会让自己无家可归吗？基于真实生活情境的问题，正是学生此刻的担忧和思考。由此，通过引导学生自主学习相关法律知识，展开讨论和探究，学生自然明确了"法律保护公民合法的私有财产不受侵犯"。而在第二幕"李家三兄弟"的故事讲述中，对于超出课本知识范围的现实问题，如代位继承、暴力胁迫赢家退回赌资是否属于犯罪、如何计算分割财产等问题，及时回应了学生的疑问，进行了教学拓展。如此，引领学生在自主追问和自觉探究中深化对相关法律知识的认知与理解。

二是用真问题引发真思考。第三幕"父亲的恋恋风尘"的故事铺陈凸显生活气息，以3个问题引发对相关法律知识的认知与理解：2014年夏，我母亲去世了。母亲与父亲都是供销社职工，省吃俭用了一辈子，先后盖了3间平房和1栋楼房。为了驱除晚年的寂寞，父亲找了个新老伴。问题一：父亲认为李家的房产跟新老伴没有任何关系。他的说法成立吗？结论：新老伴属于法定第一顺序继承人。问题二：如果父亲立下遗嘱，将自己的房产份额全部留给老伴，法律会支持老伴继承父亲的全部份额吗？结论：遗嘱继承优先。问题三：如果有人立遗嘱将财产赠予"小三"，这样的遗嘱有用吗？结论：遗嘱本身必须符合公序良俗和法律规定。这一幕所讲述的故事具有普遍的现实生活基础，相关新闻或法治案例报道并不鲜见。3个问题指向相关纠纷所涉及的法律知识，层层深入地引导学生"入境"思考，分析生活、联系法条，厘清相关法律的认知误区与盲点，并由此培养其明辨是非、依法维权的能力。

三是用真学习引领真实践。高中思想政治新课标将本课程定位为活动型学科课程，要求采用社会实践的方式学习学科内容，力求促进知行合一，使学科知识能够真正内化为核心素养。这要求教学的问题设计要具有一定的开放性，能够指引学生走出教室、走向社会，立足课堂学习开展有意义的社会实践。本课在法律常识学习基础上，设计了一个开放性作业，完成一份老人再婚如何防范财产矛盾和继承纠纷的调查报告，将其视为践行法律的社会"问题"，引领学生通过上网搜索、到社区和法院走访等方式，搜集当代中国老人再婚引发的财产矛盾和继承纠纷的典型案例，在此基础上撰写调查报告。用真学习引领真实践，深化学生对法律常识的生活应用能力，内化法治意识。

第三，彰显"德性"的叙事思辨：引领"有温度"的法治生活。

讲好中国故事，既要重"讲"与"问"，更要重"思"与"辨"。要挖掘故事中的矛盾冲突和价值碰撞，培养学生道德判断力，促进其社会化发展，形成正确的世界观、人生观和价值观。法治意识这一学科核心素养的培育，重在深化学生对法治的理解和认同，真正树立法治理念，养成法治生活习惯，真正拥有法治使人共享尊严，让社会更和谐、生活更美好的认知和情感。这要求法治教育必须具有"德性"，从道德与法治融合的视角，引领学生思考现实生活。在本课的故事叙述中，笔者着重设计了家庭伦理之"金钱还是亲情"的两难问题，引领学生立足生活经验，应用法律常识展开辨析与判断，融合法律与亲情伦理，学会"有温度"的法治生活。

第四篇 **"在房产与亲情的十字路口"教学片断**

生活在线：父亲不太懂法律，在没有婚前房产协议、没有得到子女充分理解的前提下就匆匆结了婚。我没有参加父亲的婚礼，也不愿踏入往日充满温情的乡下老屋，我与父亲的关系一度形同陌路。

请您支招：在房产与亲情的十字路口，李老师应该何去何从？（播放背景音乐《海上花》）

学生1：电视剧《都挺好》里的保姆与男主人（一位老伴去世的老人）结婚，就是为了骗取他的房产，所以我建议老师要提防后妈的虚情假意和不怀好心；要坚决说服父亲，让他把房产全部过户到子女名下。

学生2：我不同意上述说法，郑板桥有句话说得好：淌自己的汗，吃自己的饭，自己的事情自己干，靠天、靠人、靠祖宗，不算是好汉。老师，如果您父亲不想把房产全部过户到子女名下，您应该尊重他的选择。如果您后妈对您父亲尽了照料的义务，得到您父亲的部分财产以及将来的遗产，这无可厚非呀！

学生3：老师您无须纠结，更不必将房产与亲情对立起来。哲学上说，矛盾双方在一定条件下相互转化，您不仅应该孝敬父亲，而且要与后妈搞好关系，因为家庭和睦说不定会给您带来房产与亲情双重收益。

师小结：选择与父亲冰释前嫌。

课堂寄语：哪个不在红尘闹，哪个不把钱财要。经济基础是保障，聚财你得走正道。辛苦打拼一辈子，早立遗嘱较可靠。啃老不是真本事，幸福自己来创造。人生百年皆过客，人间亲情最重要。

对于思想政治课程而言，引导学生过"有道德的生活"比掌握学科知识更加重要。家庭关系是最重要的道德人伦，它源于血缘又与物质利益有着千丝万缕的关系。"金钱还是亲情"既是笔者个人遭遇的问题，也是时代社会的难题，更是学生在未来生活中可能会面对的问题。仅仅懂得法定继承和遗嘱继承、遗嘱继承高于法定继承等法律常识，对于培育学生的法治意识而言是远远不够的，思政课只有直面现实矛盾、回应时代难题、进行价值引领，才能彰显其不同于其他学科的独特育人价值，为学生未来参与社会生活、做出正确的价值判断和行为选择提供参考，奠定基础。

第四，主体在场的叙事策略：做学生道德成长的引领者。

教师是中国故事的亲历者和见证者，思政课要完成立德树人的课程使命，教师必须主体在场，即在教学中彰显主观性和评价性，将教师自身的道德主张和价值判断贯穿知识教学。本课教学中，采用第一人称"我"进行叙事，"我家老宅的那些事"，每一个情境的呈现，每一个人物的出场，每一个问题的设计，都不仅仅是认知工具和教学手段，而是教师人生经历与生命体验的真实记录，烙印着教师的主观情感和道德判断，如对现代化、城镇化拆迁大潮中家园流失的淡淡哀愁，对老二勤劳致富却因赌博败光家产的"怒其不争"，对老三好吃懒做、争夺房产的不齿和不屑，对父亲"黄昏恋"所引发的财产所有权和继承权变故的担忧，对"房产与亲情的十字路口"两难选择的伦理困惑，等等。整个课堂教学在叙事中夹杂议论与抒情，营造出浓烈的道德意识和伦理诉求。教师主体精神能够照亮学科知识背后的道德光芒，对于学生道德发展起到潜移默化的感化濡染作用。

五、讲好中国故事之三

叙事与伦理是一种"剪不断、理还乱"的相互嵌入的关系。叙事包含着叙述主体对客观世界的认识和自身的情感体验，叙述者在叙事过程中对所述事件表达自己的见解、观点和评价，或隐或显地表现叙述者特定的伦理立场和价值取向。"讲好中国故事"是新时代对思政课教师的新要求。思政课需要正确处理课堂教学伦理问题。思政课叙事伦理不仅体现在"讲什么"，也包含"怎么讲"。总的来说，要遵循以下两个基本原则。

1. 正面故事与反面事例相结合

思政课应着重讲好符合社会主义核心价值观、弘扬主旋律和正能量的故事，引导学生坚定"四个自信"，形成正确的思想政治素养和道德品质；但是，也不能回避社会矛盾与现实问题，如果只唱赞美社会主义的"同一首歌"，不利于学生批判思维和辩证思维的培养，也不利于学生正确把握国情和认清自身肩负的民族复兴的责任使命。因此，思政课叙事要兼顾正面故事与反面事例，以正面故事为主、反面事例为辅，做到扬善而不隐恶，从反面事例中挖掘正面教育价值，以增强思政课的针对性和说服力。

2. 宏大叙事与个体叙事相结合

思政课叙事教学既有国家民族层面的宏大叙事，如中华优秀传统文化故事、中国革命故事、改革开放故事等，也有教师和学生个体经验的生命言说。思想政治课程的性质和特点决定了思政课教师必须充当国家意识形态"代言人"与个体生活经历"自言人"的双重角色，必须处理好课程教材的"人民伦理"和个体经验的"自由伦理"之间的辩证关系。否定民族国家发展的宏大叙事会陷入历史虚无主义；否定日常生活叙事会导致"目中无人"。要将民族国家的宏大叙事，嵌入个体生命历程观照之中，以个体生命叙事映照时代发展镜像。

笔者以人教版高中《思想政治 必修3 政治与法治》（简称《政治与法治》）中"全民守法"一课为例，具体阐释思政课的叙事伦理问题。

（一）教材分析

教材第九课"全面依法治国的基本要求"共有4框：科学立法、严格执法、公正司法和全民守法。它们从不同角度阐述全面推进依法治国的基本要求，构成依法治国的基本框架。"全民守法"包括两目：全民守法的内涵和推进全民守法。全民守法是指所有社会成员普遍尊重和信仰法律、依法行使权利和履行义务的状态。推进全民守法的要求包括：着力增强全民法治观念，调动人民群众投身依法治国实践的积极性和主动性，加强公民道德建设，增强法治的道德底蕴。讲清全民守法的内涵，全民守法的基本要求则水到渠成。推进全民守法是依法治国的重要环节和基础工程，法治的根基在于全体社会成员高度的自律自觉，在于全体社会成员普遍具有法律意识和法治精神。本课教学重难点不在于知识点的认知和理解，而在于引导学生对于法律的真诚信仰，在于法治精神的落地生根，这也是普通高中思想政治新课标指向学生核心素养的内在要求。

（二）课例展示（朱昊执教："玫瑰人生何处寻？"）

导入：去年深秋，表弟和表弟妹再一次离婚。在两人眼中，这场婚姻的过错全在对方。表弟觉得人心叵测，表弟妹则有苦难言。老师从他俩视角，以第一人称记述了这场婚姻。借用张爱玲的一句话："娶了红玫瑰，久而久之，红的变了墙上的一抹蚊子血，白的还是'床前明月光'；娶了白玫瑰，白的便是衣服上沾的一粒饭黏子，红的却是心口上一颗朱砂痣。"

第一幕 表弟眼中的婚姻

情境展示：（播放电影《花样年华》插曲《花样的年华》）

遇到她的时候，她笑眯眯地在海边礁石缝里钓小海蟹，一见倾心。父亲做挖掘工程，高中毕业后我跟着他做事。父亲颇有积蓄，为我买房。开挖掘机的打工人娶了高学历、高收入的白领，一时在村里成为美谈。那年我21岁，没有领证，但有隆重的结婚仪式，婚后去了城里生活。甜蜜过后，满是龃龉。习惯的差别，价值观的不同，我俩矛盾日益尖锐，生活一地鸡毛。婚后两年，偶然发现她借贷，负债30万元，面对质问，她始终保持沉默。我深感婚姻复杂，遂提出离婚，要求她自行偿还债务。她说夫妻共同财产有她一半，并认为债务是结婚期间产生的，需要共同承担。岳父母带着娘家人来闹事，还找了村里德高望重的老人来说理，话里话外都觉得我是喜新厌旧的负心汉，村里沸沸扬扬，我家颜面无存。

讨论1：岳父母的做法是否合适？

师追问：直到今天，在我的老家这样的做法仍然司空见惯：遇到矛盾纠纷，倾向于以道德评判、家族调解的方式，而不是采用法律手段。请分析传统乡村中这种现象的成因。

学生1：乡村生活规范运行依靠道德秩序，比如长幼有序，老一辈人说话就是更管用。

学生2：村里办事，在乎是否合"规矩"，这规矩是一种习惯。

师：费孝通先生在《乡土中国》中描述这样的现象：传统乡村中，人们修身克己，不能避免的冲突由长老教化调解，"无讼"观念深入人心。我国推行以工商业城市为主要背景建构起来的法治体系，在向农村推行的过程中，农民仍热衷于用农村固有的民间规范去处理和解决问题。事实上，不仅乡村如此，城市中这样的现象也不在少数。这告诉我们全民守法的第一层内涵是观念上的转变，遇事要找法，法律是权威和依靠。

结论：全民守法内涵的第一个层次，所有社会成员普遍尊重和信仰法律。

讨论2：尝试运用法律知识分析，表弟和表弟妹的要求是否合法？

师：两人没有领证，不是合法婚姻。表弟的要求符合法律规定，表弟妹的要求不受法律保护。

结论：全民守法内涵的第二个层次，依法行使权利，维护合法权益。

师：在离婚风波愈演愈烈之际，表弟妹发现自己怀孕了。得知此事后，双方家庭劝和。父母帮着还清了贷款，两人补领了结婚证，房产证上也加了表弟妹的名字。孩子出生后不久，表弟妹又借债20万元，并提出了离婚。

第二幕　表弟妹眼中的婚姻

情境展示：（播放电影《花样年华》插曲《花样的年华》）

年华是好年华，经不得数。我一直记得抓小海蟹的那天，父母的不同意我不在乎，学历、收入的差距我不在乎，我只想离开那个家。父母好吃懒做，贪慕虚荣，弟弟要买房结婚，他们一点忙都帮不上。我怎么也得帮弟弟，于是我默许了天价彩礼，去借给弟弟，想着以后慢慢还。丈夫不知道何时起变得冷漠，对我毫无关心，我开始以为他发现这些事了，直到我看到他手机里的短信。原来我是白玫瑰，他还有一朵红玫瑰。既然你不仁，别怪我不义。那些钱应该他来还，这是他欠我的！我按捺住怒火，悄悄搜集他出轨的证据，仔细研究《中华人民共和国民法典》（简称《民法典》）关于婚姻的条文。属于我的，我要全部拿到：一半的财产，他承担一半债务，还有我的孩子。

讨论1：两人不愿调解，遂诉诸法院，法院为什么判两人离婚？（展现《民法典》婚姻条文第1043条、第1079条，关于夫妻义务、离婚条件的规定）

师：表弟婚内出轨，表弟妹无原则"扶弟"，双方未履行好伴侣义务，致使感情破裂，婚姻难续。

结论：全民守法内涵的第三个层次，依法履行义务。

讨论2：试用法律知识分析，这次离婚表弟妹的具体诉求能实现多少？（展现《民法典》婚姻条文第1062条、第1064条、第1084条，关于分割财产、分担债务、抚养权的规定。学生依据《民法典》相关条文进行

判断）

师：表弟的房产虽是自行出资购置于婚前，但之后加上了表弟妹的名字，属于共同财产，应分割；表弟妹举债全部资助弟弟买房，未用于家庭支出，属于个人负债，应自行偿还。孩子尚在摇篮之中，表弟妹工作稳定，应归其抚养。

第三幕　玫瑰人生何处寻

师：在两人眼中，这场婚姻失败的过错都在对方。请大家思考：告别彼此后，他们的下一站就一定会幸福吗？玫瑰人生何处寻？（播放背景音乐《玫瑰人生》）

学生：讨论交流。

师：法律能保障合法权益，却不能缔结幸福婚姻。我们不仅要学法用法，做守法公民；更要修德修身，做有道德良知的好公民。

课堂寄语：玫瑰人生何处寻，法律在心是根本。明辨是非与善恶，德法交融乾坤稳。青春芳华需谨记，奋斗人生最美丽。

（三）教学反思

叙事伦理学认为，叙事过程渗透伦理认知，能够唤醒对可能生活的想象和光辉人性的向往，改变人的思想和行为。思政课叙事伦理表现为学科教材的思想道德、故事情境的价值取向以及叙事主体教师和学生的伦理认知等多重关系的交错叠加。作为立德树人的关键课程，思政课要发挥学科育人价值，培育担当民族复兴大任的时代新人，就必须厘清多样化的伦理关系，既要遵循思想政治课程既定的道德要求，也要允许表达真实的生活经历和道德认知，在学科教材、故事文本和师生对话的伦理互动中，促使学科核心素养落地。

1. 叙事主题兼顾伦理道德

思想政治教育包括思想教育、政治教育、道德教育、心理教育、法治教育、纪律教育等，其中思想教育和政治教育是核心，集中体现了国家意识形态。思政课叙事主题必须契合思想政治课程的性质和特点，既要集中指向思想政治方面的国家意志，也要兼顾学生道德成长等其他方面的需要。道德教育是思想政治教育的重要组成部分，是思政课叙事主题的重要来源和依据。本课作为法治教育专题，应该着重培育学生的法治精神和守法意识，但是学生的法治观念形成并不是孤立的，需要道德之水的滋养和浸润。

因此，本课叙事主题"玫瑰人生何处寻"，既指向全民守法的法治主题，也反映修身养德的道德主题。这一叙事主题，从思政课的学科性质和特点出发，对中国社会高离婚率的"时代之痛"予以关切和回应，具有时代性和典型性。

2. 叙事视角生发伦理冲突

叙事视角是对事件进行观察和讲述的角度，每一种叙事视角都有自身优势和不足。如作为"局外人"的全知视角，叙事者能够表现宏阔的社会历史发展全貌，但是难以深入故事人物的内心世界；"局内人"视角是故事中人物叙述自己的事情，具有亲切自然、生动真实的特点，能够充分展示人物内心世界的思想情感，但是难以表现社会历史事件全景。本课新颖之处在于叙事视角的组合和创新，即在教师全知视角的叙述基础上，以双重第一人称内视角"我"展示表弟和表弟妹的内心回忆与独白，展现双方的婚姻实践与道德认知，以推进故事情节的发展。这样避免了缺乏悬念的平铺直叙，同时让故事中的人物自己讲话，彰显双方个性特点和内心世界，两种声音相互碰撞犹如音乐中的复调，使叙事展开和矛盾冲突更加富有真实感和张力，为学生进行道德与法治的认知和评判提供了可深度参与的空间。多元叙事视角，能够引发多样的伦理思考。

3. 叙事过程彰显伦理对话

在思政课叙事中，教师和学生既是叙事主体的"叙述者"，也是叙事对象的"倾听者"。不追求故事的曲折生动和变化多端，而关注"事实陈述"和"价值引导"的辩证统一。思政课的本质是讲道理，讲故事要服从和服务于讲道理，以最简约的故事情境，引发师生之间、生生之间、师生与故事文本之间的伦理对话。本课以总议题"玫瑰人生何处寻"为统领，聚焦中国社会离婚问题，通过课堂叙事，一方面引导学生掌握法律知识、树立法治观念、学会依法维权；另一方面进行正确人生观、道德观的启发教育，帮助学生为未来参与社会生活做好准备。本课设计了3幕场景：表弟眼中的婚姻、表弟妹眼中的婚姻和玫瑰人生何处寻。前两幕分别设计了两个讨论：岳父母的做法是否合适、表弟妹的要求是否合法、法院为什么判两人离婚、表弟妹的离婚诉求能实现多少等，将全民守法的内涵和要求等学科知识贯穿其中，培育学生法治观念。第三幕通过"玫瑰人生何处寻"的议题讨论，批判包括天价彩礼、婚内出轨等不良社会现象，引导学生做有道德的公民。如此，将法律知识掌握与伦理道德对话相结合，使得知识的脉络里流淌着道德的血液。

4. 叙事手法蕴含伦理关怀

叙事手法包括叙事媒介如文本、图像、音乐、视频的使用和各类文学修辞的运用等。叙事手法一般寄寓着叙述者的审美趣味和价值取向，是表现思想主题的重要方法和手段。思政课可以结合课程目标、教学内容和叙事主题，综合借鉴和运用各类叙事手法，实现"立德树人"与"立美育人"的有机融合。尽管本课所叙之事是一个负面的中国故事，是当代中国式婚姻危机的一个缩影，但是对于学生树立正确的婚恋观、家庭伦理观和法治观念具有启发性和警示性。该故事之所以能够吸引学生，离不开叙事手法的匠心独具。首先，总议题中"玫瑰人生"是个道德隐喻，表示幸福美满的婚姻家庭生活。引入语"红玫瑰"与"白玫瑰"既是鲜明的文学意象，也反映两性关系的伦理困境，能够引发学生道德思辨，也暗示故事文本的结局。其次，在表弟和表弟妹两段独白之中，穿插播放经典电影《花样年华》的插曲《花样的年华》，使得电影故事中的音乐场景与课堂故事中的内心独白交相辉映，深刻揭示现代婚姻危机与人伦道德异化。最后，这两段文学化的内心独白，都有"大海"这一叙事空间作为第三方见证者，暗示着没有法律和道德的坚实支撑，就没有海枯石烂的幸福婚姻。

第五章

思政课"有我之境"的教师素养

思政课"有我之境"是教书育人的臻善境界，是教师长期学习实践、自我提升的结果。2019年，习近平总书记在学校思想政治理论课教师座谈会上强调，办好思想政治理论课，关键在发挥教师的积极性、主动性、创造性，并对思想政治理论课改革创新提出"八个相统一"的指导意见，即坚持政治性和学理性相统一、坚持价值性和知识性相统一、坚持建设性和批判性相统一、坚持理论性和实践性相统一、坚持统一性和多样性相统一、坚持主导性和主体性相统一、坚持灌输性和启发性相统一、坚持显性教育和隐性教育相统一。同年，中共中央办公厅、国务院发布的《关于深化新时代学校思想政治理论课改革创新的若干意见》指出：建设一支政治强、情怀深、思维新、视野广、自律严、人格正的思政课教师队伍。这"八个相统一"和六个方面的要求是辩证统一、不可分割的有机整体。政治强才能引领学生，情怀深才能打动学生，思维新才能启发学生，视野广才能说服学生，自律严才能塑造学生，人格正才能感召学生。

2023年9月，习近平总书记致信全国优秀教师代表："他们具有心有大我、至诚报国的理想信念，言为士则、行为世范的道德情操，启智润心、因材施教的育人智慧，勤学笃行、求是创新的躬耕态度，乐教爱生、甘于奉献的仁爱之心，胸怀天下、以文化人的弘道追求"，号召全国广大教师"以教育家为榜样，大力弘扬教育家精神"。教育家精神是全体教师职业生涯的最高目标，六个方面的要求和"八个相统一"是政治教师专业成长的必备条件，两者既有侧重也有交集，构成了新时期政治教师专业素养和师德水平提升的重要内容，也是思政课"有我之境"教学主张不断深化和完善的方向。

第一节　树立理想信念

一、坚定政治信念

习近平总书记指出："让有信仰的人讲信仰。"信仰只有首先在教师心中扎下根，才能在学生心中开花结果。教师要在学生心灵埋下真善美的种子，引导学生扣好人生的第一粒扣子，就必须坚定政治信念，包括对马克思主义的信仰、对共产主义的信念、对中国特色社会主义的信心、对习近平新时代中国特色社会主义思想的信服。让有信仰的人讲信仰，让信念强的人讲信念，才能确保讲对、讲准思政课，避免课堂教学出现"偏离"和"衰减"现象，使思政课真正成为底气足、成色好、有力量的"金课"，引导广大学生树立正确信仰和远大理想。坚定政治信念是长期的自我锤炼过程，对于以讲授马克思主义为己任的政治教师而言，可结合自身的教学实践做到以下 3 个方面。

1. 真读

21 世纪之交，马克思曾被西方媒体评为"千年思想家""最伟大的哲学家"，西方国家更是掀起了一股持续升温的"马克思热"。出现这一现象的根本原因，就在于马克思思想经久不衰的理论魅力，即对现实世界普遍有效的解释力。思政课进行马克思主义基本观点教育，其理论知识主要源自马克思主义的创始人及其继承者的经典著作。政治教师不能只研究教材而不阅读原著。为什么很多人学完思政课教材之后仍然对马克思主义有陌生感和距离感，不能自觉地运用马克思主义基本立场和观点分析和解决问题？一个重要原因就在于缺少与马列经典原著的"亲密接触"。思政课教材是流，马列经典著作是源，只有经常回溯到思想的源头，读原著、学原文、悟原理，才能真正理解马克思主义，实现思政课育人目标。

2. 真信

雅斯贝尔斯指出：教育必须有信仰，没有信仰就不称其为教育，而只是教学的技术而已。政治教师不应该是碰巧教政治的人，而应当是课程的载体和化身，是学科的"活化石"和代言人。政治教师只有与所任教学科真正融为一体，才能成为"教育过程的真正的能手、艺术家和诗人"。学生的眼睛是雪亮的，能直抵教师灵魂深处，敏感而准确地判断出站在自己面前的教师是个什么样的人。如果教师上课只是出于灌输国家意识形态的"职务上的需要"，就有可能引起学生的反感。政治教师要用高尚的人格和坚定的信仰去影响和感化学生，毫不动摇地坚持马克思主义，对中国特色社会主义道路、理论、制度、文化充满发自内心的自信。尤其要结合当代中国特色社会主义蓬勃发展的实践成果，引导学生辩证分析东欧剧变、苏联解体的经验和教训，坚定共产主义理想和信念。

2018年，笔者参加江苏省教师培训中心组织的英国教育学习考察团。学习之余，团里包括我在内的几名政治教师"另辟蹊径"，冒着绵绵细雨前往伦敦郊外的海德公园马克思墓前瞻仰。我们高唱《国际歌》，我们默诵马克思青年时代毕业论文的精彩片段：如果我们选择了最能为人类而工作的职业，那么，重担就不能把我们压倒，因为这是为大家做出的牺牲；那时我们所享受的就不是可怜的、有限的、自私的乐趣，我们的幸福将属于千百万人，我们的事业将悄然无声地存在下去，但是它会永远发挥作用，而面对我们的骨灰，高尚的人们将洒下热泪。这样一次难忘的"朝圣之旅"，成为我思政课"有我之境"的经典素材。实践证明，教师正确坚定的政治信仰，既是保证思政课教学不变质的"方向盘"，也是其职业存在具有合理性的"生命线"。

3. 真用

马克思主义最显著的特性就是实践性。真用，就是要坚持理论联系实践，根据时代和实践的变化，创造性地发展和运用马克思主义。对于政治教师而言，既要自觉运用马克思主义基本观点和立场认识和解决现实社会中的各种矛盾和问题，如南海主权纷争、中美贸易大战等，铸炼思维的科学性与敏锐性。同时，也要引导学生关心时事政治，开展时政演讲活动，将马克思主义理论与实际生活紧密联系起来。如用马克思主义道德观批判西方"普世价值"说，用马克思主义经济学说分析当今社会的资本乱象，用马克思主义政治原理评价国际社会的亲疏离合，等等。真用是思政课教学具有鲜明时代特征的源头活水，也是思政课"有我之境"从"小我"走向"大我"的基本途径。

二、坚守教育情怀

1. 热爱学生

习近平总书记在同北京师范大学师生代表座谈时提出"好老师"的4个标准之一,就是有"仁爱之心",强调要把"对家国的爱、对教育的爱、对学生的爱融为一体,心中始终装着学生,让思政课成为一门有温度的课"。思政课教师的责任和使命决定了其仁爱之心,既体现在对学生学业和生活关心的"小爱",更表现为引领人生道路选择和解决思想矛盾的"大爱"。一位优秀的思政课教师,要善于将自己炙热的家国情怀、坚定的传道情怀,化作对学生深沉持久的仁爱情怀,做学生成长道路上的精神导师与引路人。

被誉为"中国的苏霍姆林斯基式的教师"李镇西,用自己充满浪漫主义色彩的教育实践,生动地诠释了师爱的本质。

> 每带一个新班,我都把全班同学的生日工整地抄贴在我书房的最醒目处,每个学生生日那天,我都送上一本小书、笔记本或其他小礼物。每次放假,我都安排一次与学生的旅游:我曾与学生站在黄果树瀑布下面,让飞花溅玉的瀑水把我们浑身浇透;我曾与学生穿着铁钉鞋,冒着风雪手挽手登上冰雪世界峨眉之巅;我曾与学生在风雨中经过8个小时的攀登,饥寒交迫地进入瓦屋山原始森林……每一次,我和学生都油然而生风雨同舟、相依为命之情,同时又感到无限幸福。这种幸福不只是我赐予学生的,也不单是学生奉献给我的,它是我们共同创造、平等分享的。(摘自李镇西《走进心灵——民主教育手记》)

师爱是照亮学生前行道路的灯火,是教师职业生涯收获幸福感和成就感的源泉。政治教师要坚持做班主任,善于和乐于走进学生的心灵世界,把教书与育人统一起来,做学生的良师益友。这是思政课实现"有我之境"的客观前提。

2. 热爱课堂

热爱学生与热爱课堂是辩证统一、不可分割的。一位具有教育情怀的教师既表现在课外与学生的和睦相处,更表现在身处课堂而发自内心的由衷欢喜。这种由衷欢喜是教师愿意向学生敞开心扉,从而使课堂进入"有我之境"的主观条件,是教师愿意耗费时间和精力雕琢课堂、展示自我风采和引领学生发展的直接动力,也是教师专业持续发展乃至形成教学主张、成为教学名师的关键所在。

"有我之境"的思政课要求教师带着对学生的热忱和对真理的热爱走进课堂,把民族国家发展的"大道理"与个人生命成长的"小贴士"有机结合,让学生感受到思政课既有人文关怀的温度,更有高屋建瓴的高度,既以情感人,又以理服人,在情理交融中把道理"讲深、讲透、讲活"。为此,笔者一直尝试用美学理论改造思政课堂。受宗白华《美学散步》一书影响,笔者一度倡导与践行"散步美学"的教学主张,呼吁教师从"关注分数"转向"关怀学生",从"为考而教"转向"为人而教",做学科之美的发掘者和学生心灵的呵护者。尽管理念正确,但是缺少有效的路径与抓手。受中国古典美学"意境说"的影响,尤其是受当代美学大家叶朗教授的影响,笔者曾执迷于课堂教学的"意境",希望课堂教学能够上升到观照人生、历史和宇宙的高度,具有形而上意味的"哲学美",但是也没有取得实质性的突破。最后在王国维《人间词话》里找到了"有我之境"的美学理论。从1998年参加工作,到2014年提出思政课"有我之境"的教学主张,笔者用了16年时间;从2014年提出教学主张到带领团队继续深化研究和实践到今天,又历经了10年时光。笔者把生命最好的时光都给了学生与课堂。

一位教育学者指出,一个优秀教师可能经验丰富、教学有方;可能论文不少、"著作"等身;可能挂上了高级教师、特级教师的头衔,获得了各种荣誉。但是,缺乏自己的教学主张,从专业上讲,他依然还是一个无"家"可归的"流浪汉""门外汉",没有专业精神和学术追求的归宿,他很难产生专业和学术上的影响力。[①] 一个教学主张的提出与成熟,需要长期扎根课堂进行"田野作业"和理论研究。没有热爱学生和课堂的教育情怀,是难以结出芬芳的教学果实的。没有教育情怀,政治教师只能是被束缚在高考战车上没有灵魂的知识搬运工,而将"培养什么人、怎样培养人、为谁培养人"的根本问题抛弃。没有教育情怀,政治教师给予学生的只能是缺少营养价值的快餐,难以转化为促进学生发展的核心素养。

---

① 余文森. 教学主张:打开专业成长的"天眼"[J]. 人民教育,2015(3):18.

第二节　投身社会生活

一、增强社会实践

教师的工作对象是完全的人与完整的社会。在成就一个完全的人与适应一个完整的社会的过程中，教师不能局限于自己所教的学科与所教的一个班级的范围。特别是思政学科涉及经济、政治、文化、法律等各个领域，要求提高学生的社会适应和参与能力，这就决定了教师不能闭门教书。思政学科的性质和内容决定了政治教师业务素质和专业发展的独特性，即必须有较为广泛的社会实践和较为深刻的社会认知。一个把自己密封在校园内对社会其他行业很陌生、对时代进步和社会发展也不敏感的政治教师，是短视狭隘不符合其教学岗位的能力要求的，也不可能达到"有我之境"。

习近平总书记指出："思政课不仅应该在课堂上讲，也应该在社会生活中来讲。"① 我们一直注重政治教师的教学技能和学科素养，却忽略了其自身"社会化"的问题。《关于深化新时代学校思想政治理论课改革创新的若干意见》明确要求：组织思政课教师在国内考察调研，在深入了解党和人民伟大实践中汲取养分、丰富思想。组织思政课骨干教师赴国外调研，拓宽国际视野，在比较分析中坚定"四个自信"。增强社会实践，投身社会生活，既是思政课达到"有我之境"的基本途径，也是思政课教师专业发展的时代呼声。教师一方面应该主动走出"象牙塔"，广泛参与诸如志愿行动、政治参与、投资理财、文化采风、农村考察等社会活动，要善于向社会各行业精英人士学习取经，从单纯的"教书匠"变成接地气的"社会人"，通过参与社会、记录人生、反思自我，将学科知识与人生体验融会贯通；另一方面要创造条件带领学生走出校园，走进社会"现场"，目击社会"真相"，通过身临其境的参与体验来激发公民意识，塑造"我们感"。只有"小课堂"连接"大社会"，师生双方都对社会有一定程度的参与和理解，才能碰撞出"有我之境"的思维火花。朱光潜指出，文艺与人生绝缘，

---

① "'大思政课'我们要善用之"（微镜头·习近平总书记两会"下团组"·两会现场观察）[N]. 人民日报，2021-3-7 (01).

都不免由缺乏营养而枯死腐朽①,政治教师一旦脱离社会生活,其专业成长也将是无源之水。

二、勤于记录反思

思政课"有我之境"主张教师讲述自己的人生故事,记录自己的成长轨迹和心路历程,撰写自己的人生"自传",捕捉生命的诗意瞬间。人生并不缺少故事,而是缺少记录与反思。生活是一条无尽的长河,写作是采撷长河里跳跃的浪花。写作可以帮助我们回溯时光源头,找寻思想轨迹,触摸存在意义。写作最简便的方式是写日记,用日记记录和反思生活。长期的写作积累可以激活与唤醒沉睡的经验,并将其转化为"有我之境"的教学素材。

片段1:泰国之旅,最大最深的感受就是中国的改革开放给老百姓带来了巨大的经济实惠:每天数以万计的中国游客,使得整个泰国成为中国人休闲旅游的"后花园"。曼谷大皇宫里尽是中国人,芭堤雅的海滩边尽是中国人。旅游业成为泰国的支柱产业,中国游客成为泰国人的衣食父母。接待本次中国团的两个导游,一个长得像"孙红雷",另一个长得像"王宝强"。两人都是华裔,"孙红雷"很滑头,是个中国通;"王宝强"很憨厚,跟着"孙红雷"当副手。"王宝强"的"中国情结"与日俱增,他说泰国的高楼、公路、大巴都是"中国制造",随着中国综合国力的增强与国际地位的提升,作为华裔,他的腰杆比以前直多了,他最大的心愿就是能够攒够钱回中国看看。泰国也是资本主义国家,但是个没有工业化、城市化支撑的资本主义国家。由此可见,让老百姓过上好日子才是硬道理,这是中国共产党的初心和使命。尽管中国国内还存在贫富不均、市场不良、法治不全、环境污染等诸多矛盾与问题,但是中国经济迅猛发展与中国人生活水平大幅提高才是主流,是矛盾的主要方面。这一点,身在国内,往往感觉不太明显,往往还有"端起碗吃肉,放下碗骂娘"的心理,只有走出去比较,才能有深刻的体会。(摘自笔者2016年暑期泰国之行日记)

这样凝结着教师真切感受的生活日记,洋溢着扑面而来的生活气息和敞开心怀的真诚力量,怎能不打动学生的内心世界呢?新课标强调"政治

---

① 朱光潜.文艺心理学.[M].安徽:安徽教育出版社,2006:151.

认同",若没有教师通过社会实践产生发自内心的认同,也就不可能引发学生真正的认同。日记不仅要记录个人生活,更要反映时代发展。余光中的《乡愁》若只是关于生死离别的生活叙事,没有对包括地理、历史和文化在内的整个中国的眷恋,没有对两岸统一的重大社会历史问题的呼吁,则诗歌意境和格局得不到升华。罗大佑的歌之所以经久不衰,就在于他代表了一个时代,如《鹿港小镇》反映台湾地区的拆迁和城镇化:"假如你先生来自鹿港小镇,请问你是否看见我的爹娘。我家就住在妈祖庙的后面,卖着香火的那家小杂货店……家乡的人们得到他们想要的,却又失去他们拥有的。"思政课教学不仅要凸显时代主题和国家意识形态,更要将时代主题和国家意识形态融入鲜活的人生故事,把个体生命叙事与时代变迁、家国情怀有机融合。如此才能成为有灵魂的课堂,才能触摸学生内心最柔软的地方。

片段2:手机下载苏州评弹,就像下载世界名画一样,又是一次莫大的视听盛宴和艺术享受。蒋月泉的"蒋调"与朱慧珍的"俞调"可谓是珠联璧合:寓铿锵醇厚于低回婉转之中,这就是矛盾辩证法在评弹曲艺中的高超运用。苏州评弹像昆曲一样不仅好听,而且把中国传统文化的精髓浸透在弹词中,寓教于乐。如《庵堂认母》中的传统孝道、《赏中秋》里的夫妻人伦、《宝玉夜探》中有情人不能终成眷属的喟叹、《紫鹃夜叹》中富贵如烟云的人生劝诫等。这些日子从锡剧、昆曲到评弹,我怀着发现新大陆般的惊喜,不断发掘、收藏和享用中国传统文化。二十世纪七八十年代我的童年记忆中,广播里传来"娘子——""官人——",原来就是苏州评弹《白蛇传》啊!"锡剧王子"王彬彬的《双推磨》《珍珠塔》也是当年风靡的唱段,其高亢浑厚、刚中带柔的"彬彬腔"与蒋月泉的柔中带刚风采各异,又都是刚柔相济的吴音典范。(摘自笔者2019年日记)

文化塑造民族的精神面貌,是人类的"第二天性"。增强文化自信、建设文化强国是时代赋予政治教师的光荣使命。但是,如果教师没有对中华优秀传统文化的真心热爱,没有对社会主义道德和中华传统美德的自觉坚守,没有对自己内心世界、精神家园的辛勤耕耘,又怎么能够进行有品位、有深度的文化引领。结合中华优秀传统文化教学,笔者是这样设计导入语的:"李老师我是一个对传统文化一往情深的人;当'鸟叔'的骑马舞风靡全球时,我依然沉浸在传统文化之中。我最喜欢的当代文化名人是余秋雨，他的《文化苦旅》一书是对中国传统文化最深的乡愁。我的人生格言是：背上行囊，行走天涯，以散步的姿态找寻古典山水、教育乐土和精神故乡。今天，我想与同学们一起开启中国传统文化之旅。"这段文字展示了教师自身的文化底蕴与情怀，能够激发学生对中国传统文化的审美向往。

"有我之境"的思政课，需要教师深度参与社会生活，做生活的观察者、记录者和思考者。苏霍姆林斯基建议每一位教师都写教育日记，认为这是思考和创造的源泉，是让教师终身受益的巨大财富，笔者深以为然。笔者的书架上有一本只属于笔者一个人的"书"，它是笔者几十万字生活日记的集结。笔者从电脑里将之打印装订成册，并取名为《光阴的故事》。笔者的生活日记包罗万象：家庭琐事、时事新闻、学校生活、育子经验、旅行见闻、读书心得、影视鉴赏等，这些是笔者最宝贵的精神财富和最重要的课程资源。当"时间都去哪儿了"成为社会集体的怀旧情绪时，笔者经常得意地对别人说："我的时间都没溜走，它们隐藏在我某年某月某日的某段文字里，定格在我某年某月某日的某个文件夹里。"忽然有一天，笔者觉得曾经触动过笔者的那些人、那些事不应该尘封在日记里，可以借助课堂让它们"复活"。于是，笔者开始有意识地寻找思政课学科知识与日记生活素材的交集，系统化开发"有我之境"的教学课例。笔者要把光阴的故事镶嵌在课堂里，使思政课成为照亮学生心灵的人生风景线。笔者提出了思政课"有我之境"的教学主张，产生了一定的影响力和美誉度。笔者的目标是打造"有我之境"的教学流派，使之成为"苏派教学"的一面旗帜。为此，我们都在路上。

第三节　提升人文素养

如果说投身社会生活是积累思政课"有我之境"的厚度，那么通过阅读提升人文素养是垫高思政课"有我之境"的高度。置身全民埋头"刷屏"的泛娱乐化年代，读书还是不读，是一个重要的问题，它既关系到一个国家、一个民族、一个人的文明程度，也直接影响教师的专业成长。对于政治教师而言，只读马列著作或者只读政治教材与课程标准，是讲不好课的。要确立"大阅读观"，超越学科视野，学习和借鉴人类一切优秀文化成果。

一、致敬人文经典

教师的文化底蕴是教师专业成长的精神根基。思政课作为社会人文学科，几乎涉及社会生活的各个方面，因此，一个政治教师的专业成长应该广泛涉猎经济学、政治学、哲学、人类学、文化学、伦理学、社会学、宗教学、美学等领域的经典著作，丰厚自己的文化底蕴，提高自身的人文素养。例如，结合"经济与社会"的教学，可以读一读经济学鼻祖亚当·斯密的《国富论》、宏观经济学创始人凯恩斯的《就业、利息和货币通论》、诺贝尔经济学奖获得者哈耶克的《通往奴役之路》、匈牙利经济学家亚诺什·科尔内的《短缺经济学》、马克思的《资本论》等著作；结合"政治与法治"的教学，可以读一读马基雅维里的《君主论》、霍布斯的《利维坦》、洛克的《政府论》、贡斯当的《古代人的自由与现代人的自由》、托克维尔的《论美国的民主》等著作；结合"哲学与文化"的教学，可以读一读林语堂的《中国人》、费孝通的《乡土中国》、余秋雨的《文化苦旅》、马林诺夫斯基的《文化论》、马克斯·韦伯的《新教伦理与资本主义精神》等文化著作，或者柏拉图、亚里士多德、叔本华、尼采、海德格尔等的哲学著作。此外，李泽厚的《美的历程》、叶朗的《论意境》等美学著作，孔德的《论实证精神》、涂尔干的《宗教生活的基本形式》、齐美尔的《社会是如何可能的》、米德的《心灵、自我与社会》、福柯的《规训与惩罚》等社会学著作，摩尔根的《古代社会》、马歇尔·萨林斯的《历史的隐喻与神话的现实》等人类学著作，康德的《实践理性批判》、奥勒留的《沉思录》、休谟的《人性论》、老子的《道德经》、孔子的《论语》等伦理学著作，教师亦可根据自身兴趣有选择性地阅读。

坚持写读后感是加深阅读理解、提高认识水平的直接有效途径。

心得1：红楼物语

人到中年，重读《红楼梦》。它不愧是中国封建社会的"百科全书"，囊括了建筑绘画、诗歌戏曲、服饰起居、婚丧嫁娶、传统节日等诸多方面。大观园里的"女儿国"充满诗情画意：春日葬花、中秋赏月、结社吟诗、踏雪访梅。大观园外的须眉浊物，几乎没什么精神生活：要么像薛蟠一样欺男霸女，要么像雨村一样蝇营狗苟，要么跟着贾珍聚赌玩乐、乱伦爬灰，要么学习贾琏寻花问柳、妻妾成群。清净女儿与须眉浊物的鲜明对比，隐喻着封建大厦根基摇摇欲坠。从盛极一时、灿烂峥嵘到家破人亡、流水落花，"悲凉之雾，遍被华林"。小说人物刻画得栩栩如生、入木三分：妙玉清高但俗气，黛玉才高却小气，晴雯貌美近妖气，湘云性直而爽气。宝钗稳重得人心，凤姐泼辣有心计，探春精明能干事，迎春懦弱被奴欺。红楼众生与莎士比亚笔下人物一样直抵人心，揭露人性。（选自笔者《红楼梦》读书心得）

心得2：美的历程

读《西方绘画史》，我的内心经历着惊喜而狂热的美的历程。古典主义以古希腊、古罗马艺术为典范，追求理想化的美，构图稳定和谐、造型严谨明确，表现出"静穆的伟大，单纯的高贵"的特点。如庄严慈祥、人性与神性相统一的圣母形象，沉思的美女，手捧豌豆花的姑娘，奥地利皇后伊丽莎白典雅的凝眸，里姆斯基科萨科夫夫人的秀发如瀑；现实主义朴素写实、严峻深沉，多使用明暗对比，追求真实生动和内在感情的表现。黄昏里的《晚钟》笼罩着暮日余晖，伫立在农田里如剪影一般的农夫在虔诚祈祷，表现出劳作后拥抱生活的艰辛和深沉悠远的宗教情感。沧桑的《扶锄的男子》、弯腰驼背的《拾穗者》、顶天立地的《播种者》、楚楚可怜的《牧羊少女》，表现出农民的艰辛。那蹒跚走路的《人生第一步》，又是如此地充满生活情趣。印象主义表现自然中光与色的变幻，如莫奈的《日出》和《睡莲》、德加的《舞女》、毕加索的《田园》、雷阿诺的《大浴女》等，无不画面生动、跳跃闪烁着光与色的和谐统一。后印象派不满足于对光与色彩的描绘和对客观事物的再现，强调抒发画家的自我感觉。高更以荒岛土人的生活为题材，画风拙朴而色彩绚丽，画作充满诡异的原始性和强烈的象征意味，表达了对现代文明的批判和反思。梵·高的《星空》《麦田》《桑葚树》色彩绚烂，具有立体感和运动感。其所表现的法国南部阿尔勒乡村田园生活，如《阿尔的朗卢桥和洗衣妇》《威格拉运河上的桥》《白色的果园》等，弥漫着浓郁的田园牧歌式的芬芳与乡愁。（选自笔者《西方绘画史》读书心得）

提升人文素养，不仅要读相关经典著作，而且要对人类一切艺术经典包括电影、绘画、建筑、雕塑、戏剧等广泛涉猎。朱永新指出，一个人的阅读史就是一个人的精神发育史。诸多的人文经典不仅能给予政治教师丰厚的精神滋养，更能开拓政治教师的视野，使政治教师站在人类文化成就的顶峰审视自己所教的学科，突破狭隘的专业限制，让课堂充盈着浓郁的人文情怀。政治教师对人类精神成就的分享深度和广度将直接制约其专业成长的高度。

二、坚守教育立场

读书可以怡情，是教师最优美的生命姿态。但是，阅读最高的境界不是阅读本身，而在于启发思考。教师阅读应该坚守教育立场，观照课堂教学，在提升人文素养和开拓视野的同时，最大限度地将读书心得与思考转化为教育教学智慧。

（一）时代新人的文化品格

2023年年初，有网民在浙江省人民政府"民呼我为"统一平台留言建议：把《水浒传》相关内容从中小学课文和课外读物中清除出去，理由是此书"污蔑丑化女性，歌颂滥杀无辜，毁灭人类三观"。官方答复：《水浒传》文学价值巨大，是批判性阅读的好载体，蕴含着丰富的教育价值，并强调，重要的不在于你"读了什么书"，而在于你"怎样把每本书读好"，有针对性地指导孩子阅读，让他们学会判断，在经典书籍中吸取精华，才能真正让阅读为学生打好精神底色。

增强文化自信，建设社会主义文化强国，是中国特色社会主义事业"五位一体"总体布局的重要组成部分，是社会主义现代化强国的重要目标之一。如何坚守中华文化立场、如何正确认识中华传统文化、学生应该具备什么样的文化品格等，是教育者工作者需要认真思考的问题。

立德树人是学校的根本任务，培养担当民族复兴大任的时代新人是社会主义教育的本质要求。中国特色社会主义进入了新时代，时代新人作为成长在新时代的青年一代，是推动中国特色社会主义继续向前发展的后备力量。"培养什么人、怎样培养人、为谁培养人"从来都是摆在教育工作者面前的首要问题。我们所要培养的时代新人，其理想的文化品格，应该集中华优秀传统文化和社会主义核心价值观于一体，彰显中华优秀传统文化的伦理道德的底色与本色。

人是符号动物、文化动物。一切文化都沉淀为人格。浮士德代表德意志民族的集体人格，阿Q代表旧中国农民的国民性，"富贵不能淫，贫贱不能移，威武不能屈"是儒家倡导的君子人格。在全球化背景下，文化品格是组成学生核心素养的必备品格之一，是衡量一个国家文化软实力的重要指标。作为教育工作者，对于中华传统文化要坚持"批判继承、古为今用"的科学态度。一方面，把自强不息、孝老爱亲、家国情怀、民本思想等中华人文精神和传统美德化作学生人格发育的精神基因。另一方面，引导学生对厚黑心理、权术斗争、男尊女卑、因循守旧等落后思想进行批判和反思。同时，还要结合时代和社会发展的特点与社会主义核心价值观的内容，开展形式多样的实践活动，引导学生对中华优秀传统文化进行创造性转化和创新性发展，在实践中锻造内化其文化品格。

总之，文化自信是根，理论自信是魂，制度自信是本，道路自信是用。只有塑造好青年一代的文化品格，国家才有前途，民族才有希望。

（二）意识形态的精神花园

中国古典园林举世闻名，是世界文化遗产的璀璨明珠，中国历史文化的集中荟萃，其"咫尺山林"的造园艺术，清雅平淡的审美意蕴、崇尚自然的精神意趣，不仅是"讲好中国故事"、增强文化自信和传承中华文明的重要课程资源，也能给予我们以教学智慧。园林作为中国人诗意栖居的物质空间，其最高审美理想就是明代造园家计成所提出的"虽由人作，宛自天开"。"人作"是指发挥人的主观能动性，有目的、有意识地改造世界；"天开"要求遵循客观规律，使得人工布置与自然环境和谐统一。《红楼梦》作者曹雪芹借宝玉之口表达了同样的观点："此处置一田庄，分明是人力造作成的：远无邻村，近不负廓，背山无脉，临水无源，高无隐寺之塔，下无通市之桥，峭然孤出，似非大观。争似先处有自然之理，得自然之气，虽种竹引泉，亦不伤穿凿。古人云'天然图画'四字，正畏非其地而强为地，非其山而强为山，即百般精巧终不相宜……"可见，任何艺术都是取法自然与超越自然的统一。

由此观照思政课教学可以看出，学生之所以不喜欢思政课，政治教师之所以成为学生眼里不受欢迎的老师，一个重要原因就在于没有处理好"人作"与"天开"的关系。思政课代表国家意志与主流价值观，具有强烈的意识形态性。部分教师简单照搬教材高大上的话语体系，缺少教材理论话语向教学生活话语转换。只知道旗帜鲜明，不懂得委婉曲折；只知道理直气壮，不懂得刚柔相济；只知道大开大合，不懂得以小见大。灌输式、口号式的"人作"太多，启发性、生成性的"天开"太少。甚至在课程改革中将议题教学固化为认知主义倾向的"三段论",即用1个中心议题和3个具有一定逻辑关系的分论点贯穿课堂,这种单一化、程式化的"人作",虽然具有结构严谨、说理充分的优点,却无视知情意行协调一致的育人规律,无视学生审美、情感、交往等多方面的需求,结果反而疏远了学生。教学活动必须遵循学生思想道德成长的一般规律,符合学科自身特点。只有建立在尊重学生和遵循规律的基础上,才能达到"虽由人作,宛自天开"的教学境界,实现"合目的"与"合规律"的统一。

造园的曲径通幽、柳暗花明和育人的春风化雨、润物无声是相通的。构筑意识形态的精神花园,让学生领略思政园地的姹紫嫣红,教师应从照本宣科的"教书匠"转为塑造灵魂的"园艺师",综合运用园林艺术手法增思政课的趣味性和灵动性。如为了强化学生政治认同,可采用欲扬先抑的"障景"手法,将正确的思想隐于错误观点中让学生辨析;为了拓展课堂教学时空,增强学生的社会实践能力,可以采用兼收并蓄的"借景"手法,做到专家"请进来"与学生"走出去"相结合;为了升华思想主题,可以借鉴以近推远的"框景"手法,营造"珠帘暮卷西山雨"、"窗含西岭千秋雪"的教学意境。此外,虚实相生、动静结合、移步换景等造园艺术,都可以创造性地运用到课堂中。

园与亭总是相伴而生、不可分离的。亭既是具有实用价值的建筑空间,也是传统文化的表意符号。作为一种空间艺术,亭具有景观与观景的双重功能。亭之所以是景观,在于匠心独具的建筑特色,成为园林风景的"点睛之笔";亭之所以能观景,在于空灵通透,能够俯仰天地、品察万物,达到"江山无限景,都聚一亭中"的审美境界。景观是"被看"的功能,观景是"看"的功能。亭的"看"与"被看"类似诗歌"你在桥上看风景,看风景的人在楼上看你",借助视角转换,拓展审美体验。

同样,课堂教学情境也应该具有景观与观景、"看"与"被看"的双重功能。

对于思政课而言,不能干巴巴地讲理论。首先要围绕思政课立德树人的育人目标,创设教学情境这一景观,激发学生兴趣。人物故事、新闻访谈、诗歌散文、电影音乐等都可以作为教学情境,成为赏心悦目的景观。其次,要引导学生超越景观本身而去观景,通过议题或者活动设计呈现基于学科视野的广阔世界,形成学科的思维方法和核心素养。对于课堂教学而言,景观与观景辩证统一、不可或缺。景观是学习的阶梯,景观的有与无、优与劣直接影响学生愿不愿参与课堂;观景是认知的深化,观景的高与低、深与浅决定了课堂教学目标的达成度。缺少景观的思政课是沉闷乏味的,不能观景的思政课是价值缺失的。从景观到观景是思维从低级阶段向高级阶段的飞跃。总之,思政课教学情境既要具有景观功能,也要具有观景功能,在"看"与"被看"中,实现立德树人与立美育人的统一,构筑思政课的精神花园。

(三)文艺作品中的教学启示

文艺作品是一定的社会生活在文学家和艺术家头脑中反映的产物,包括文学作品和艺术作品两种。马克思称赞巴尔扎克的《人间喜剧》"用诗情画意的镜子反映了整整一个时代"[①]。习近平总书记在文艺工作座谈会上指出:"任何一个时代的经典文艺作品,都是那个时代社会生活和精神的写照,都具有那个时代的烙印和特征。"优秀的文艺作品就是绽放的时代精神的花朵。政治教师如果不喜爱文艺作品,不懂得欣赏文艺作品,其课堂很可能是枯燥乏味、缺少美感的。政治教师要善于向经典文艺作品学习,像蜜蜂采蜜那样从文艺作品的花朵中汲取精神养料与教学智慧。

1.《都挺好》好在哪里

电视剧《都挺好》究竟好在哪里?我认为好在内容与形式的高度统一。首先,从内容看,该剧深刻地反映了当代中国老龄化的社会问题,啃老现象、养老矛盾、保姆引发的婚姻关系和财产纠纷等,是当代中国式家庭的一个缩影。其次,该剧将深刻的社会主题寓于轻松的喜剧形式之中,将苏州评弹巧妙地嵌入剧情,如用《白蛇传之赏中秋》隐喻男女之间的爱情萌发、用《单刀赴会》表现苏大强卖房觅保姆的兴高采烈、用《宫怨》表达遭遇保姆翻脸的内心沮丧等,如此叙事中平添抒情与旁白,加之演员表演的夸张、幽默,造成了艺术美感,引发了观众的情感共鸣。文艺作品只有内容深刻,才"有意义";只有形式生动,才"有意思"。一方面,思想内容要与社会现实紧密结合。正如宗白华所指出的,文艺"要有土腥气,要有时代的血肉"[②]。另一方面,表现形式要"按照美的规律塑造"。秦希在

[①] 梅林. 马克思传[M]. 樊集,译,持评,校. 北京:人民出版社,1965:70.
[②] 宗白华. 美学散步[M]. 上海:上海人民出版社,1981:20.

《诗的实质与形式》对话中指出:"实质好比生铜生铁,做诗好比拿生铜生铁来熔铸锤炼成钟鼎。钟鼎的模样就是'形式'……说诗重形式其实就是说艺术重创造。"①

优秀的思政课与优秀的文艺作品有着共同的特征,都要处理好内容与形式的关系。内容与形式的关系,在思政课教学中表现为教学的思想性与艺术性的关系,是思政课教学需要处理的基本问题。思想性是思想政治学科的本质属性,是实现立德树人任务、彰显学科育人价值的根本所在。艺术性是实现思想性不可或缺的重要手段。反观当前思政课教学,教师普遍重视思想性而忽略艺术性。抽象的思想主题离开了生动活泼的艺术形式,容易陷入空洞的政治说教。思政课堂不是"道德教堂",政治教师不是"思想神父"。没有"意思"的理论灌输和政治说教,难以生成"意义"。课程的逻辑遵循意义优先,教学的逻辑遵循意思优先。思政课要将教学内容的"意义"融入教学形式的"意思"之中,在生活化叙事的基础上彰显形式的美感:或像一首含蓄蕴藉的诗歌,或如一篇情真意切的散文,或充满戏剧冲突,或制造陌生悬念。如此,将抽象的思想理论寄寓在"有意味的形式"之中,才能真正为学生所喜爱和接受。

2. 探寻学科之美

"尽日寻春不见春,芒鞋踏遍陇头云,归来笑拈梅花嗅,春在枝头已十分。"宗白华在《美学散步》"美从何处寻?"中,引用宋诗阐释美的客观性,即美的踪迹要到自然、人生、社会的具体形象里去找。"有我之境"的思政课首先要充分挖掘思政学科自身所蕴含的美。长期以来,思政课缺少对自身学科美的眷顾与挖掘,缺少"照美的规律来塑造","为考而教","为分而教",使得思政课堂变成"政治说教"与"考试工具"。思政课教学只有"向美而教",才能挣脱工具理性的束缚,使得课堂充满生命灵光。笔者看来,思政课至少存在以下3个方面美的元素。

一是学科思想的深刻优美。中学思想政治课程进行马克思列宁主义、毛泽东思想、邓小平理论、"三个代表"重要思想、科学发展观和习近平新时代中国特色社会主义思想的基本观点教育,引导学生形成正确的世界观、人生观和价值观。思想性和政治性是思政学科之魂。马克思主义思想经久

---

① 朱光潜. 诗论[M]. 北京:生活·读书·新知三联书店,2014:166.

不衰的魅力就在于对现实世界普遍有效的解释力。如辩证唯物主义阐释了宇宙万物的普遍规律，历史唯物主义揭示了人类社会发展的奥秘，科学社会主义论证了"社会主义必然胜利与资本主义必然灭亡"的必然趋势，能够增强对于中国特色社会主义的自信，逻辑与思维指引我们用"战略思维、历史思维、系统思维、创新思维、法治思维、底线思维"观察和分析问题等。思政课教师要用学科思想的智慧之光，照亮学生的前行之路。

二是课程资源的丰富壮美。高中思想政治包括必修模块"中国特色社会主义""经济与社会""政治与法治""哲学与文化"，选择性必修模块"当代国际政治与经济""法律与生活""逻辑与思维"以及选修课程"财经与生活""法官与律师""历史上的哲学家"等。思想政治课程资源除了思想政治教科书外，还涉及经济、政治、文化、哲学、法律等各类人文社会科学。时事政治报刊、书籍、图片、录音、录像、影视作品、博物馆、纪念馆、文化馆、自然地理和人文景观等均可纳入课程资源。一则法律案例，一曲岁月留声，一幅山水国画，一篇小品美文，一首唐诗宋词，一段历史典故，均可进入思政课堂。丰富多彩的课程资源是思政课教学美不胜收的鲜活源泉。

三是教材设计的简约精美。教材的外部"表情"体现着编者的审美趣味。与过去"白纸黑字"的旧教材相比，思政课新教材不仅对"繁难偏陈"的内容做了大量删减与"瘦身"，而且在教材结构、板块设计、言说方式等方面都做了较大改进，实现了从"黑白胶片"到"彩色时空"的华丽转身，从"理性阐释"到"诗性言说"的有机融合，呈现出图文并重、简约清新的美学风格。如《经济与社会》教材封面风驰电掣的"复兴号"动车穿越油菜花海，寓意中国经济高质量发展；《政治与法治》用习近平诗词《念奴娇·追思焦裕禄》和《张思德》版画等艺术形象，生动阐释党的性质宗旨和执政理念；《思想政治 选择性必修3 逻辑与思维》不仅引用中国古典文学如《庄子·秋水》，还配以连环画插图如《三顾茅庐》等。新版教材具有较高的美学价值和深远的教育意义，值得师生流连咀嚼、细细品味。

3. 创造"最富于孕育性的顷刻"

举世闻名的雕塑《拉奥孔》取材于古希腊神话故事，描绘了拉奥孔和他的两个儿子被大蛇绞住时痛苦挣扎的情景。这个题材罗马诗人也曾表现过,但是在诗中拉奥孔发出的是撕心裂肺的叫喊,在雕塑中却只是深沉的叹息。为什么雕塑表现出来的痛苦比诗大大减弱了呢?莱辛在美学名著《拉奥孔》中有一段经典论述:"最能产生效果的只能是可以让想象自由活动的那一顷刻了……在一种激情的整个过程里,最不能显出这种好处的莫过于它的顶点。到了顶点就到了止境,眼睛就不能朝更远的地方去看,想象就被捆住了翅膀。"① 莱辛认为雕塑《拉奥孔》生动传神,就在于创造了"最富于孕育性的顷刻"。莱辛美学观与中国古典美学所推崇的"虚实相间"的主张相契合。宗白华在《论文艺的空灵与充实》中指出:"在这里艺术家创造的形象是'实',引起我们的想象是'虚'……一个艺术品,没有欣赏者的想象力的活跃,是死的,没有生命力。"②

这样一种含蓄克制、虚实结合的美学观,对于课堂教学极具启发性。教师的本领和教学的艺术就在于创造"最富于孕育性的顷刻"。为此,课堂教学不能太多和太满,要懂得"节制"和善于"留白",要给予学生充分探究、活动和想象的空间,通过教师的"愤"与"启",达到学生的"悱"与"发",以教师的精心预设孕育学生的精彩生成。思政课"最富于孕育性的顷刻"蕴藏在"两难情境"与思辨性议题之中,政治教师要善于捕捉生活中真实典型的"矛盾冲突"和"两难困境",同时将课堂教学重点、难点问题蕴含在矛盾冲突中,通过对矛盾冲突的表达、阐释、追问,激活知识的生命气息、激发学生的探究欲望,帮助学生形成正确的思想观念,如怎么看待"计划经济年代贫穷而岁月静好,市场经济时代富裕却压力巨大""在亲情与房产的十字路口如何抉择""城管下跪执法是进步还是悲哀""山寨产品反对还是包容""学历是就业的敲门砖还是孔乙己脱不下的长衫""工地临时夫妻禁还是疏"等。能否创设"两难情境"或者思辨性议题,引发"最富于孕育性的顷刻",是反映政治教师教学艺术和水平的重要标志。

4. "语言艺术中的艺术"

钱锺书的《围城》是中国现代文学史上的经典之作,作者将婚姻比作"围城"的思想主题和随处散落的经典妙喻,无不形象深刻地揭示出生活的

---

① 莱辛. 拉奥孔 [M]. 北京:商务印书馆,2016:20.
② 宗白华. 美学散步 [M]. 上海:上海人民出版社,1981:33.

本真和人性的幽暗。作家秦牧把比喻称为"语言艺术中的艺术"。鉴于思政课理论性较强的特点，政治教师可运用比喻将抽象的理论加以具体化、形象化和通俗化，以增强教学的趣味性，提高课堂效率。

首先要掌握思政学科约定俗成的固有比喻。以《经济与社会》为例，将人才向发达地区流动比作"孔雀东南飞"，将人才回流现象称作"孔雀西北飞""凤回巢"；将国民收入比作"蛋糕"，将机构臃肿、人浮于事的财政状况比作"吃饭财政"；将市场调节比作"看不见的手"，将国家宏观调控比作"看得见的手"；将积极的货币政策比喻为"打开货币水闸"，将紧缩的货币政策比喻为"拧紧货币水闸"；将经济周期性波动比作"荡秋千"，将经济过热比作"车辆超速行驶"，将经济萧条比作"车辆抛锚"，将消费、投资和出口比作"三驾马车"。结合《思想政治 必修4 哲学与文化》，可将西方文化霸权主义比作"三片药丸"（薯片、大片和芯片），将莎士比亚、牛顿和亚当·斯密比作英国崛起的三台"思想发动机"，等等。其次可借鉴名人的比喻，如柏拉图将官吏比作"法律的仆人"，培根将不公正的判决比作"弄脏了水源"，霍布斯将政府比作怪兽"利维坦"，林语堂将言论自由比作"喊痛权"，黑格尔将哲学比作"黄昏的猫头鹰"，毛泽东将实践比作"亲口尝梨子"，习近平将中国经济比作"大海"，等等。其实马列经典作家既是思想大师，也是善用比喻的语言大师，如"宗教是人民的鸦片""批判的武器代替不了武器的批判""暴力是孕育新社会的旧社会的助产婆""体力劳动是防止一切社会病毒的伟大的消毒剂"等。政治教师要向自己学科的前辈学习，用生动活泼的语言阐释深刻抽象的道理。最后是自己创生比喻。如在讲市场和计划只是两种不同的资源配置手段，并无姓"资"姓"社"之分时，我受邓小平同志"工具论""中性论"启发，进行创造性发挥：计划好比斧子，市场好比电锯，显然用电锯砍树比用斧子砍树效率更高，但是我们能否说过去用斧子砍树就是搞社会主义，现在用电锯砍树就是走资本主义道路？显然学生对这种说法感到非常荒谬。

5. 象征手法的教学意蕴

海德格尔这样评价梵·高的《农鞋》：从鞋具磨损的内部，那黑洞洞的敞口中，凝聚着劳动步履的艰辛。聚积在硬邦邦、沉甸甸的破旧农鞋里的，是那永远在料峭寒风中、在一望无际的单调田垄坚韧和滞缓的步履。鞋帮上沾着湿润而肥沃的泥土。在这鞋具里，回响着大地的无声召唤，显示着大地对成熟谷物的宁静馈赠，表征着大地在冬闲的荒芜田野里朦胧的冬眠。这器具浸透着对面包的稳靠性无怨无艾的焦虑，以及那战胜了贫困的无言喜悦，隐含着分娩阵痛时的哆嗦，死亡逼近时的战栗。普通的农鞋在画里象征"生命不可承受之重"而为世人所赞誉。

象征手法是古今中外文艺创作中常见的手法，比如用"桃之夭夭"形容青春娇艳、用"杨柳依依"表现离别之情、月亮代表相思和乡愁、梅花象征高洁和淡雅等。米勒的画作《扶锄的男子》被罗丹评价为象征人类屈服残酷命运的受伤的动物。印象派大师莫奈、梵·高能够在一张椅子、一个苹果或几间破屋之中表现出情深意永的世界。① 无论多么琐屑的对象，经过艺术形式的表现，就可能获得不言而喻的韵味。象征手法可以使抽象的概念形象化，深刻的事理浅显化，从而将理性认知建立在感性直观基础上，这对于思政课教学具有重要的借鉴意义。政治教师要像艺术家一样善于运用象征手法，从平常事物中挖掘和创设寓意深刻、形象鲜明的教学意象，努力创造融学科知识、道德精神和审美意蕴为一体的思政课堂。如前文所述，以一颗普通大白菜为教学意象折射计划经济向市场经济转变的社会转型，以一把雨伞为教学意象表现唯物辩证法的革命批判精神和创新意识等。从一定意义上说，课堂教学艺术就在于教师能够把学科知识经过主观改造而成为教学意象。

6. 走出课堂教学评价的陷阱

叔本华指出，人们最终所真正理解和欣赏的事物，只不过是一些在本质上和他自身相同的事物罢了。对于狗来说，世上最好的东西莫过于一只狗，牛认为最好的东西是牛，驴认为最好的东西是驴，猪认为最好的东西是猪。② 这样一种"物以类聚、人以群分"的认知偏好，有可能使课堂教学评价陷入主观性的陷阱。长期以来，在课堂教学评价中，对于同一节课，往往是"仁者见仁，智者见智"，有时甚至会出现"一千个读者有一千个哈姆雷特"的状况。这种表面上的热闹却掩盖了一个重要事实——那就是很多时候我们并不是在评价课本身，而是在评价自己的理解方式和心理的期望。赵汀阳指出，以自己为准或者说自以为是的理解方式正是我们习以

---

① 朱光潜. 文艺心理学 [M]. 安徽：安徽教育出版社，2006：79.
② 叔本华. 叔本华论说文集 [M]. 范进，等，译. 北京：商务印书馆，1999：90.

为常的理解方式。我们试图以这种自以为是的方式理解一切，所有事物都按我们的需要、期待、兴趣以及相关的各种观念去理解……这就是所谓人是万物的尺度或者自然向人生成。① 对于一节课的评价，评课者往往不由自主地运用自己的"内在尺度"，如自己熟悉的教育理论、教学主张和自己的兴趣、期望去观课和评课，用自己的理解方式去"同化"课。这种以人自身为尺度的先入之见和理解方式能否或者说在多大程度上接近课的本真？这究竟是在评课还是在评价、欣赏自己的理解？

内在尺度是对一堂课的价值关怀。评课者没有自己的"好课"标准，评价活动就不可能进行。个体由于受自身条件的限制，往往只是对事物的某一个层次、某一个方面、某一个阶段获得正确的认识。评课者运用不同的尺度标准观摩、点评课，能够使其他评课者和上课者"看"到自己原本"看"不到的东西。评课者之间、评课者与上课者之间彼此的倾听、对话、碰撞与反思，能够克服个体"偏见"，为"好课"的诞生提供多种视角。但是，要警惕课堂教学评价的主观随意性。课堂教学评价是一个应用性、实践性极强的研究领域，是为直接解决教学实践中的问题服务的，进行课堂教学评价最基本的要求就是要进行实证研究，包括对课堂教学过程中师生行为的定量记录和各种行为之间的潜在关系和规律的深入揭示等。课堂教学评价要在尊重和把握课堂教学本身客观性的基础上，运用一定的价值尺度进行评判，做到"以我观课"与"以课观课"的统一。

7. 教师的角色定位

国内两档电视节目《百家讲坛》与《星光大道》风格各异。《百家讲坛》是专家学者一个人主宰讲坛、"独领风骚"，《星光大道》是造就群星的百姓舞台。教师的角色定位应该是《百家讲坛》式专家还是《星光大道》式主持人？

显然，《百家讲坛》式的"一个人的独白"不符合新课程理念，单向地接受聆听会削弱思考力和批判力。我们欣赏《星光大道》的主持人将舞台交给百姓，甘当激励者、引导者的角色。但是，《星光大道》主持人式的教师就一定完美吗？观摩历届全国、省市优质课大赛，不乏具有亲和力、表达力甚至表演才能的"主持人"式的优秀教师，但缺少《百家讲坛》那

---

① 赵汀阳. 美学只是一种手法 [J]. 人文杂志, 1996 (2): 20.

样立足学科前沿、具有高屋建瓴的理论视野,能够让人醍醐灌顶、如沐春风的学者专家型教师。思政课上很难听到有深度的理论分析。比如,如何理解黑格尔"恶是历史发展动力的表现形式"?如何阐释恩格斯社会历史发展的"合力论"?为什么计划经济"善"的愿望酿成"恶"的后果,市场经济"恶"的愿望却开出"善"的花朵?儒家以治国平天下为己任,可为什么孔子将在春天的河边沐浴歌咏作为人生理想?政治教师普遍缺少对社会人文学科的关注和研究,没有自己的学术观点和教学主张,仅仅充当教材与国家意识形态的"代言人",教师并不高于教材,甚至不高于学生。如此,课堂没有学术味与思想交锋,停留在浅层的教学。教师的角色定位在《百家讲坛》式专家与《星光大道》式主持人之间究竟该做何选择呢?笔者以为,教师首先应该是服务于学生成长、为学生搭建舞台的"主持人",但是从自身专业发展看,教师也要努力成为《百家讲坛》式专家。既具有《百家讲坛》式专家的理论高度,又具备《星光大道》式主持人的素养,这是时代对优秀教师的呼唤。

8. 教师与演员

教师与演员职业不同,一个教书育人,一个塑造角色。但两者也有相近之处,教师讲课在某种程度上也是"登台亮相",具有表演的意味。所不同的是,演员在舞台上表演是为了塑造角色,教师在讲台上表演是为了传授知识。演员表演是自我表现,教师表演需要与学生共舞。电影史上演员分成两大派别:表现派与体验派。表现派强调演员表演中的理智,主张演员要与角色分离。体验派要求演员全身心投入剧情,让自己由内而外变成所要塑造的角色,即所谓"不疯魔不成活"。对于演员与角色的关系,《傅雷家书》做了很好的阐述:一派是浑身投入,忘其所以;一派刻画人物惟妙惟肖,也有大起大落的激情,同时又处处有一个恰如其分的节度,从来不流于"狂易"之境。第二种演员更为高级。① 可见,一个好演员应该在感情投入与理性节制、忘我与清醒之间保持良好的平衡。

教师上课同样如此。一方面,要"入乎其内",即教师要带着感情走进课堂传授知识,使得课堂有温度。但是,"入乎其内"不能忘乎所以、随心所欲,教师的教学行为代表国家意志,要受到课程性质与教学目标的制约。

---

① 傅雷,朱梅馥,傅聪. 傅雷家书[M]. 傅敏,编. 南京:译林出版社,2021:399-400.

另一方面，要"出乎其外"，即教师要与课堂保持适当的距离，能够随时观察学生反应、审视教学得失、调整教学策略，要有与学生共舞的意识与能力。教师上课唯有"出乎其外"，才能把握教学的节奏和方向。那种在课堂上声泪俱下、不能自已的教学行为，或者陶醉于自我才艺表演的课堂现象，都是教师的自我迷失与放逐，都违背了教学的初衷与教师的天职。既能"入乎其内"，也能"出乎其外"，才是一个成熟教师应有的教学素养。但是，不同学科教师侧重可以不同。理科教师可以偏重表现派，追求客观冷峻。文科教师可以偏重体验派，加大感情投入。

（四）观众心理的课堂运用

余秋雨戏剧著作《观众心理学》指出，任何学问触及人类心理，就是一种思维升级，心理活动是种种学问最深刻、真实的动力源。其戏剧审美心理分析对于课堂教学很有启迪意义。

1. 关照"期待视野"

该书指出，观众的审美心理定势，是长期审美经验、审美惯性的内化和泛化。所谓内化，是指审美经验、审美惯性的内向沉淀，成为心理结构，进而成为今后在审美上接受、排斥、错位、误读的基点。期待视域就是内向沉淀的结果。"期待视野"理论告诉我们，观众在欣赏作品时，当发现作品与自己的审美经验不一致或相悖时，就会抵制接受；反之，当发现作品与自己的审美经验基本一致或相近时，则会顺利接受。"期待视野"理论对于课堂教学具有重要启示。在课堂教学中，经常有这样一种情景：教师辛辛苦苦准备的教学"大餐"，学生却食之无味、无动于衷。为此，教师常常责怪学生不配合。其实教师更应反省自己备课和教学有无关照学生的期待视野，有无关注学生的兴趣爱好、知识经验、思想困惑和认知障碍。无视学生期待视野实质上是一种"目中无人"的教学，其结果只能导致教师唱"独角戏"。回眸教育史，从杜威的儿童中心论到新课程回归生活世界的理念，无不体现了对学生期待视野的尊重和满足。

2. 满足"多种需要"

该书以大量事实说明：如果只拿着戏剧作品朗诵，很难收到实际上演的效果，戏剧舞台的魅力在于满足了心灵、感官等多种心理需要。同样，在课堂教学这出"戏"中，也应尽量满足作为"演员"的学生的多种心理需要。在课堂上，学生的角色是多重交叠的。他们既充任"既定课程学习者""课堂活动参与者""课堂规范遵守者"等正式角色,又扮演"主体地位谋求者""展示机会竞争者""肯定评价谋求者""同伴和教师行为制约者"等非正式角色。这些角色决定了学生在课堂上有着认知、情感、意志、合作、交往等多种需求。很多课堂将学生视为单一的"既定课程学习者"。叶澜在《让课堂焕发出生命活力——论中小学教学改革的深化》一文中指出,把丰富复杂、变动不居的课堂教学过程简括为特殊的认识活动,把它从整体的生命活动中抽象、隔离出来,是传统课堂教学观的最根本缺陷。① 课堂教学只有满足学生多方面需求,才能促进其健康全面的发展。

3. 把握"虚实相间"

在观众与演员的反馈关系中,要注重"虚实相间"。没有实,观众的自觉心理过程引发不起来;没有虚,观众完全处于被动状态,审美心理被创作过程吞噬了,看戏成了疲倦而乏味的接受。这是《观众心理学》对虚实相间手法在戏剧中运用的精辟分析。该分析完全适用于课堂教学。思政课堂一个突出的问题就是太"满"了,具体表现为课堂教学环节太密,教学内容太多,教师讲解太碎,学生缺少思考、质疑和想象的空间。总而言之,预设有余,生成不足。在这样密不透风的课堂上,学生如同木偶一样被教师牢牢牵引和操纵着,智慧得不到开发,生命不能够舒展,个性亦无法张扬。因此,课堂教学应该借鉴虚实相间的手法,要善于"留白",给予学生充分自主学习的时间和自由活动的空间,让学生在课堂的旅途中"慢慢走,欣赏啊",从而领略更多的风景,拥有更多的快乐。

4. 学会"藏露结合"

对于如何激发和维持观众兴趣,该书指出,如果观众看了故事开头就猜到结尾,或者看了好一会儿依然云里雾里不知所云,是不会愿意继续看下去的。因此,兴趣的关键"在于依稀有路和路途并不明确这两者之间,在于藏露结合"。课堂教学激发和维持学生兴趣同样需要藏露结合的艺术。如果教师和盘托出,"露"得太多,则会剥夺学生思考的机会和乐趣,不能激发学生探究和学习的欲望;相反,如果难点"藏"得太深,铺垫不足,超出学生知识和能力范围,则会挫伤学生积极性,也不利于其学习和成长。

---

① 叶澜. 让课堂焕发出生命活力:论中小学教学改革的深化 [J]. 教育研究, 1997 (9): 4-5.

因此，课堂教学要把握好"藏"与"露"的平衡点。这个平衡点就是维果茨基所说的"最近发展区"。课堂教学只有藏露有度，切入学生"最近发展区"，使学生"跳一跳"能够得着，才能真正构成对智慧的挑战，从而使学生保持良好的学习兴趣。

5. 注意"节奏调节"

如果要使观众的心灵持续在某种感受上面，就必须把这种感受非常聪明地隔一时打断一下，甚至用截然相反的某种感受来代替，使这种感受回来时威力更大，并且不断恢复最初影响的活泼性。感受转换是克服疲劳，抵制习惯的最有力的手段。这是《观众心理学》引用的德国戏剧家和诗人席勒在《论悲剧艺术》中的一段文字。与戏剧中存在"审美疲劳"一样，课堂教学也面临学生如何克服疲劳，保持注意力的问题。如何才能让学生在一节课45分钟中始终保持良好的精神状态？不妨借鉴戏剧艺术中常用的心理对比手法，形成相反相成的心理效能和情感张力，克服厌倦、疲劳心理。教学设计应充分考虑学生心理节奏的调节，把握"有意注意"和"无意注意"之间的切换。

（五）中央文件的实践转化

"让城市融入大自然，让居民望得见山、看得见水、记得住乡愁。" 2013年中央城镇化工作会议公报中，这句充满诗意的话引发读者广泛关注，直到今天"记住乡愁"依然是触动媒体神经的热点话题。

置身于被麦当劳、好莱坞、苹果手机围裹的全球化时代，每个人内心都可能弥漫着文化焦虑：全球化了的我在哪里？全球化既是生产要素在全球范围内自由流动、优化配置的过程，也是西方国家利用覆盖全球的传播体系和互联网优势在世界范围内进行文化扩张和渗透的过程。正如一位学者指出，资本主义卖的不仅仅是商品和货物，它还卖标识、声音、图像、软件和联系。它不仅仅将房间塞满，而且还统治着想象领域，占据着交流空间。这种隐形的文化入侵能够引发民族文化的认同危机。民族文化是一个民族的黏合剂，一旦遭到摧毁，这个民族就成为没有自我意识、没有主体性的民族，就不能表达本民族独特的思想、经验、价值与利益，不能建立起解释自身生活世界、生活经验的意义框架。这实际上就是一个民族的自我放逐。与此同时，随着城镇化步伐的加快，传统乡土社会和乡村文化分崩离析，城镇化所造成的文化断裂，使得很多现代人回不去故乡，成为无家可归的"精神流浪者"。陈壁生在《我的故乡在渐渐沦陷》一文中发出感叹,在城市是寓公,在家乡成了异客,在工业社会里是孤独者,在农业文明中也是异乡人。

乡愁作为人类共有的心理机制和情绪体验,一般分为3个层次:一是对家人故旧、乡亲邻里的思念;二是对故乡风物、旧事情景的怀旧;三是对历史文化、民族传统的眷恋。前两者是形下层面,后者是形上层面。乡愁既是一个时空概念,更是一个文化概念。任何乡愁归根结底都是对文化的乡愁。作家董桥说得好,没有文化乡愁的心注定是一口枯井。"记得住乡愁"就是置身现代化途中,频频回望故园,在残垣断壁和残卷断册中拾掇文明的果实,安扎心灵之家园。高中思想政治必修模块"哲学与文化",为实施"记住乡愁"的教育提供了范例和抓手。教学中,教师应紧扣"精神家园耕耘"这个主题,着力引导学生对中华优秀文化成果产生思想共鸣与心灵眷恋,将党中央提出的"文化强国梦"落实到具体的课程实施中。

1. 在故乡记忆中凝望乡愁

余秋雨这样评价旅美画家陈逸飞的《故乡的回忆——双桥》:斑驳的青灰色像清晨的残梦,交错的双桥坚致而又苍老,没有比这个图像更能概括江南小镇的了,而又没有比这样的江南小镇更能象征故乡的了。故乡是自然生命的起点,是人生驿站的归宿。故乡之恋是萦绕在中国人心头一道挥之不去的情结。抽象的文化概念首先扎根在学生生活的乡土故里。学生对文化地域性、多样性的认识,对文化潜移默化、深远持久的影响也是从自己最熟悉的地方获得。要让学生记住乡愁,首先要引导学生从文化的视角认识家乡,挖掘隐藏在家乡山水背后的文化意蕴,从而点燃其脉脉乡情。教学中要充分开发和利用学生生活中的鲜活文化资源,如赛一赛"家乡印象"的绘画摄影、写一写"家乡风俗"的回忆文章、说一说"家乡名人"的典故轶事、做一做"家乡特色"的风味小吃等。通过全方位、多角度表现家乡自然人文景观,在达成知识目标的同时,留住故乡的记忆,实现认知与情感的统一。

2. 在传统节日里感悟乡愁

传统节日是民族历史文化的重要组成部分,是维系民族生存与发展的精神纽带。中秋赏月、元宵闹灯、重阳登高、清明祭祖,传统节日作为中华民族历史文化的印记和脸谱,承担着强化民族文化传统记忆和民族情感认同的社会功能。2007年,清明、端午、中秋被增设为国家法定节假日,就是要唤醒人们对传统节日的文化自觉。一年一度的央视四大诗会("清明诗会""端午诗会""中秋诗会""新年诗会")更将传统节日打造成一道追忆往昔、重温古典的文化大餐。当银发苍苍的央视著名主持人陈铎出现在清明诗会上,深情款款地诵读《春天,遂想起》时,当"乡愁诗人"余光中在中秋诗会上吟咏"给我一瓢长江水啊长江水"时,怎能不撩起人们对传统文化绵延不绝生命力的惊叹。文化教学应充分挖掘传统节日文化资源,通过开展诸如中秋诗会、元宵灯谜、新春摄影、清明郊游等活动,让学生"找回我们的节日",感悟传统文化的魅力。

3. 在文化采风中寻觅乡愁

中华文化地域鲜明、博大精深,有精致流动的吴越文化、生态内敛的滇黔文化、诡异神秘的巴蜀文化、崇礼尚德的齐鲁文化等。记住乡愁,不仅要唤醒对家乡文化、传统节日的记忆,更要激发对千姿百态、风格不一的地域文化的向往。最大的乡愁,应该超越狭隘的地域限制,对"和而不同"的中华文化整体产生强烈的眷恋。就像诗人说的那样,脚步走到那里,故乡就在那里。为此,文化教学要适当创造条件让学生走出校园教室,走进文化山水。通过组织文化采风活动,让秋风渭水、大漠敦煌、徽州村落、江南园林、北京胡同等一处处具有鲜明地域特征的人文景观走进学生视野,成为充盈学生内心世界的一个个文化心结。或者组织学生观看反映不同地域色彩的纪录片,如《敦煌》《徽州》《江南》《话说运河》《再说长江》等。这些珍贵镜头所构成的影像记录,弥漫着浓郁的文化寻根情怀,同样能勾起学生的缕缕乡愁。

4. 在人文阅读中积淀乡愁

旅美作家刘再复在海外漂游时指出,带着《红楼梦》浪迹天涯。《红楼梦》在身边,故乡、故国就在身边。最深的乡愁就是对故国文化的乡愁。"文化生活"教学中,教师可结合自身的阅读经验,向学生推荐"最中国"的人文作品。乡愁在诗经楚辞里,在唐诗宋词里,在费孝通的《乡土中国》里,在余秋雨的《文化苦旅》里,在余光中的诗歌里,在董桥的散文里,在方文山的歌词里,在曹文轩的小说里,在侯孝贤的电影里,在吴冠中的绘画里,在百家讲坛的讲座里。教师要广阅博览,架起一座使学生通向优秀民族文化的桥梁。指导学生人文阅读,应采用切合学生实际的行之有效的方式。如方文山的"中国风"系列《东风破》《发如雪》《千里之外》《菊花台》《青花瓷》的歌词可以在课堂上欣赏；费孝通、曹文轩等人的著作适合课外阅读；侯孝贤的"诗化电影"可组织学生集体观看，并撰写文化影评；余秋雨的散文可作为文化采风的导航；余光中的诗歌适合在节日里吟诵等。

让学生记住乡愁，并不是对日渐萎缩的农耕文明的浪漫主义，也不是对日益逝去的文化传统的感伤主义，而是对全球化背景下急剧骤变的社会转型的关切与回应，是对"五四"之后中国文化传统断裂的弥合与重建。教学中，教师既要有本土化的乡愁意识和古典情怀，也要有国际化的人文视野与学术胸襟，在徜徉沉湎于自家"心灵后花园"的同时，也要"美人所美"，汲取人类一切优秀文化成果。记住乡愁，绝不是狭隘自闭的民族主义，而应超越国界，努力将人类一切优秀文化成果引入课堂，让学生对人类一切优秀文化成果产生精神共鸣。

（六）电影艺术的人生启迪

电影的本质是"雕刻时光"，为观众提供已经流逝、消耗或者尚未拥有的时间，从而获得人生经验及对世界的了解。作为一门融戏剧、诗歌、音乐、舞蹈为一体的综合艺术，千姿百态、风情万种的银幕世界是让我流连忘返、驻足停留的精神花园，是使我走进历史、反思现实、体味人生的重要桥梁。我精神世界的丰盈，专业水平的提升，人生道路的通达，都得益于电影艺术的熏染。可以说，我是在电影世界里"长大"的教师。

就像读书偏爱经典一样，电影我一般也只看经典作品。在外国经典影片中，我偏爱两类作品。一类是以两次世界大战为背景或题材的作品。如《魂断蓝桥》《雁南飞》《一个人的遭遇》《静静的顿河》《这里的黎明静悄悄》等。我至今仍记得这样一幕惊心动魄的残酷：女战士孤身陷入沼泽，挣扎呼救，却越陷越深，直至淹没。很快水面恢复平静，只有几片水草在摆动（电影《这里的黎明静悄悄》）。优秀的影片，像史诗一样刻录着时代与人性。另一类是探究人性、人伦的具有形而上意味的电影。《雨月物语》告诫世人欲海无边，知足常乐；《罗生门》反映人是自利、爱撒谎的动物；《楢山节考》揭露道德人伦在生存法则面前的不堪一击。基耶斯洛夫斯基执导《蓝白红三部曲》，提出个人在遭遇偶然的生存裂伤后如何继续生活的存在主义哲学命题。同样，我对文学著作改编的电影也情有独钟：在《巴黎圣母院》中,我看到法国人民的革命精神在乞丐、流浪汉的血液里流淌;陀思妥耶夫斯基的作品(如《罪与罚》《卡拉马佐夫兄弟》《白痴》等)充满深切的苦难意识、救赎情怀;简·爱"我的灵魂与你平等"是现代女性的独立宣言;《乱世佳人》揭示历史的车轮从来就是血与火铸就的,古老的田园牧歌式的农业文明被资产阶级枪炮铁骑打破是不可抗拒的铁的法则。

对于国产电影,我也广泛涉猎。新中国成立前的政治伦理片,如《一江春水向东流》《马路天使》《万家灯火》,融家仇国恨为一体;新中国成立后的"文革"反思片,如《天云山传奇》《牧马人》《芙蓉镇》《庐山恋》等,像活的历史教科书一样刻录着一个民族的集体伤痕记忆;20世纪90年代的文化寓言片,如《红高粱》《菊豆》《大红灯笼高高挂》,引发对传统文化寻根与批判的热潮。同样,我对国内文学著作改编的电影也十分喜欢,如鲁迅的《伤逝》、路遥的《人生》、林海音的《城南旧事》、曹文轩的《草房子》等,很多时候一个电影画面胜过万千文字。

在我的电影之旅中,有两位导演让我顶礼膜拜,并且对我课堂教学产生重大影响。一位是大陆新生代导演翘楚贾樟柯,另一位是台湾新电影运动旗手侯孝贤。初看贾樟柯电影(如《小武》《站台》《三峡好人》),心生讶异:"这,也叫电影?与街拍没有两样。"破败的街头,灰白的马路,喧嚣的噪声,不修边幅的群众演员,片中主角多为小偷、妓女、街头混混、打工苦力等。贾樟柯还原生活本来面目的"真实美学"追求,突破了电影等同"演戏"的传统窠臼,其关注焦点与镜头视角使其作品尽管看上去画面粗糙,却因逼真的社会写实与强烈的人文关怀而与众不同、独树一帜,成为理解当下中国社会底层社会的一种特殊方式。这对我思政课教学极具启发意义。我开始思考如何借鉴电影艺术手法,将普通人的真实生活遭遇作为课程资源引入课堂,以反映当代社会问题,培育公民责任感。在"征税与纳税"教学设计中,我以"看普法故事,品百味人生"的普法栏目剧形式导入,以我堂叔偷税赌博而倾家荡产的真实人生故事为线索,设置了"创业致富""困境求援""铤而走险""痛定思痛"四幕剧,并将税收相关知识贯穿其中。课的结尾,我呈现两则日记片段:

2月1日(大年初一),堂叔从苏州回来,已是白头翁似的垂暮老者。今年是他落魄归乡的头一年。堂叔在外打拼了大半辈子,原本殷实富庶之家一夜败光,其家道中落正像《红楼梦》所言:忽喇喇似大厦倾,昏惨惨似灯将尽。改革开放的东风曾经使得多少"堂叔"发家致富,可是当一个人物质财富的积累达到一定程度时,如果没有相当的精神力量去驾驭,很可能走向自我毁灭。

  10月30日,堂叔在村里帮奶奶浇田,年轻时在外打拼积攒的家业如神马浮云、南柯一梦,只落得白发暮年、叶落归根。堂叔富有戏剧性的跌宕人生,是一个时代一类人的缩影。一天夜里,堂叔从我家喝过酒后,独自一人骑着车、顶着秋寒悄然离去。惨淡的月光下,只有一个歪歪斜斜、落寞苍老的背影。

  这样一种记录生活原貌的课堂教学,引起学生的震撼与触动。如果说贾樟柯纪录风格的写实电影让我懂得艺术(包括课堂教学艺术)要遵循"真实"的规律,那么侯孝贤青春回忆的"诗化电影"(如《童年往事》《恋恋风尘》《风柜来的人》等)则让我进一步理解了艺术创作应坚持"写实"与"写意"相结合。侯孝贤电影最大的特点是采用散文化叙事结构,淡化故事情节和戏剧冲突,注重在日常生活场景中融入个体化生命体验,其"长镜头""空镜头"的反复运用,犹如一幅徐徐展开的泼墨山水画:童年故乡老树、海边日落小屋、白发阿婆呼唤、昔日情人离去,这些反复呈现的诗化意象营造出空灵忧伤的基调,摇曳着生命成长的美丽哀愁,让人回味悠长。朱光潜指出,第一流的小说家不尽是会讲故事的人,第一流小说中的故事大半只像枯树搭成的花架,用处只在撑扶住一园锦绣灿烂生气勃勃的葛藤花卉。这些故事以外的东西就是小说中的诗。读小说只见到故事而没有见到它的诗,就像看到花架而忘记架上的花。侯孝贤电影动人之处,正是将生活细节中"诗意"寓于"故事"之中。

  如果将侯孝贤的电影比作"优美的草原",贾樟柯的电影更像"凛冽的荒原"。一个"写意",一个"写实";一个温情含蓄,一个犀利冷峻。宗白华在《美学散步》中专门论述"中国艺术表现里的虚与实":只讲"全"而不顾"粹",这就是我们现在所说的自然主义;只讲"粹"而不能反映"全",那又容易走上抽象的形式主义道路。①既粹且全、虚实结合才能在艺术表现里真正做到"典型化",使真与美、内容与形式高度统一起来。于是,我开始探索基于"写实"的"诗意"课堂,形成了生活性与艺

---

① 宗白华. 美学散步 [M]. 上海:上海人民出版社,1981:75.

术性有机融合的"有我之境"的教学主张和教学风格。

  回顾职业生涯，电影是我精神成长的摇篮、专业提升的桥梁和人生幸福的甘泉。我常想，一个导演一生仅拍几部或者十几部电影，一个教师如果像导演拍电影那样精心设计自己的课堂，创作几节令自己得意、让学生回忆的"经典课"，不也是人生的价值体现与幸福所在吗？完美的课堂犹如缪斯女神，或许是我们永远难以企及的远方，但我始终行走在探寻"好电影"、创作"好课堂"的路上。

附录

思政课"有我之境"的心灵札记

教书与育人是不可分割的,作为立德树人的关键课程,思政课教师要能够实现从"学科人"向"教育人"的转变。思政课"有我之境"虽然是课堂教学主张,但是"有我之境"绝不是教师教学设计时闭门造车的主观想象和一厢情愿,而是源于教师和学生丰富变化的社会生活与生动活泼的教育生活。没有教师和学生的课外深度接触交流,就没有课堂"有我之境"的源头活水。本章的教育叙事实际上是笔者"有我之境"的教学主张从"小课堂"向"大教育"的延伸和拓展。从"学科人"向"教育人"的角色转型,既需要教师贴近现场"以我观物",对教育现象的利弊得失进行理性思考;更需要站在学生立场,将学生当作"完整的人"来对待。

第一节 爱情教育系列

人教版教材《法律与生活》增加了与学生未来幸福生活密切关联的婚姻法相关内容,以培养学生正确的婚姻家庭观念。婚姻是法律上的彼此约束和责任担当,爱情是情感上的相互悦纳和彼此吸引。恩格斯指出,没有爱情的婚姻是不道德的。苏霍姆林斯基指出,教育工作在爱情教育方面的主要缺点是,在青少年形成精神面貌时期,爱情教育问题没有完全列入德育之内。对高中生进行爱情教育,既是基于教材的拓展,也是时代社会发展的需要。爱情教育叙事系列是基于笔者班主任视角的活动记录。

一、主题班会：爱，你准备好了吗？

1. 教师导入

今天我和大家聊聊爱情这个话题。古希腊哲学家柏拉图认为，世界原本不分男人与女人，男人与女人是连为一体的，叫阴阳人。由于阴阳人力量很大，威胁到神的统治，于是宙斯将人截开，分为了男人与女人。我们每个人来到这个世界都要到茫茫人海中寻找自己的另一半，于是便出现了所谓"爱情"。（该故事见于柏拉图的《会饮》）古往今来，许多爱情深深感动过我们。

2. 播放诗歌朗诵《当你年老时》（作者：叶芝）

当你年老，两鬓斑斑，睡意沉沉，打盹在炉火旁，你取下这本书来，慢慢地诵读，梦呓着你昔日的神采。温柔的眼波中，映着倒影深深。多少人爱你欢跃的青春，爱你的美丽，出自假意或者真情。但有一个人，只爱你灵魂的至诚，只爱你变换的脸色里愁苦的芬芳。在赤红的炉火边弯下身子，心中凄然低诉说着爱神怎样逃逸，在头顶上的群山之间漫步徘徊，把她的面孔藏匿在星群里。

师：这样的爱情多么真挚、动人。它让人想到中国古代一句名言——执子之手，与子偕老。

3. 感悟爱情

谈谈感动过你的影视或文学作品中的爱情故事、诗歌、歌曲、格言、童话等，并用一句话表达你对爱情的理解。

学生1：我喜欢苏东坡的《江城子·十年生死两茫茫》。这首词的结尾"料得年年肠断处，明月夜，短松岗"，情真意切，让人回味无穷。

学生2：最让我感动的爱情电影是《泰坦尼克号》，尤其是在船沉没之际，男女主人翁杰克和露丝在黑夜的海上呼唤对方的名字。

学生3：我欣赏的爱情格言是徐志摩的"我将于茫茫人海中访我唯一灵魂之伴侣；得之，我幸，不得，我命，如此而已"。

学生4：我喜欢这样一句话——世上最遥远的距离，不是生与死的距离，不是天各一方，而是我就站在你面前，你却不知道我爱你。

（学生掌声）……

师：正如一百个读者心中有一百个哈姆雷特，我们每个人对于爱情都有自己独特的理解和感悟，那么爱情的真谛究竟是什么呢？

4. 散文欣赏：苏霍姆林斯基《给女儿的一封信》

学生讨论：归纳爱情的本质特征——辛勤劳动、彼此忠诚、永远思念。

展示名言：

爱情的含义就是共同的追求、有益的生活和心心相印。

——（科威特）·穆尼尔·纳素夫

爱情的意义就在于帮助对方提高，同时也提高自己。唯有那因为爱而变得思想明澈、双手矫健的人才算爱着。

——（俄）车尔尼雪夫斯基

师小结：真正的爱情绝不是花前月下的卿卿我我，而是建立在共同的生活理想和追求的基础上的。

5. **直面校园爱情**

播放视频：《小强与菲菲的校园爱情》。

片断一：小强和菲菲是初中同学，升到高中恰好又在同一个班。平常有说有笑，但也就是一般的同学关系。如果不是那一天他们恰巧都记错了返校日的时间而被关在校门外，他们也就不会聚在校外小区的公园里。就这样一个偶然的机会，他们在一起聊了很久、说了很多，彼此都觉得从未这么投缘过，都把对方当成最知心的朋友。从那天以后，小强发现自己喜欢上了菲菲，晚上睡觉的时候时常想起菲菲的样子，有时候目光相遇，他感到菲菲的眼睛里有一点异样和羞涩，怦然心动的感觉令小强兴奋不已。

问题：小强对菲菲还是单纯的友情吗？友情和爱情有何不同？

师归纳：

① 友情无须顾及性别，而爱情的对象是异性。

② 友谊是开放的系统，具有广泛的包容性；而爱情是封闭的系统，具有强烈的排他性。

③ 友人之间彼此尊重，互相切磋，长短优劣，一目了然；恋人之间却彼此掩饰，互相美化，"美好"形象未必真实。

④ 友人之间保持相对独立，恋人之间却追求彼此依附。

⑤ 友情以理解为前提，以互相帮助为特征；而爱情以性爱为基础，以结合为目的。

师：歌曲《酸酸甜甜就是我》中有这么一句：青春期的我有一点点自

恋。这句话用来描述男生尤其合适，青春期的男生特别容易自恋，女生一个普通的微笑、一个不经意的回眸，男生往往就心猿意马，觉得她对自己有意思。（学生笑声）

师小结：区分友情与爱情：把握男女交往的分寸。

片断二：小强终于忍不住了，一天晚上他向菲菲表达了自己的爱慕之情。菲菲听了，不知道说什么好。小强虽然是她非常信任的、可以交心的朋友，但她考虑到自己现在已经是高二的学生，而且成绩也不错，老师对自己的印象也很好，不想因此浪费时间与精力。她突然感受到一种无以名状的压力，好几天了，还是心神不宁。菲菲很苦恼，不知道该怎么办才好……

问题：如果你是菲菲，你打算怎样解决目前的烦恼？如果你是她的好朋友，你会怎样帮她走出目前的困境？

师小结：爱要学会拒绝：尊重对方的人格尊严。

片断三：菲菲经过多方面的考虑后，委婉地拒绝了小强。小强遭到拒绝后并不灰心，因为他觉得菲菲是不可能不喜欢他的，只是因为自己成绩不好，菲菲怕影响学习，有顾虑而已，而且射出的箭岂有回头的道理？他决定用自己的行动去感化她，并向菲菲承诺不影响她的学习，而且如果菲菲同意了的话，他一定下决心把成绩提高上去。

问题：小强的做法会成功吗？用身边的实例说明。

生：大多数学生都认为不会成功，爱情不是靠感动，而是靠魅力和实力。

师：真正的爱情是润物无声、和风细雨的。就像张爱玲所言，于千万人之中，遇见你所要遇见的人。于千万年之中，时间的无涯荒野里，没有早一步，也没有晚一步，刚巧赶上了，没有别的话可说，唯有轻轻地问一声："噢，你也在这里吗？"抱着吉他去女生宿舍下面唱歌、送女生九百九十九朵玫瑰的人，往往在爱情上是不成熟的。（学生笑声）

展示投影：

不要为那些不愿在你身上花费时间的人而浪费你的时间。

过度的爱情追求，必然会降低人本身的价值。——培根《论爱情》

师小结：爱要懂得放手：学生要不断在爱情中提高自身素质。

问题：你心目中的男生或者女生应该具备什么样的素质？（引导学生聆

听异性的声音，反思和注重自己的品行）

男生1：我心目中的女生应该温柔，而不是那种疯疯癫癫、大大咧咧、打打闹闹的。

师：看来女生还是淑女一些好，喜欢"野蛮女友"的毕竟是少数。

男生2：我认为长相说得过去就行，但品行要好。

师：那些把镜子和梳子带到教室里的女生要注意，真正优秀的男生是不会将容貌放在第一位的。

女生1：男生要有上进心，品行要端正。

师：听到没有，今天已不是以拳头论英雄的时代，男生们不要热衷于"打打杀杀"呦，女孩子会没有安全感的。

女生2：我觉得男生学习要好，这样才能激励自己学习。……

问题假想：假如小强恰恰是菲菲心目中高大英俊的白马王子，学习成绩又非常优秀，面对小强射来的丘比特之箭，菲菲该怎么办呢？菲菲究竟是该放弃爱情还是将爱情进行到底？最好能用身边两种不同处理方式的结局为例加以说明。

女生1：我会接受这份爱情，因为遇见一个自己心仪的人不是一件容易的事，所以应该珍惜和把握。

女生2：我觉得作为高中生应该以学习为重，不应该过早谈恋爱。

女生3：真正的爱情应该能够经受得住时间的考验，所以我觉得两人应该暂时搁置爱情，将爱情化为学习动力，等考上大学以后再谈恋爱。

师：投影材料，播放音频《晚霞消失的时候》：

人在自己一生的各个阶段中，是有各种各样的内容的。它们能形成完全不同的幸福，价值都是同样的珍贵和巨大。幼年时父母的慈爱，童年时好奇心的满足，少年时荣誉心的树立，青年时爱情的热恋，壮年时奋斗的激情，中年时成功的喜悦，老年时受到晚辈敬重的尊严，以及暮年时回顾全部人生毫无悔恨与羞愧的那种安详而满意的心情，这一切，构成了人生全部可能的幸福。它们都能给我们带来巨大的欢乐，都能在我们的生活中留下珍贵的回忆。

师：人生的每个阶段都有各自不同的主题和幸福，我们只有把握好各个阶段最重要的事才能获得相应的幸福。反之，如果我们打乱这个秩序，将本应在下个阶段做的事提前做，就有可能造成人生的不幸和缺憾。

师小结：爱要学会克制：做自己情感的主人。

片断四：两人将这份感情化为学习动力，经过一番拼搏考上了同一所名牌大学。两人迅速坠入爱河，花前月下，甜甜蜜蜜……然而，好花不常开，好景不常在，大学里的美女很多，小强对菲菲产生了"审美疲劳"，渐渐厌倦了菲菲，最终提出了分手。可是菲菲非常爱小强，接受不了分手的事实，苦苦哀求小强，希望小强能够回心转意，但没有成功。菲菲万念俱灰，几次想到自杀。

问题：你觉得菲菲为失恋而想去自杀值吗？你会如何开导她？

几乎所有学生都认为不值得。

投影材料：

没有人值得你流泪，值得让你这么做的人不会让你哭泣。

我爱她，她成了我的一切，除她之外的整个世界似乎都不存在了。那么，一旦我失去了她，是否就失去了一切呢？不。恰恰相反，整个世界又在我面前展现了。我重新得到了一切。

——周国平

师小结：爱要善待自我：爱情诚可贵，生命价更高。

师总结：通过以上案例讨论，爱需要我们在以下6个方面做好准备。

一是树立正确的爱情观：爱建立在共同的生活理想和追求的基础上。

二是区分友情与爱情：把握男女交往的分寸。

三是爱要学会拒绝：尊重对方的人格尊严。

四是爱要懂得放手：提高自身素质。

五是爱要学会克制：做自己情感的主人。

六是爱要善待自我：爱情诚可贵，生命价更高。

6. 交流体会

经过这次班会，你对爱情有新的认识吗？或者你对这个话题还有什么问题和困惑？

学生1：如何应对爱情中的"审美疲劳"或者婚姻中的"七年之痒"？

师：爱情不可能永远保鲜，经过一段时间的热恋，爱情是会逐步降温的，它会慢慢演变为亲情，这样一种相濡以沫的亲情比轰轰烈烈的爱情更为可贵，或者说是爱情的最高境界。正如一首歌唱的那样，我能想到最浪漫的事，就是和你一起慢慢变老。

学生2：风花雪月式的爱情都不好吗？

师：我并不是一味否定风花雪月式的爱情，我们在影视作品中看到的更多是爱情的表象，真正的爱情一定是建立在共同的志趣爱好和追求的基础上的。没有这样的基础，爱情就像风花雪月那样，虽然浪漫但非常短暂。

学生3：人为什么需要爱情？

师：正如我开头所说，人来到世界都只有一半的自己，只有找到"另一半"才能获得一个完整的自我。借用哲学家费尔巴哈的话说："爱，就是成为一个人"，一个真正的人、完整的人。（学生掌声）你们语文课本上有一篇罗素的文章《我为何而活》，有对真理的渴望、对爱情的憧憬、对人类苦难的深切怜悯。其中，爱情是漫漫长夜中的一盏明灯，能够排遣寂寞，照亮前方。

学生4：人生需要几次恋爱？

师：我觉得人的一生拥有一份完完整整的爱情就足够了，但要在茫茫人海中找到那个最合适自己的人不太容易。所以，在遇到合适的人之前，上天往往会安排我们先遇到别的人。但我并不赞成过多地恋爱，因为爱情并不是人生的全部，人生还有许多有意义的事值得我们去做。对爱情过度的追求必然会降低人本身的价值。

7. 推荐书目

① 钱锺书《围城》。

② 苏霍姆林斯基《爱情的教育》。

二、活动反思

作为一个已婚成年人，笔者时常为自己年少时缺少爱情启蒙教育而深感遗憾。作为一个高中班主任，笔者常常为花季少男少女为情所扰甚至酿成悲剧而深感忧虑。有时笔者觉得将影响人一辈子幸福的爱情和爱情教育视为洪水猛兽，拒之校园门外是件不可思议的事。教育的目的在于引领学生过一种幸福、完整的生活，而无视和压制学生的情感世界和情感生活的教育是多么的偏执和狭隘。面对一名笔者曾任教的高二男生因感情受挫而喝农药自杀的事件，笔者的内心总有一种被灼伤的感觉。当笔者将对中学生进行爱情教育的想法告诉同事和领导时，遭到的是漠视和讥讽。于是笔者决定利用担任班主任的机会在自己班级进行尝试。

（一）寻找爱情教育真谛

笔者遇到的第一个问题是爱情是什么，爱情教育应该给予学生什么。为了提高自身的理论素养，笔者开始阅读有关爱情和爱情教育方面的书籍。首先，笔者广泛涉猎柏拉图、蒙田、培根、瓦西列夫、钱锺书、季羡林、周国平、张爱玲等人谈论爱情的经典文章和著作。这些糅合了作者人生阅历的作品充满对爱情的真知灼见，极大地开拓了笔者的视野，使笔者对爱情有了更为深刻、全面的认识。其中笔者最喜欢培根的《论爱情》和钱锺书的《围城》。前者庄重深刻，令人醍醐灌顶；后者诙谐幽默，让人忍俊不禁。其次，笔者细细品读了两本爱情教育论著：一本是苏联伟大教育家苏霍姆林斯基的《爱情的教育》；另一本是法国思想家卢梭的《爱弥儿》。苏霍姆林斯基在自身的教育实践基础上系统地阐述了爱情与道德、审美、劳动、妇女、人类进步等诸多因素之间的关系，整本书充满独到精辟的论述——我坚信不疑的是，高尚的爱情种子需要在年轻人产生性欲之前好久的时候，即在他们的童年、少年时期播在他们的心田里。……我们所说的爱情种子，当然不是指关于爱情的说教，而是指培养道德尊严和人格的过程，指在每一行动中树立起真正的人道主义观点；当一个人的心灵充满了对某种高尚事物的热情时，他才值得别人去热爱；男女道德审美关系的纯洁性上取决于妇女，首先取决于她的精神力量，女人在爱情上是主宰者，她是教育男人成为真正人的强大力量。苏霍姆林斯基不仅坚定了笔者实施爱情教育的决心，更为笔者指明了方向。爱情教育绝不是教学生谈情说爱，而是引导学生摆脱低级的生物性冲动，培养爱情的道德感、责任感、审美力和真正人道主义精神。笔者对爱情和爱情教育有了较充分的认识后，便开始着手实施笔者计划。

（二）走进学生心灵世界

首先，笔者需要了解学生在想些什么，他们的情感世界和情感生活是什么样的？于是笔者布置学生在周记本上写一篇关于爱情的文章。或许是笔者的真诚打动了他们，有好些学生在周记中谈了自己的情感经历和困惑。其中一名男生写的《十六岁的爱情》很有典型意义。该文如下：

十六岁的天空蔚蓝碧澈，十六岁的爱情同样皎洁如月。从期待爱到发现爱、触碰爱，渐渐地才发现自己不会爱、不懂爱。这也许是我到十六岁为止对爱的感受吧。还记得在儿时和父母一同看电视剧,看到男女主人公深情接吻的场面时,父母"当机立断"换掉电视频道,并且还补充告诫了一句:少儿不宜。从那时起,我开始期待爱情的降临。那一年,我上初二,懵懵懂懂地喜欢上一个对我好的女生。她很可爱,对我也很好。当时的我,简直就是魂牵梦萦地想她。学习成绩也随之一降再降。终于有一天,我抑制不住自己心中的情感向她表白了心迹。但是,我被婉言拒绝了。从那时起,我仿佛发现了自己的爱情,一种对异性朦胧的好感。

渐渐地,光阴如梭般飞逝。爱情的藤蔓也逐渐伸向我的心角。初三毕业,我谈了第一次恋爱。我和她是由朋友介绍、撮合而谈的,双方互相了解并不多。我那爱情的种子悄悄地埋进泥里。由于没有水和自然所赐的营养滋润,所以它并未发芽。到高一,我已谈了三次恋爱。冷静下来,我才发现自己的情感转变如此之快,这也就是我触碰过的所谓爱情。天空依然蔚蓝碧澈,十六岁的我却渐行渐远。现在我对爱情感觉疲倦了,因为我从来就不会爱、不懂爱。真正的爱是要等到成熟之后才可摘取的。好奇的我们对爱情充满好奇、盲目和冲动。我们也付出了应有的代价……

笔者为学生的坦诚而感动。其实我们自己年少时不也曾对爱憧憬、为爱迷茫和忧伤吗?可是我们的心声可以向谁诉说呢?我们需要老师和长辈的指点与呵护,但我们只能选择沉默。

(三)召开主题班会:爱,你准备好了吗?

当笔者宣布召开"爱,你准备好了吗?"的主题班会时,班上的学生兴奋得炸开了锅,他们没有想到老师会选择这样一个敏感而贴心的话题。一名女生在周记中说,没想到你会选择这么"展"(好的意思)的话题,真想到我们心坎里了,我们以前的班会都是什么理想呀、学习经验交流呀,太老掉牙了。举办这次班会的目的就是想让爱情教育名正言顺地进入中学课堂,引导学生正确面对青春期的情感困惑,寻找有效的解决途径,并为学生未来可能遇到的爱情问题奠定良好的道德基础和心理准备。笔者以一个中学生的情感故事贯穿始终,让学生充分讨论,最后归纳出6点建议——树立正确的爱情观:爱建立在共同的生活理想和追求的基础上;区分友情与爱情:把握男女交往的分寸;爱要学会拒绝:尊重对方的人格尊严;爱要懂得放手:提高自身素质;爱要学会克制:做自己情感的主人;爱要善待自我:爱情诚可贵,生命价更高。此次班会非常成功,尤其是在最后自由提问时间，学生问出了很多让笔者意想不到的问题，如如何应对爱情中的"审美疲劳"或者婚姻中的"七年之痒"、人生需要几次恋爱等。其中一名平时沉默寡言的男生问了笔者一个很有高度的问题：人为什么需要爱情？

（四）反思与后记

笔者的爱情教育之所以取得成功，有以下两方面原因。

1. 契合学生的心理需求

正如罗素所言，教育要像人本身一样广阔。学生不是单纯的学习机器，而是一个有着多方面欲望和需求的完整的人。对高中生实施爱情教育符合其所处年龄的心理特征，能够在一定程度上满足他们对爱情的好奇心。人生中最值得追求的东西，也是教育上最应该让学生得到的东西。

2. 尊重学生爱的权利

虽然笔者和绝大多数教师一样不赞同中学生谈恋爱，但笔者始终认为爱是一个人的权利，我们首先应该尊重。学生是否愿意向老师敞开心扉诉说自己的"绝对隐私"，是爱情教育能否成功的关键。而这恰恰需要教师以最大的善意和真诚去面对学生的情感世界，甚至必要时谈谈自己的"情史"，让学生从教师的人生阅历中领悟爱的智慧。"爱，你准备好了吗？"之所以取得成功，就在于没有将它开成"早恋"批判会，而是在尊重学生的基础上加以正确引导。正如一名女生在周记中写道："班会课让我觉得这个年纪的我们不是不能有爱情，而是如何去辨别爱情，去追求真正的爱情。让我了解爱的深层含义——共同的生活理想和追求，再不是那种甜言蜜语、风花雪月的爱情。也许风花雪月的爱情并没有错，但是，如果爱只剩下这些，那么宁愿选择放手。"

在笔者的爱情教育实践中有个问题始终困扰着笔者，即爱情教育可以让学生树立正确的爱情观，却很难减少学生间自发的几乎每天都可能发生的"爱情"。一名学生很直接地对笔者说，当爱与被爱真的发生在身边时，那几点建议对于再理智的人来说也是没用的，99%的早恋者不会因为这堂课就不恋爱了。就在班会召开后不久，高一年级好些班级出现了谈恋爱现象，笔者自己班级也出现了"一对"。笔者想爱情教育本身有着自己的界限，它的确很难也没有必要去遏制爱情的发生。爱情教育能够给予学生最有价值的东西恰恰是形而上的爱情观。这对学生的影响是潜移默化的，甚至是终身的。从这次班会后,笔者真正走进了学生的心灵世界,学生连青春期敏感的情感话题都可以与老师交流,还有什么不能坦诚的呢?没有师生课外生活的坦诚相见,哪有课堂教学的"有我之境"呢?

三、个案研究

晓荻(化名)是笔者任教的班里一位端庄淑雅、富有才气的女孩。担任语文课代表,学习成绩优秀,高一期间被评为校"三好生"。笔者很欣赏她在周记中的一句话:我热爱学习,却不喜欢上学。有一天,她在周记中这样写道:顺便透露一个小秘密,前段时间终于有了喜欢的人,虽然那几天心情特别乱,好在现在已经调节好了。只是我还在犹豫是否要告诉他我喜欢他。

作为"老班",笔者还是第一次遇到女生如此直言不讳自己的内心情感。笔者在她周记本上这样回复:非常感谢你对我的信任。希望你能将这份情感暂时珍藏在心底,因为人生的每个阶段都有不同的幸福,如幼年时父母的慈爱、少年时荣誉心的树立、青年时爱情的热恋、壮年时奋斗的激情、中年时成功的喜悦等,我们每个人只有把握好每个阶段最重要的事才能获得相应的幸福。反之,如果我们打乱这个秩序,将本应在下个阶段做的事提前做,就有可能造成人生的不幸和缺憾。如果你愿意的话,可以随时找我谈谈。

两周后,她在周记中告诉笔者,她已经陷得很深,难以自拔:

有好长一段时间都觉得"动情不易",遇不上让自己心动的人,便总想着回家,学校也确实没什么可留恋的地方。一直平淡如水的生活,就在他每天和我聊天、打闹中开始悄悄起了变化。一开始确实对他没什么感觉,还曾讨厌过他。但他总会在下课没事时跑过来找我聊天。青春期的内心都有些许自恋吧,慢慢,看他和其他女生打闹,竟会难过甚至哭泣。所以这样一个其貌不扬的他,开始一点一点侵占我的心。我会有意无意地去掉头看挂在教室后的钟,其实只是想看看他罢了。我会和他的好友传纸条,打探他的一切动态,只要一和他说话,哪怕只是借东西,我都觉得快乐。我不知道是否每个女生都会这样,喜欢上一个人时,他仿佛成了自己的世界,而自己却等于零。

笔者没想到竟然会发展成这样,在笔者眼里她是个有分寸感的"乖乖女"。笔者一时真不知该怎么解决这个棘手的问题,思考再三还是决定先"冷处理"以观其变。于是笔者在她周记中写了一句话:有空我们谈谈吧。

又过了两周,期中考试结束了,没想到她竟然考到班级第三名。笔者将她叫到学校的小河边。她告诉笔者她的这段故事刚刚结束,原因是对方用情不专一(也许是被对方拒绝的借口)。我用泰戈尔的一句格言劝解她——向前走,别只为了占有而驻足摘花。因为,一路上花儿自会为你绽放。并举了一些中学生谈恋爱的反面事例。她笑笑对笔者说:"老师,如果这份感情还没有结束的话,你跟我说这些,我是听不进去的。"

几天之后,她给笔者写了一封信。节选如下:

每个人都需要爱,人这一路就是沿路采花的过程,对未来的花、未来的路,我们都没有掌控权,更没有必要去猜测下一朵会不会更美,也无须对错过的美丽而抱怨。原因有三。第一,爱很简单,爱的世界不存在优秀与否,爱上了就是爱上了,不爱了就是不爱了,何必隐藏这些真实的感受。第二,人生若无遗憾,还叫人生吗?第三,更美丽的不一定是你的。我讨厌那些所谓对的人、错的时间,错的人、对的时间的说法。时间是最珍贵的,我们拥有的是现在的一分一秒,所以我们需要做的就是把握好时间,爱上了就勇敢去爱。那天的谈话虽然聊到许多例子,但那些并非我的故事,我只能一笑而过或者一声叹息。他们的故事又与我何干?一花一世界,我们都有彼此不同的世界,不是吗?我觉得,爱真的很简单,不用考虑太多,什么志同道合,什么门当户对,爱纯粹到只是一种感觉。倘若掺杂了现实,那就不是爱了。我曾幻想过长大嫁给他,但我从不嘲笑这叫幼稚,因为只要真心喜欢一个人,谁都没有资格说他或她肤浅。

几个月后,文理分科,晓荻不在笔者班里。两年后,她以优异的成绩考上某重点大学。无疑,在这个案例中,笔者对晓荻的谈话是苍白无力、归于失败的。然而这个案例本身对于如何正确看待中学爱情、提高教育的有效性很有启迪意义。

1. 正视中学爱情的意义

毋庸置疑,学习是学生的天职和本分;然而中学生是有着包括与异性交往甚至追求爱情等多方面需求的完整的人。学会与异性交往包括学会处理感情问题是一个人加速成长、走向成熟的重要途径。从上述案例可以看出,晓荻是一个聪慧、敏感而执着的女孩,她真诚热烈地喜欢着自己所喜欢的人，甚至幻想长大后嫁给他。当她发现自己喜欢的人对自己并不"专一"时，她冷静而果断地给这份爱情画上了句号，以期重新获得内心的平静和安宁。这份昙花一现的爱情历练，无疑能够在她的成长道路上给予她从书本中学不到的知识和宝贵经验。像晓荻这样干净纯洁、自生自灭的爱情在中学校园里几乎每天都在发生。作为教育工作者，我们应看到中学时代的"青涩之爱"在个体生命成长中的正面价值和意义，而不能不加以区别地将之视为洪水猛兽。作为"过来人"，我们又何尝不对自己往昔的懵懂之恋回味无穷、甘之如饴呢？我们固然不提倡中学生谈恋爱，但对于中学时代的爱情亦不能持鄙视、否定的态度，因为爱归根结底是一个人的权利，是生命成长过程中一个美丽的梦。有时，我们只需做一个真诚的守望者，而不必惊扰青春天空下纯洁的白鸽。

2. 做一个善意的引导者

在晓荻"自生自灭"的爱情遭遇中，作为"老班"的笔者只是充当旁观者和建议者的角色，这里涉及一个问题，即教师能否像消防员那样扑灭学生心中熊熊燃烧的"爱情之火"。实践证明：这既不可能，也没有必要。教师明智的做法是观望和适当引导。如果说上述案例中笔者尚有成功之处，那就是笔者对于中学爱情持尊重、理解和宽容的态度，进而赢得学生的信任，有机会走进学生内心世界最隐蔽的地方。在上述案例中，晓荻所追求的纯粹的柏拉图式的精神恋爱，是当代中学生心灵世界的一个真实写照，它充分反映了中学爱情的片面性、盲目性和一定程度的虚幻性，这正需要师长给予真诚的帮助和正确的引导。但引导的目的不是代替选择，更不是扑灭爱情之火，而是让当事人自己进行价值判断和选择，学会对自己的行为负责，学会对自己的情感负责，从而成为一个"独立的人"和"真正的人"。

3. 突破功利化教育方式

面对中学生谈恋爱，我们通常用成人功利化的思维模式进行教育和引导，如"谈恋爱影响学业""谈恋爱酿成悲剧""天涯何处无芳草""书中自有颜如玉"等，但收效往往甚微。究其原因，还是在于教师内心深处不愿或者不敢承认当下正在发生的中学爱情的合理性和正当性，因此在处理这类问题时往往充斥着理性算计，即以一种价值否定另一种价值，或者用虚幻的未来之幸福引诱学生抑制和放弃当下的需求，这就决定了我们的教育引导难以契合学生的心理需求。在上述案例中，晓获对笔者的谈话内容从内心是排斥和拒绝的。从她给笔者的反馈中可以看出，在当代部分中学生心目中，爱情有着与学业同样不可或缺的地位和价值。这就启迪我们在中学生谈恋爱问题上要突破非此即彼的功利化教育方式，采取贴近学生实际的灵活多样、生动活泼的形式。如河南省李迪老师的系列爱情教育主题班会就很有创新和借鉴意义。

四、思想赏析

18世纪法国思想家卢梭在其教育名著《爱弥儿》中，以优美的笔触娓娓叙述了男主人翁爱弥儿和女主人翁苏菲古典浪漫而又曲折艰辛的爱情故事，生动形象地阐述了其爱情教育的基本观点。该书尽管年代久远，但对男女爱情深刻的洞察和精辟的见解有着超越时空的永恒价值。尤其在我们这个爱情如快餐、婚姻似浮云的年代，重温卢梭爱情教育思想具有现实意义。

1. 美在心灵

卢梭是这样描写他笔下的女主人翁的。

苏菲并不美丽，但男子们一到她身边就会忘掉比她更美的女人，而美丽的女人一到她身边就会觉得自己并不怎么美。乍眼一看，她虽不漂亮，但你愈看就愈觉得她长得好；有些东西，她那样长法就好看，而别人那样长法就不好看，至于她长得好看的地方，那就确实好看，谁也赶不上她。

苏菲的美丽源于其品行的高尚和举止的优雅。美与善总是相伴而生、相随而行，即所谓"尽善尽美"。高尚的品行、温雅的风度，是不会像姿色那样很快就消失的，它是有生命的，可以不断地得到更新。同样，卢梭笔下男主人翁爱弥儿也是一个心灵美与身体美和谐统一、惹人喜爱的人物。

请你看一看我的爱弥儿：他现在已经年过二十，长得体态匀称，身心两健，肌肉结实，手脚灵活；他富于感情，富于理智，心地是非常的仁慈和善良；他有很好的品德，有很好的审美能力，既爱美又乐于为善；他摆脱了种种酷烈的欲念的支配和偏见的束缚，他一切都服从于理智的法则，他一切都倾听友谊的声音……

卢梭为我们塑造了一对"道德美"的金童玉女，他们身上所散发出的健康质朴的品质，在以"高富帅"和"白富美"等外在条件为择偶标准的当代社会显得弥足珍贵。尽管孔子发出"吾未见好德如好色者也"的感叹，尽管《非诚勿扰》的舞台上大多数男嘉宾都奔向了"颜值"较高的"心动女生"，但是作为"立德树人"的教育工作者，我们应领社会风气之先，自觉贯彻党的十八届三中全会关于"改进美育教学，提高学生审美和人文素养"的要求，引导学生树立正确的爱情审美观。

2. 长相守的秘诀

"执子之手，与子偕老"是世人对爱情最美好的祝愿。门当户对，是世人对婚姻最基本的要求。"高富帅"搭配"白富美"，这样的爱情婚姻能否天长地久？卢梭是持否定态度的。卢梭认为，应该打破世俗社会过于注重物质利益和外在条件的爱情价值取向，从关注外部条件的匹配转向关心男女双方自身的和谐一致。卢梭有一段名言值得我们仔细咀嚼：

> 如果一个男人和一个女人只是在一定的条件下是相配的话，那他们是不能结婚的，因为将来条件一变，他们彼此就不再相配了；但是，如果两个人不论是处在什么环境，不论是住在什么地方，不论是占据什么社会地位，都是彼此相配的话，那他们就可以结成夫妻了。我的意思并不是说在婚姻问题上可以不考虑社会关系，我的意思是说自然关系的影响比社会关系的影响要大得多，它甚至可以决定我们一生的命运。

当代社会离婚率不断上升的重要原因之一，就是过于注重外在条件的般配，而忽略内在品性的一致。所谓"闪婚"，就是以对方经济收入、社会地位为主要参照标准的典型的急功近利的婚恋模式。这种缺乏深入了解和深度磨合的婚恋，注定只能是昙花一现。在当代中国式离婚案件中，性格不合导致感情破裂、婚姻解体的在离婚原因中占第一位。所以，当《非诚勿扰》的女嘉宾说出"宁愿坐在宝马车里哭，不愿坐在自行车上笑"的极端话语时，我们有必要重温卢梭的劝告：

> 在爱好、脾气、感情和性格方面是如此严格地要求双方相配，所以一个贤明的父亲（即使他是国王或君主）不应当有丝毫的犹豫，必须为他的儿子娶一个在这些方面相配的女子，尽管那个女子是出生在一个不良的人家，尽管她是一个刽子手的女儿。是的，我认为，这样一对彼此相配的夫妇是经得起一切可能发生的灾难的袭击的，当他们一块儿过着穷困的日子的时候，他们比一对占有全世界的财产的离心离德的夫妻还幸福得多。

诚然，现实的爱情婚姻总是双方条件的博弈与权衡。没有经济基础的爱情是空中楼阁。白马王子与灰姑娘不食人间烟火的爱情故事，只能出现在童话里。但卢梭的爱情观最大的意义在于提醒我们：对于相爱的青年男女来说，内在条件的一致比外部条件的匹配更重要。作为教育工作者，我们应该旗帜鲜明地反对拜金主义、享乐主义等错误的爱情价值观。

3. 舍与得的爱情辩证法

古往今来，有为爱情决斗赴死的人，有为爱情放弃江山的人，有为爱情殉情的人，有为爱情反目成仇的人。在卢梭看来，这些都是为爱疯狂、丧失理智的不当行为。笔者认为一个有德行的人要能够克制自己的感情。

当爱弥儿与苏菲爱得如火如荼，沉浸在巨大的幸福之中，准备谈婚论嫁的时候，卢梭却"示意暂停"。为了避免爱弥儿沦为爱情的奴隶，卢梭建议他离开苏菲去欧洲各国考察旅行，以培养自制力、增强社会责任感，同时借时空的分离来考验和锤炼他们的爱情。为了说服爱弥儿离开苏菲，卢梭讲了一段颇有人生哲理的话：

> 你应当学会在你失去了你可能失去的东西时怎样应付，你应当学会在实践美德的时候，如果必要的话，怎样抛弃一切的东西，怎样应付各种事变，怎样转移你的心，使它不受事变的摧残……你将发现即使你所占有的东西是容易丧失的，你也会从中享受到极大的快乐，而不会有任何忐忑不安的心理；是你占有它们，而不是它们占有你；你将认识到，对人来说，一切东西都是有失去的一天的，所以要舍得牺牲，才能够得到享受。

后来苏菲不幸"失节"，爱弥儿如遭雷击般悲痛欲绝，但最终没有被痛苦击倒，没有丧失做人的尊严和放弃自身的责任，原因就在于他在爱情中学会了独立与克制。在卢梭看来，一个人只有对人生（包括对爱情）持审美享受而不是攫取占有的态度，才能不为外物所役而迷失自己。在享受爱情的欢愉的同时，也要为有朝一日失去爱情做好心理准备。

在现实的校园生活和社会生活中，我们经常听到"情杀"的悲剧新闻，这一社会现象在一定程度上折射出学校爱情教育的缺位。爱情是一把双刃剑，青年男女自然萌动的情欲如雨后疯长的青草，稍不留意就会斫伤自己或者对方。作为师者，我们应引导学生学会处理舍与得的关系，懂得爱情只是生活的部分而不是全部，做爱情的主人，不做情欲的奴仆。

4. 向"忠贞"致敬

卢梭指出，婚姻的结合要求夫妇双方都要忠实，忠实是一切权利中最神圣的权利。卢梭的深刻之处在于，他不是抽象地空谈忠贞之类的爱情美德，而是将之放到一定的社会历史条件和社会关系中去考察。

在宁静淳朴的乡村，爱弥儿与苏菲度过了一生中最难忘的时光。在奢靡浮华的巴黎，昔日恩爱无比的夫妻却变成了貌合神离的陌生人。这貌似偶然的背后隐藏着必然的法则。恩格斯在《反杜林论》中指出，一切已往的道德论归根到底都是当时的社会经济状况的产物[1]，人们自觉地或不自觉地，归根到底总是从他们阶级地位所依据的实际关系中——从他们进行生产和交换的经济关系中吸取自己的道德观念。[2] 爱弥儿夫妇从乡村来到城市，作为中上阶层的他们难免染上那个阶层的道德和习气，他们善良的本性和忠贞的美德在污秽的社会现实面前简直寸步难行。卢梭借爱弥儿之口感叹：

> 啊，这个妇女的命运是多么值得同情！她要继续不断地对别人和对她自己进行多么多的斗争！她需要具有多么大的不可战胜的勇气，多么顽强的抵抗能力，多么坚定的英雄气概！她每天都要经过许多危险才能取得胜利。然而，对于她的胜利，除了老天爷和她自己的良心以外，是没有其他的见证的！多么美好的岁月就是这样在痛苦中度过的，不断地进行斗争和取得胜利，但是，只要有一刹那间的软弱，有一刹那间的疏忽，就会永远糟蹋那无可指责的一生，就会玷污她的种种德行。

这里卢梭给我们揭示了一个普遍存在的社会问题，即道德的人与不道德的社会之间的矛盾。性社会学家潘绥铭的研究指出，中国婚外情比率全球最高，中国人传统忠贞观念正在土崩瓦解。忠贞是爱情的底线和保障，在一个道德风气已经败坏的社会，一个忠于爱情的人如何才能守住自己的美德和婚姻的幸福，这是卢梭留给我们思考的时代难题。

五、爱情比较

爱情是世界文学名著中经典永恒的话题。在笔者的阅读经验中，可以将爱情分为3种类型，即享乐型爱情、实用型爱情和独立型爱情。享乐型

---

[1] 中共中央马克思恩格斯列宁斯大林著作编译局. 马克思恩格斯选集：第三卷[M]. 北京：人民出版社，1972：435.

[2] 中共中央马克思恩格斯列宁斯大林著作编译局. 马克思恩格斯选集：第三卷[M]. 北京：人民出版社，1972：434.

爱情以《安娜·卡列尼娜》为代表,实用型爱情以《飘》为代表,独立型爱情以《简·爱》为代表。作为教育工作者,对3种爱情的比较,既是提升自己的爱情道德观和审美观的重要途径,也是对学生进行爱情教育的重要课程资源。

1. 享乐型爱情

在托尔斯泰的笔下,女主人翁贵族少妇安娜的形象如同古希腊女神海伦一样,美得令人惊心动魄。丈夫身处高位,但刻板虚伪,家庭生活对于她而言如同令人窒息的古墓枯井,没有生机和快乐。但是,安娜所追求的享乐型爱情,不过是贪恋"小鲜肉"的赤裸裸的情欲。她毅然抛夫弃子与情人沃伦斯基去意大利浪漫,甚至像男士一样骑马享乐,然而新鲜过后终觉空虚和无聊。幸福的爱情和美满的婚姻,如果不是建立在辛勤劳动和创造的基础之上,就如同摇摇欲坠的空中楼阁。回到彼得堡,安娜鬼鬼祟祟地潜回家探望儿子,撞见丈夫后仓皇逃离。不顾社会舆论和道德谴责,执意在剧场抛头露面而自取其辱。她和沃伦斯基之间的争吵、猜疑与隔阂也由此拉开序幕。安娜因自身处境而变得疑神疑鬼和歇斯底里。爱情在无休止的争吵中变得疏远淡漠了。终于,在喧嚣的火车站台,安娜将身体钻进车厢齿轮而香消玉殒。作家纳博科夫指出,小说真正道德结论是爱情不能只是肉体的,因为那样它就是自私的,而自私的爱情,不能创造,只能破坏。

其实,享乐型爱情悲剧不仅在于抛弃社会责任与破坏道德人伦,更是因为脱离劳动这一人生幸福的源泉。苏霍姆林斯基指出,爱情是生活中的诗歌和太阳,但是如果想把幸福的大厦仅仅建立在爱情的基础之上,并指望自己的一切意愿都能得到充分满足,他将是不幸的。[①] 乌申斯基指出,缺乏劳动,缺乏具有实际意义的认真劳动,家庭幸福就只不过是浪漫主义的空想而已。事实上,劳动带来的生机勃勃的内在精神力量是人的尊严的源泉,也是道德和幸福的源泉。小说中,另一对主人翁地主列文夫妇建立在劳动基础上的俄式乡居生活,与安娜奢靡享乐的欧式生活形成鲜明的对比,生命之重与生命之轻形成鲜明的对比,幸福与不幸的结局也早已注定。缺少同甘共苦的劳动,爱情就会变得像空气一样淡薄,婚姻就会丧失神圣的

---

① 苏霍姆林斯基. 爱情的教育 [M]. 世敏,寒薇,译. 北京:教育科学出版社,2001:35.

意义，曾经的玫瑰花环就会被撕得粉碎，这就是无所事事的人们因强烈的情欲而结成的享乐型爱情的最终结局。

2. 实用型爱情

以南北战争为背景的美国文学名著《飘》中的女主人斯嘉丽，是文学史上女性独立和解放的一座丰碑式人物。她为维持家园生计而进行的两次没有爱情的婚姻交易，集中体现了美国如影随形、无处不在的实用主义文化和新兴资产阶级开拓进取的精神风貌。她是魔鬼与天使的矛盾统一体。一方面，妖艳不羁，贪婪粗鄙；另一方面，开疆拓土，重建家园。战争与苦难让曾经纤细柔弱的庄园主千金小姐，变成了泼辣粗犷的女主人和女管家。她比"安娜"们凭借美貌追求不道德的婚外生活，比"简·爱"们凭借知识追求男女平等，比"苔丝"们恪守贤惠善良的传统美德，更具文化内涵与人性高度。作为文学史上的经典女性形象，其永不言败的冒险家精神和开拓创新的新女性品质，既是社会文明进步的重要标志，也是世界文学史"女性橱窗"中熠熠生辉的代表人物。

然而，斯嘉丽的爱情婚姻也是不幸的，其爱情悲剧在于具有虚幻性、盲目性和实用性、交易性的双重特征。一方面，她强烈真挚的爱情充满少女式的自恋幻想和一厢情愿的征服欲望，没有意识到自己与爱人完全属于两个不同精神世界的人。斯嘉丽是王熙凤式的人物，赚钱不择手段，雇用杀人犯赶车和强迫犯人劳动，还直言"穷人钱好捞且安全"。她所爱的人却是个不问仕途经济，不为温饱犯愁，沉湎于对旧时光的感伤的活在精神层面的人，有点像贾宝玉。这样一段"三观"不合的错爱，注定无疾而终。另一方面，为了维持生计，斯嘉丽选择嫁给孔武有力、精明能干的战争投机商巴瑞德。这是赤裸裸的金钱与美色的交易。恩格斯指出，权衡利害的婚姻往往变为最粗鄙卖淫。① 安娜享乐主义爱情与斯嘉丽拜金主义爱情，在现实生活中不乏其人，也是当代社会高离婚率和不稳定的重要影响因素。作为教育工作者，我们不妨用文艺作品中的人物来"照镜子"，引导学生检视自身问题，树立正确的爱情观和婚姻观。

3. 独立型爱情

与高贵貌美的安娜和任性可爱的斯嘉丽相比，出身贫寒、长相平平、

---

① 中共中央马克思恩格斯列宁斯大林著作编译局. 马克思恩格斯选集：第四卷［M］. 北京：人民出版社，1972：67.

寄人篱下的孤儿简·爱就像一只"丑小鸭",或者说是"灰姑娘"。作为社会地位不高的家庭教师,简·爱的人生逆袭在于用知识获得经济独立和人格平等,成为新时期追求平等、独立、完整和自由的新女性。这是《简·爱》成为世界文学名著而打动读者的地方。"你以为我贫穷、相貌平平就没有感情吗?告诉你吧,如果上帝赐予我财富和美貌,我会让你难以离开我,就像我现在难以离开你一样。可上帝没有这样安排,但我们的精神是平等的。就如同你我走过坟墓,平等地站在上帝面前。"这是简·爱的女性独立宣言,当她发现贵族庄园主罗切斯特有结发妻子时,不顾爱人的再三挽留和恳求毅然离去。当罗切斯特家破人亡、双目失明时,简·爱奋不顾身再次投入爱人的怀抱。在简·爱看来,"爱是一场博弈,必须永远与对方不分伯仲、势均力敌,才能长此以往地相依相息。因为过强的对手让人疲惫,过弱的对手令人厌倦。"爱情最好的状态就是:彼此独立,并肩同行,共同进步。而绝不是"男人负责挣钱养家,女人负责貌美如花"。没有经济的独立,就没有平等的爱情。

我国著名诗人舒婷在《致橡树》中,高度赞美以双方人格独立、地位平等为前提的,貌分神契、同甘共苦的理想爱情:

我必须是你近旁的一株木棉,作为树的形象和你站在一起。根,紧握在地下;叶,相触在云里。每一阵风过,我们都互相致意,但没有人,听懂我们的言语。你有你的铜枝铁干,像刀,像剑,也像戟;我有我红硕的花朵,像沉重的叹息,又像英勇的火炬。我们分担寒潮、风雷、霹雳;我们共享雾霭、流岚、虹霓。仿佛永远分离,却又终身相依。

真正的爱情不是花前月下的卿卿我我,不是充满算计的爱情买卖,而是在人格平等、彼此尊重的基础上风雨同舟、携手奋进。正如苏霍姆林斯基所指出的,夫妻双方如果不能继续向前进,彼此不能展示新东西,不能给家庭生活增添什么新事物,爱情往往失掉青春的魅力。

六、永恒难题

在爱情教育活动中,有学生提出"爱情是建立在性的基础上还是爱的基础上"的问题。这个问题具有相当的普遍性和典型性,集中反映了青少年对爱情认知的渴望和迷惘,也是成年人必须正确面对和处理的问题,更是人类必须正视的永恒的爱情难题。古希腊爱情神话中"十字路口的赫拉克勒斯"的故事①，揭示了肉欲享受的生命之轻与追求美德的生命之重的爱情伦理困境。这爱情伦理困境是任何时代和任何个人都必须面对的两难问题。宝玉也在宝钗的青春少女气息与黛玉的高洁精神气质之间游离徘徊。爱情道德问题归根结底就是一个人对自己身体态度的问题，即处理好感官快乐与精神美德之间的关系问题。笔者认为应该将两者有机统一，寻求恰当的平衡点。

在现实生活中，纯粹柏拉图式的精神恋爱几乎是没有的。任何爱情都或多或少地夹杂着性欲的成分，一般来说首先都是源于彼此容貌身体的相互吸引和生理激素的气味相投，在深入接触了解之后，可能进一步产生精神的相连、情感的共通和人格上的相互欣赏。肉体的吸引与精神的爱恋是完整的爱情不可分割的组成部分。其中，肉体的吸引是生理基础，精神的爱恋是道德升华，两者的价值同等重要。作为教育工作者，我们不应"以性为耻""谈性色变"，而应正视和肯定性欲在爱情中的正当性和合理性。古今中外，许多讴歌爱情的文学作品都旗帜鲜明地表达出对"灭人欲"的反抗。《西厢记》《牡丹亭》甚至用诗意的语言赞美春宵一刻的浪漫销魂。

要肯定爱情中的性本能，但不应夸大、渲染和放任。"当性欲畅行无阻地得到满足时，爱情便开始变得无价值，人生也变得空虚起来。"② 当今社会，男女交往中性的过度开放和随意，不仅扼杀了爱情本身，而且引发了家庭矛盾。单亲家庭、少年妈妈、遗弃婴儿等诸多社会问题，给社会带来了无数的不幸。性欲的冲动如果缺少社会道德规范的制约，人就会沦为动物，就会出现各种败坏社会道德风尚的事件。爱情教育最重要的任务就是引导学生超越生物性的本能冲动，朝着共同的生活理想、社会的道德责任等社会性因素转化和发展，使得学生在成为一个情人的同时，首先成为一个好人。苏霍姆林斯基指出，性的本能只是爱情之花的一片花瓣而已。人与动物之所以不同，就在于人对社会的未来和命运使你与之相伴的那个人的幸福负责。③ 一对恋人只有在精神上特别亲密，即准备共同生活、生儿育女、教育子女、共同分担的基础上，彼此发生性关系，在道德上才是正

---

① 色诺芬. 回忆苏格拉底 [M]. 吴永泉，译. 北京：商务印书馆，1984：48-50.
② 弗洛伊德. 弗洛伊德文集 [M]. 王嘉陵，等，编译. 北京：东方出版社，1997：505.
③ 苏霍姆林斯基. 怎样培养真正的人 [M]. 蔡汀，译. 北京：教育科学出版社，1992：269.

确的。① 总而言之，要让爱情教育成为道德教育的重要组成部分，通过引导学生树立正确的爱情观，促进社会和谐稳定与健康发展。

七、综合探究

主题：探究幸福婚姻的密码（《法律与生活》第二单元"家庭与婚姻"综合探究）

目的：加深对婚姻家庭关系的认识，增强家庭责任意识、道德意识和法治意识，树立正确的婚姻家庭观念，增强学生未来参与婚姻家庭生活的能力素养。

（一）透视文学名著中的婚姻

1.《简·爱》

人物呈现：她是出身贫寒、长相平平、寄人篱下的孤儿，就像一只"丑小鸭"，或者说是"灰姑娘"。作为社会地位不高的家庭教师，她的人生逆袭在于用知识获得经济独立和人格平等，成为新时期追求平等、独立、完整和自由的新女性。

学生猜测：她是谁？

名言分享：You think that because I'm poor and plain, I have no feelings? I promise you, if God had gifted me with wealth and beauty, I would make it as hard for you to leave me now as it is for me to leave you. But He did not. But my spirit can address yours, as if both have passed through the grave and stood before heaven equal. （你以为我穷，相貌平平就没有感情吗？告诉你吧，如果上帝赐予我财富和美貌，我会让你难以离开我，就像我现在难以离开你一样。可上帝没有这样安排，但我们的精神是平等的，就如同你我走过坟墓，平等地站在上帝面前。）

幸福婚姻密码1：平等是前提。

长久的婚姻不是花前月下的卿卿我我，不是充满算计的爱情买卖，而是在人格平等、彼此尊重的基础上风雨同舟、携手奋进。《民法典》规定，夫妻在婚姻家庭中地位平等。夫妻姓名权、夫妻参加各种活动的自由、夫

---

① 苏霍姆林斯基. 怎样培养真正的人［M］. 蔡汀，译. 北京：教育科学出版社，1992：279.

妻教育抚养子女权利、夫妻共同财产处理权、夫妻相互继承权等应得到尊重。

2.《伤逝》

故事介绍：涓生与子君都是被"五四"时期的个性解放感染的"新青年"。他们追求自由恋爱、反对封建婚姻，他们在一起谈论外国文学、男女平等，为追求真爱而不顾世俗眼光，冲破一切阻碍走到了一起。子君不惜与家庭断绝关系，铿锵无畏地说出标志女性独立和觉醒的宣言："我是我自己的，他们谁也没有干涉我的权利！"与涓生同居以后，子君变成家庭妇女，被做饭操劳、养鸡喂狗的日常琐碎消耗得面目可憎。涓生认为不再读书与思考的子君，并非他理想的灵魂伴侣。因不容世俗的爱情，涓生被同事举报丢了工作。涓生失业，嫌弃子君拖累自己，用逃避、冷落的方式逼走子君。被父亲接回家的子君，最终在家人的冷眼中死去。

学生讨论：造成子君悲剧的原因是什么？

幸福婚姻密码2：经济是基础。

"人必生活着，爱才有所附丽。"所谓"经济基础决定上层建筑"，缺失了经济基础的婚姻，缥缈如空中楼阁，最终在生存困境面前分崩离析。

观点辨析：只要和心爱的人在一起，哪怕身处地狱也胜过天堂。

宁愿坐在宝马车里哭，不愿坐在自行车上笑。

名言赏析：爱情是生活中的诗歌和太阳，但是如果想把幸福的大厦仅仅建立在爱情之上，并指望自己的一切意愿都得到充分满足，他将是不幸的。

——别林斯基

爱情与共同劳动、战胜困难是密不可分的。　　——苏霍姆林斯基

3.《安娜·卡列尼娜》

故事介绍：19世纪俄罗斯上流社会，艳冠群芳的安娜在年轻的时候被姑妈许配给了政府高官卡列宁，卡列宁比她大很多，他们之间没有爱情，但是家庭还算美满，有一个可爱的儿子，并且她也尊敬丈夫。在火车站，安娜邂逅了风流倜傥的伯爵沃伦斯基。沃伦斯基的狂热追求唤醒了安娜沉睡已久的欲望，两人顶着巨大的社会舆论压力公然往来。

电影片断：卡列宁与安娜家庭矛盾爆发

观点争鸣：安娜追求真爱的行为值得同情吗？

婚姻中有比爱情更重要的事情吗？

名言欣赏：男女相约共同担负抚育他们所生孩子的责任就是婚姻。没有孩子的男女间夫妇关系是预备性质。

婚姻所缔结的这个契约中，若把生活的享受除外，把感情的满足提开，剩下的只是一对人生的担子，含辛茹苦，一身是汗。　　——费孝通

幸福婚姻密码3：责任是关键。

经历"七年之痒"的安娜所谓的爱情，不过是贪恋"小鲜肉"的赤裸裸的情欲。安娜与沃伦斯基的意大利浪漫之旅，新鲜过后终觉空虚和无聊。爱情和婚姻如果抛开辛勤劳动和责任义务，就会因生命不能承受之轻而烟消云散。缺少同甘共苦的劳动，爱情就会变得像空气一样淡薄，婚姻就会丧失神圣的意义，曾经的玫瑰花环就会被撕得粉碎，这就是无所事事的人们因强烈的情欲而结成的享乐型婚姻的最终结局。

4. 《麦琪的礼物》

故事介绍：圣诞节前夜，一对贫穷的夫妇都为对方精心准备了对方最需要的礼物：丈夫卖掉了心爱的怀表，为妻子买了一把精美的梳子；妻子卖掉了漂亮的长发，为丈夫买了一根怀表的表链。他们准备的礼物最终看似毫无用处，可是，他们却得到了彼此最宝贵的爱。

幸福婚姻密码4：付出是根本。

都说"贫贱夫妻百事哀"，但超越物质条件的相濡以沫才是婚姻家庭的最高境界。心甘情愿的付出，是浇灌婚姻花园的甘露。

思考：《民法典》对夫妻共同财产与个人财产做出明确的规定。如一方的婚前财产属于个人财产。你介意男方婚前房产的房产证上没有加你的名字吗？男方若不愿意加是否代表不够真心？

5. 《红玫瑰与白玫瑰》

名言欣赏：娶了红玫瑰，久而久之，红的变了墙上的一抹蚊子血，白的还是"床前明月光"；娶了白玫瑰，白的便是衣服上沾的一粒饭黏子，红的却是心口上一颗朱砂痣。　　——张爱玲

话题讨论："见异思迁"是人的本性。如果一方出轨了，你是选择离婚还是给对方改正的机会？无过错方可以要求出轨方"净身出户"吗？

幸福婚姻密码5：忠诚是底线。

就算走进婚姻，也可能一直都会遭遇诱惑，在不断地比较中，永远无法拥有最完美的另一半。在婚姻相守中，守住忠诚的底线，珍惜当下的幸

福,对抗和驯服患得患失的不满足感,是一项长期的任务。《民法典》规定,夫妻双方应当相互忠实,夫妻财产分割应照顾无过错方。

课堂小结:幸福婚姻密码包括平等是前提,经济是基础,责任是关键,付出是根本,忠诚是底线。

(二)直面现实生活中的婚姻

名言欣赏:爱情是花前月下的卿卿我我,婚姻是油盐酱醋的鸡零狗碎。

婚姻是一座围城,城外的人想进去,城里的人想出来。

婚姻是爱情的坟墓。

话题讨论:说一说你熟悉的人如父母、亲戚的婚姻现状,对你有何启示?

(三)畅想未来生活中的婚姻

话题讨论:你渴望的婚姻生活是什么样的?你对未来伴侣有什么样的期待?

第二节 人生的艺术化

卢梭指出,生活得最有意义的人,并不是岁数最大的人,而是对生活最有感受的人。对于笔者来说,"有我之境"不仅是美学理论、教学主张,更是一种人生哲学。朱光潜把人们对一棵古松的态度分成实用的、科学的和美感的。实用的态度以善为最高目的,科学的态度以真为最高目的,美感的态度以美为最高目的。作为一种教学主张,"有我之境"关切师生人生经历,追求真善美的统一。作为一种生活美学和人生哲学,笔者积极践行朱光潜倡导的人生艺术化、审美化。[①] 古代陶渊明的归隐田园,张季鹰的莼鲈之思,王子猷的雪夜访友,都超越功利和实用,追求至情至性的审美人生。清人李渔的《闲情偶寄》堪称中国人生活艺术的指南。中国现代漫画鼻祖丰子恺先生,即使是抗战岁月也不忘用画笔表现"艺术的逃难"和人间的温情。

---

① 朱光潜. 朱光潜全集:第二卷. 合肥:安徽教育出版社,1987:91.

一、人生艺术化的哲学思考

之所以倡导和践行人生艺术化就在于人生本质上是否定式的。叔本华认为生命是一团欲望，欲望不满足便痛苦，满足便无聊。人生就在痛苦和无聊之间摇摆。生活中各种幸福的事情就像一片树林，只有从远处观看才显得好看。如若走近树林并置身其中，美感便不复存在了；你看不到美在何处，你看到的仅仅只是树木而已。

我们不会考虑到所有进展顺利的事情，而只会留意鸡毛蒜皮的烦恼。我多次反复强调过的真理——舒适和幸福具有否定的本质，而痛苦则具肯定的特性。大多数形而上学体系所宣扬的痛苦、不幸是否定之物的观点，其荒谬在我看来实在是无以复加；其实，痛苦、不幸恰恰就是肯定的东西，是引起我们感觉之物。而所谓好的东西，亦即所有的幸福和满意，却是否定的，也就是说，只是愿望的取消和苦痛的终止。由于舒适和快感具有否定的特性，而痛苦却具有肯定的本质。所以，衡量一个人的一生是否幸福并不是以这个人曾经有过的欢乐和享受为尺度，而只能视乎这个人的一生缺少悲哀和痛苦的程度，因为这些才是肯定的东西。（摘自《叔本华思想随笔》）

不仅幸福是否定的，而且谁都无法逃脱生老病死的自然法则。在车祸、空难、洪水、海啸、地震、瘟疫等灾害面前，人更是如同蝼蚁般卑微渺小、不足挂齿。古希腊悲剧作家索福克勒斯在《俄狄浦斯王》中发出感叹："凡人的子孙啊，我把你们的生命当作一场空！谁的幸福不是表面现象，一会儿就消灭了？不幸的俄狄浦斯，你的命运，你的命运警告我不要说凡人是幸福的。"张爱玲说：人生就是一个苍凉的手势。普通人一生，再好些也不过是"桃花扇"，撞破了头，血溅到扇子就在扇子上面略加点染成为一枝桃花。人生没有幸福，只有幸福的闪光。"桃之夭夭"是人们对美好生活的热烈憧憬，"蒹葭苍苍"却是惨淡人生的真实面目，两者相连构成完整的人世图景。

既然幸福只是生活的碎片，既然"向死而生"是人生无法逃避的最终结局，那么如何安身立命是每个人都必须面对的人生问题。对此中国传统的儒家和道家都给出了自己的答案。儒家强调人的社会性需求：建功立业、光宗耀祖；道家重视人的自然性需求：修身养性、怡然自乐。积极入世的儒家，如春日盛开的"桃之夭夭"；冷眼观世的道家，如秋天河边的"蒹葭苍苍"。儒家积极进取，洋溢着浮士德式的激情与斗志，但在实现人生价值、收获成功喜悦的同时，往往错过人生旅途中风花雪夜的景致；道家洞悉人生的有限性和悲剧性，超越日常纷扰得失获得内心的宁静，但扼杀了生命意志，两者均未得智慧的真髓。儒与道是生命两大需求。没有儒的积极进取，难以立足社会；没有道的出世情怀，难免头破血流。一个健全的生命人格，应该潇洒地游走于儒道两端，学会用出世的态度做人，用入世的精神做事，在自强不息、有所作为的同时，以审美的姿态关照和享受人生。这是人生艺术化的真正内涵。

教师的人生艺术化表现为将日常生活与教育教学融为一体：一方面以审美的眼光欣赏人生风景和世间百态，做深刻优雅的精神贵族；另一方面善于捕捉和创造教育的诗意瞬间，做学生成长的人生导师。思政课"有我之境"是我人生艺术化的生活哲学在课堂领域的表现。笔者的人生艺术化不仅在课堂绽放，还体现在更广阔的社会生活中。社会生活能够为课堂教学提供丰富的思想主题和鲜活的文本素材，课堂教学则将社会生活的相关素材化作促进学生成长的精神食粮。在这双向互动过程中，始终坚持"以我观物"与"灵魂在场"。

二、人生艺术化的生活随笔

1. 乡土童年

故乡坐落在长江之滨，圌山脚下。

早春二月，田野上空金色的阳光笼着淡淡的烟霭。信步江边田头，仿佛置身于电影《小城之春》的画面中，我则是画面中晃动的剪影。江边是闭塞荒芜的村庄。村子里的破墙、秃枝、残塘、白苇，勾勒出一幅荒村碧野春寒图。初夏，天空中弥漫着焚烧秸秆的味道。屋后的田野堆满草垛，喜鹊、老猫在荒草地上嬉戏玩耍。黄昏时分，远山如黛，倦鸟归林。参差杂乱的秃枝映衬着氤氲朦胧的宝塔，落日的余晖给天边镶上一层淡红。偶尔，几只孤雁掠过天空。入夜，乡村世界漆黑一片。黑幕中几家稀疏的村户，点点灯光像夜的眼睛。远处，传来几声狗叫，让人觉得还在人间。秋天，随着昼夜交替、阴晴轮回呈现出不同的景致：黄昏时日落西山，晴夜里弯月高悬，秋雨后枇杷花开，晨光中麦香飘荡。秋雨过后，屋后的草木山川温润明朗起来,让人置身于"空山新雨后,天气晚来秋"的古典意境中。冬日,雪后的山村万籁俱寂。

故乡的四季风景,滋养了我的心性灵魂。与作家曹文轩一样,我也是都市中的一个"乡情脉脉的边缘人"。每次返乡,我都像患上了思乡之病一样被浓郁的乡土、乡情和乡音缠绕与包围。

那年秋天,我手术后回家乡休养。内心充盈着陶渊明归隐田园般"载欣载奔"的喜悦感。秋雨绵绵,凉风飕飕。屋后的远山、田野、河流全都笼上一层薄薄的湿气。雨水滋润下的菜田,青翠欲滴,惹人爱怜。几根光秃秃的围栏,横七竖八地立在枯竭的河边,守护着这片田园。乡下夜里,一片漆黑。躺在温暖的被窝里,伸手不见五指。屋外呼呼的风声摇曳得门窗"哐哐"直响,让人产生置身荒野的感觉。自然的狂暴与屋室的温暖形成鲜明的美学对比。第二天,秋阳高悬,映红了窗帘。一个人慵懒地躺在床上,什么都可以不想,什么都可以不做。乡村,不仅是养病疗伤的好去处,更是远离城市喧嚣,让心灵得以栖息的"后花园"。

乡下的时光,日子像慢镜头一样缓缓流淌。观看奶奶和母亲在田头荒地筑山芋,品尝正宗的老母鸡汤、香喷喷的茼蒿菜饭和油煎炕山芋,静读曹文轩乡情脉脉的儿童小说《草房子》,走访斑驳的老街故居和昔日的小学学校,聆听邻家操办丧事唢呐的哀伤……深秋季节,金黄的秋叶映衬碧蓝的天空,斑驳的墙头盘绕殷红的老藤。圌山脚下一棱棱麦田犹如风姿绰约的睡美人静静地平躺着,低声诉说着秋天的童话。这熟悉而又陌生的故园秋色总使我不由自主地追忆童年时光。或许,还乡的主题就是寻找失落的童年。我不止一次地努力尝试将童年记忆的碎片串联起来:春日里,桃红柳绿,溪水潺潺,懵懂男孩跟在从北京归来的时髦邻家姐姐身后,悄悄萌发对城市文明的向往。乡间的黄昏,雪白的柳絮在金色的夕阳中飘舞,男孩走在放学的路上,他从民间故事的思绪中抬起头,深深地为眼前的景色所沉醉。夏日清晨,蝉声阵阵。寂寞的男孩在屋后的大树底下做暑假作业,内心盼望着去苏州的奶奶早日归来。晚上,男孩和弟弟躺在院子的竹床上纳凉,仰望星空和月亮。漆黑的夜里,点点萤火虫像精灵一般四处游荡。村里的两座坟头常常使男孩从噩梦中惊醒。秋天,白日里老牛和手扶拖拉机在水田里辛勤忙碌,晚上村里唯一的水泥麦场上灯光照亮、人声鼎沸,那既是大人劳作的场所,更是孩子嬉戏的乐园。乡村的冬季,特别冷。鹅毛大雪大片大片飘落，足足积了几尺厚，河里的冰结得可以行走嬉耍。清晨时分，悠扬欢快的广播曲《回娘家》准时响起，男孩不情愿地钻出温暖的被窝，踏着积雪，顶着寒风，走向学校。

校园生活使男孩内心逐渐丰盈起来。依稀记得那个阳光灿烂的早晨，父亲将男孩从睡梦中弄醒，他迷迷糊糊跟着父亲去幼儿园报到，认识了人生中第一位老师——美丽温和的周老师。周老师喜欢把学生带到自己家里玩，她像招待客人一样招呼着小朋友们。小学阶段，语文课本用文字和图片编织的虚幻世界，放飞了男孩想象的翅膀，使男孩学会用审美的眼光打量坚硬的现实。男孩时而沉浸在"弯弯的月儿，小小的船。小小的船儿两头尖"的童话世界里，时而徜徉在"海南岛鲜花盛开，大兴安岭雪花飞舞"的无限遐想中，时而为晚霞姑娘的不幸遭遇而悲伤，时而为唐诗宋词的古典意境而叫好。有两位女教师让男孩难以忘怀。一位是白发苍苍的音乐老师吕老师，她讲述红军长征故事绘声绘色。一位是初为人师的美术老师陈老师，她的童话故事让人听了不想下课，后来，她成为男孩毕业班班主任。学校每年春天都组织学生去江边沙滩放风筝，或者爬圌山游绍隆寺，那是一年中男孩最开心、最无邪的时光。每个星期六上午，伴随着放学钟声"铛铛"响起，一股逃去如飞的欢欣在男孩内心持久热烈地升腾。乡村小学尽管简陋，可就是那低矮的平房、破旧的风琴、残缺的书本、生锈的课铃构筑起男孩最初的精神原乡。

成年后，男孩进城当了教师，却依旧保持勤劳本分的乡土本色。置身现代城市文明，男孩的精神世界弥漫着浓郁的乡土情结和深沉的故园之恋。乡土童年积淀了男孩最初的人生经验，给予男孩最厚重的精神底色，成为男孩永恒的朝圣之路、永远的精神家园。

2. 乡村的惆怅

"昔我去兮，杨柳依依。今我来兮，雨雪菲菲。"清晨起床，雪花飞舞。窗外枝头孤零零停着两只鸟。二月末梢，春的气象扑面而来，小区内树枝发出嫩芽，有的甚至开出红花。这湿漉漉、雾蒙蒙的早春景色，让我萌动归乡的心思。

6岁的儿子童童兴奋得像欢快的小鸟。出门碰见邻家女孩灿灿，骄傲地告诉她：我去大路爷爷家。村里的菜地稀稀疏疏长出几株油菜花。弟弟的孩子毛毛大了不少，但依旧戒备童童，在他眼里童童是闯入他世界、侵占他领地的"不速之客"。乡间是孩子的乐园。屋后是几块菜地，一条枯竭的小河。河对面是一片绿油油的田野，远处是如黛的圌山。妻子陪奶奶在田里挖菜，童童往河里扔石子，在田埂上飞跑，观察蜜蜂采蜜，采摘地上不知名的野花。"妈妈，快看，这花真好看、真可爱！"儿子惊喜地呼唤，身上沾满泥土。透过一簇黄灿灿的油菜花，望着初春大地上老人的劳作、妻子的憩息和儿子的嬉耍，浑然一幅古朴自然的人间剪影，这情景似乎在几千年前的《诗经》里出现过，在唐诗宋词里出现过。或许在农村长大，我内心深处十分眷恋"春在溪头荠菜花"的古典意境和乡土文明。尽管随着城市化、工业化的发展，乡村社会日渐凋敝，但残砖败瓦、杂草丛生毕竟挡不住春的欢欣。

　　我揣着相机，将东村老宅拍了个遍：一堵残缺的土墙根前，三两株油菜矗立，一只老猫蹲在墙头睡觉；奶奶家的屋檐后，几颗高高老树上，初春的喜鹊正在筑巢；几个外地打工的女人围着一口水井，一边洗衣一边唠家常。望着这片熟悉的故土，想着这老屋、老树、老猫、老人，不久都将在隆隆的推土机声中变成一片瓦砾，我只能用相机留下乡村的记忆。"爸爸，城里太小，乡下真好玩！"儿子兴奋地奔跑穿梭于田间老宅，我仿佛看到了自己的影子。已经很久没有这样酣畅淋漓地呼吸乡土的气息了，就像一个离家漂泊多年的游子回到自己的故园，故乡的早春让我消逝的童年变得清晰、丰盈起来。置身现代文明，我常常怀想稻花香里的蛙声、春日溪头的荠菜和巴山夜雨的宁静。

　　然而，在无止境的开发与拆迁的大潮中，故乡变得遥远而陌生。

　　今年春节返乡，我一个人沿着圌山脚下新建的现代化柏油马路走。马路的尽头，武桥村一片瓦砾废渣。供销社门市部的几间平房，作为地方标志性建筑依然苟延残喘。村里一棵筑着鸟巢的光秃秃、孤零零的大树，成为村庄变迁的唯一见证人和留恋者。江边仲家村，住户所剩无几。一池方塘倒映着光秃笔直的树林，犹如俄罗斯画家列维坦的风景油画。几只灰鸭在水里优雅地嬉戏。站在宽阔平坦的江堤上远眺，一边是白苇摇曳，白浪滔滔；一边是平畴绿野，青山塔影。这就是故乡的原风景，这就是我魂牵梦绕的童年故土。40年来，我第一次真切地触摸到故乡山水的全貌，第一次强烈地感觉到故乡山水的惊艳。一个人在江堤上漫无目的地游走，我想找寻童年的船只与汽笛声。山那边，草垛燃烧散发的烟雾，弥漫在田野村庄，山头树梢，如黎明的晨曦，如梦里的仙境。从田桥到武桥，从前仲到后仲，故乡散布的村落在工业化、城镇化隆隆声中一个接一个、一批接一批地黯然倒塌。日渐破碎的故乡渐行渐远，成为心头一缕抹不去的惆怅。

生命之根与自然之土血肉相连。我始终觉得工业化、城市化的现代文明应该为"农"的社会留一方净土。农村孵育城市、农业滋养工业，我们需要有一种共融相济的生态文明观，我们需要在现代化跋山涉水之途中对乡土故园频频回首与仰望。

3. 纪录片中的乡土中国

观看纪录片《话说运河》，重温40年前的社会生活场景和自然风土人情。那是我童年岁月记忆中父辈生活的集中展现，一个典型的乡土中国的样态：高邮水上油菜地和水中嬉戏的麻鸭；微山湖的水上学校、水上医院、水上市场和水上村庄；春耕犁田的老人与在河边洗衣的妇女；蓄胡子的男大学生和着红色连衣裙的女大学生；江南运河上玲珑秀气如弯月般的拱桥，苏北运河的宽阔大气；南运河消失了踪影，北运河被工业和生活污染，变成了不能通航的臭水沟。男主持人陈铎舒卷的银发，新潮中略带沧桑，戴着一副儒雅的眼镜，加之浑厚而富有磁性的嗓音，颇有诗人的气质。在灰色中山装一统天下的年代，他有时穿米黄色西服，搭配深色羊毛衫；有时着休闲夹克衫或者长风衣；有时穿手工编织的花式毛线衣。在那样一个物质贫乏的计划经济时代，显得格外时髦，且特别有文艺范。女主持人说："如果遍街的自行车都变成汽车，那整个无锡城就成为汽车停车场，那才大煞风景咧！"改革开放四十年，中国社会沧桑巨变，已经从"自行车王国"跨越到"汽车时代"，这样的发展速度是令人无法想象的。该纪录片的镜头和解说词凸显人文关怀和价值引领，所反映的沿河历史文化变迁、工业生活污染、南水北调工程等引发社会各界广泛关注。该纪录片与《话说长江》一样都是鲜活的历史影像教科书，真实再现昨日的中国。计划经济年代的乡土中国，物资极端匮乏，生活并不美好。可那是我童年时代的记忆，因时空距离的拉长而令人无限回味。

1980年日本音乐人佐田雅志拍摄的纪录片《长江》，与《话说运河》一样让我再次触摸20世纪80年代乡土中国的历史脉搏。上海南京路熙熙攘攘、车水马龙的繁华景象，黄埔江边老人锻炼身体，穿着"的确良"白衬衫的情侣们在密谈，气势恢宏的基督教堂里做礼拜的人很多；长江三角洲渔民的"船上之家"中，双人床、收音机、大相框、炒菜锅灶一应俱全；河埠头的竹篮买菜，沙洲畔的养鸭人家，女渔民的清越歌声。太湖上白帆升挂的壮丽景象，无锡水田插秧的劳动场景；镇江北固山京剧票友会，一位戴黑框眼镜、着中山装的中年知识分子模样的人唱三国，老人们合着拍听得很陶醉；南京长江大桥武警在巡逻，国营菜场里买卖双方操着粗犷质朴的南京方言；景德镇窑洞林立，古老的工艺成品被水运四方；武汉大学古朴庄严，制作人接受日语系学生采访；汨罗江赛龙舟声势浩大，着古装的才子佳人表演助兴；宜昌葛洲坝在建设之中，崇山峻岭之间的三峡江水如同黄汤。奉节县城沉浸在"十一"国庆的喜庆之中。小学生穿着蓝色球衣与红色球裤，举着旗帜敲锣打鼓地在街头巡游。儒雅的蓝色中山装说书人，一把纸扇一口川普话三国；重庆刻着红五星和"为人民服务"字样的煤窑洞口，满载着"黑人"的煤车缓缓开出，就像电视剧《平凡的世界》里煤矿工人孙少平的工作场所。

《长江》制片人是个日本青年，尽管他的中国文化底蕴不够深厚，但是与长江沿岸风土人情的融入度很高。无论是上海滩的街头一瞥，还是中华门前的深深歉意；无论是作为成都街头的馋嘴顾客，还是三峡悬崖峭壁的独行游者；无论是江雾中的沉思和惆怅，还是峨眉山的遥望与祝愿。制片人的主观情思与长江沿岸的客观景物已经有机融为一体。受时代条件限制，摄制组被中方告知不能探访长江之源。制片人置身江雾中为见不到长江源头陷入沉思，伴随着歌曲《生命之流》的响起，画面切换成岷江逆流而上的船夫与水搏击，江岸纤夫背负纤绳的沉重步伐。这样节目从客观记录转向主观抒情，从"无我之境"转向"有我之境"。一个日本青年负债35亿日元拍摄中国长江，用30年时间偿还。这就是中华文化的影响力。

4. 苏州拾梦记

爷爷生前在苏州吴江同里镇做茶食谋生。父亲5岁来到同里，13岁那年随奶奶响应国家政策回到镇江老家。母亲怀我那年，爷爷不慎坠河客死他乡。爷爷死后，叔叔去吴江"替职"并安居下来。因奶奶和父亲百千次的回忆与言说这段家族史，我对苏州产生了与生俱来的新奇与好感。

那年初春，我陪奶奶和父亲去同里拜访一个叫桂生的老街坊。桂生年轻时与爷爷一起远离家乡外出谋生，从此扎根同里。那是一次怀旧之旅。走在古老的青石板路上，探寻街坊故人，感觉自己不再是匆匆过客，而是与古镇有缘的拾梦人。

早春二月,天有些冷,小院人家青砖白墙前桃花初开。奶奶一口吴侬方言,我们获得免费入镇的资格。穿过一条飘着苏州评弹的幽深巷子,来到竹行街23号。故人相遇那种人事变幻的沧桑感是我难以形容的,我只有用相机记载这重逢时刻,用心去感受那吴侬软语的辛酸欢乐。父亲特地带我去看当年居住过的公家房子,房前那口老井至今还在使用,井边矗立着一棵上百年的老白果树。

漫步古镇,商铺林立,多以卖刺绣等手工艺品和吃食为主。爷爷生前所待的那家"老字号"还在。船只在水中轻轻荡漾。父亲回忆说,过去乡下人划船到镇上卖东西,卖完后就在镇上吃玩一天,傍晚时分才不紧不慢地摇船回家。我最喜欢"三步二桥"的景致:古朴的石拱桥横跨水面如一道彩虹,桥两边绿树掩映,桥下泊着一两只小船,几只野鸭在船舷旁玩耍。这里最为集中地体现了江南小镇的特色——一种闲适自足的生活场景。我赞同余秋雨在《文化苦旅》中将江南小镇比喻为中国文化的"后花园"。我们每个人都需要寻觅一座心灵的后花园,去抚慰现代社会竞争的灼痛和创伤。

晚上,桂生家用当地产的上京白酒和自家腌制的咸肉、酱鸭招待我们。耳边再次响起吴侬软语,我有些飘飘然,"只把吴江当镇江"。

第二日,春雨潇潇。我只身一人去逛苏州平江路。穿过繁华热闹的观前街,踏入静谧古朴的大儒巷,仿佛穿越时光隧道,从光怪陆离、瞬息万变的现代社会来到节奏舒缓、吴风飘飘的古时。大儒巷的尽头,大片垂柳掩映处,露出一排白墙青瓦人家,我想那就是传说中的平江路了。

一脚踏进平江路,就像推开中国历史文化的大门。细雨绵绵中的平江路像一卷历史厚重、徐徐展开的黑白胶片:绿柳条下疏朗淡雅的青瓦白墙,老宅院中幽香飘远的寂寞桂树,青石巷里吴侬软语的卖花婆婆,小桥河边藤萝缠绕的斑驳墙影。曾几何时,这里回荡着浣女素手的捣衣声,孩童采莲的嬉闹声,归人"达达"的马蹄声,游子望乡的叹息声。杏花春雨江南,小桥流水人家。这里构筑起中国人最诗意、最温暖的精神空间,成为千百年来无数才子佳人、文人墨客的精神故乡。当中原的狼烟将阴霾的天空层层围裹时,这里始终保持着与政治权力绝缘的生命姿态,营造着一种"小楼一夜听春雨,深巷明朝卖杏花"的慵懒恬淡的慢生活。"啸聚山林"太辛苦,"身居高堂"不自由,历史上儒道之间还有第三条路可走,那就是"隐于市"。平江路是中国文化中"隐于市"的生动版本和历史记忆。

是夜,折回桂生家,奶奶、父亲已经入梦。

5. 印象桂林

在中国的山水画卷中,桂林山水别具特色。凸起的峰峦,像一座座城市盆景,触目可见,成为小城一道奇特景观。桂林城的可爱就在这里,漓江水如一条白练穿越东西,江上数点青峰,有象鼻山,有伏笔山,有叠彩岩,有月亮洞,风姿绰约,形态各异。城市就像自然的婴儿,静静地卧躺在绿水青山之间。

出了城,喀斯特地貌特征就更加明显了,到处都是拔地而起的峰头,一座接着一座,一峰连着一峰。单看,像女人隆起的乳房;整体看,像莲花宝座。雨后,云雾萦绕山峰,峰头若隐若现,缥缥缈缈,像仙境。山有山的脾性,黄山风骨清俊,华山巨石雄险,庐山清幽秀美。桂林的山与张家界最有一比,前者是一峰隆起,后者为一柱擎天;前者温婉,像丰满的秀女,后者刚健,如精瘦的硬汉。它们最大的相似之处就是,"可远观而不可亵玩焉"。张家界的石柱,鬼斧神工,高入云霄,不能攀越;桂林的乳峰,一峰孤立,体量娇小,不便攀爬。这,在美学上就是一种无法亲近的写意风格。赏玩桂林山水,没有登山的劳苦,只有静观的闲适。单看一座山,桂林的山没有什么特色美感。但从远处整体观照,那一道道优美圆润的弧线,那一层层错落交叠的峰峦,造就了桂林山水玲珑秀丽的独特风貌。如果将美分为"壮美"与"优美",那么桂林山水无疑属于后者。但优美又分两种样式:西湖山水表现为大家闺秀的端庄美,桂林山水呈现出小家碧玉的玲珑美。

行至"世外桃源"景区,山川变得温润秀美、楚楚动人起来。抬头远眺,莲峰环抱,绿水悠悠,天际之间勾勒出一幅水天相接的山水剪影。水边一湾青峰,亭亭玉立,像羞涩的静女,像风韵的少妇,像静卧的驼峰。坐上竹筏,摇动木桨,与桂林山水亲密接触。山缠绕着水,水倒映着山。舟向前行,山往后退。只听见"劈噗""劈噗"的划桨声。很快,舟行至一洞口。入洞,光线渐灭,直至漆黑。世界仿佛"嘘"的一下变得鸦雀无声,只听得涓涓的、寂寞的流水声。不多时,前方出现一个小光点。光圈越来越大,越来越亮。出洞处到了,眼前豁然开朗,又是一方山水。水面垂柳婆娑，荷叶田田。岸边野鸭嬉戏，农人劳作。从入洞到出洞，仿佛将五柳先生的《桃花源记》亲身经历了一遍，就像一个现代人在不经意间乘坐"光阴之舟"，来到阡陌交通、鸡犬相闻的古代理想国。桃花源究竟在何处，其实并不重要。在工业化、城市化的大潮中，每一个蜗居都市、忙忙碌碌的现代人，或许都有一个回归自然、亲近山水的"桃源情结"。桃花源作为中华传统文化的一个精神坐标，不仅抚慰了千百年来无数失意文人寂寞受伤的心，而且催生了人与自然和谐相处的现代生命美学观，成为中国人内心深处最浓的乡愁。

都说"桂林山水甲天下，阳朔山水甲桂林"。阳朔是漓江的精华所在，有"十里画廊"的美誉。乘坐现代化的电动"竹筏"，悠缓的"慢时光"变得有些匆忙。与"世外桃源"景区山的婀娜妩媚不同，阳朔的山整体风格表现为俊朗挺拔，俊朗里又透着变化多端：像待飞的雄鹰，像翠绿的屏障，像矗立的石笋。山与山互动着，峰与峰相连着，这样看像"情侣约会"，那样看像"金字塔群"，时而"驼峰凸起"，时而"美人睡躺"，真是"舟行碧波上，人在画中游"。倘若下点小雨，就更妙了，就像宗白华所言，中国艺术意境的诞生在于虚实相间。我希望下次遇见烟雨缥缈、云雾缭绕的桂林山水。

6. 西湖的一日

清晨，徒步环游西湖。湖面烟雾蒙蒙，天地山水树影尽在缥缈间。沿南山路往雷峰塔方向走，雨后的桂花粒粒饱满，由淡黄变成橙红，一簇簇、一团团地在枝头怒放，成片地掉落在地上，散发出沁人心脾的幽香。数游西湖，却是第一次登上雷峰塔。举目远眺，绿树青峰裹着琉璃金瓦，杭州城一幅天然山水画卷，有山、有水、有桥、有庙，游人如织，酒旗飘扬。我隐然闻到唐宋的清幽气息，仿佛走进了《清明上河图》的繁华熙攘。"良辰美景奈何天，赏心乐事谁家院"，昆曲里才子佳人的故事，在最忆是杭州的江南不知上演过多少回。看雷峰夕照，听南屏晚钟，想白素贞的多情，许仙的懦弱、小青的仗义、法海的嫉妒蛮横。一部《白蛇传》不正是中华民族现实社会与真实人性的写照吗？作为爱情至上的唯美主义者，白素贞的爱情理想与林黛玉一样，注定要在污浊的世俗社会面前破碎。不同的是，林妹妹爱在心头口难开，白娘子却勇敢地冲破封建礼教的藩篱，通过"盗仙草""水漫金山"等举动，打响了惊天地、泣鬼神的女子"爱情保卫战"，犹如划破漫漫黑夜的一阵惊雷。这样热烈奔放，这样敢爱敢恨，让披着中庸外衣、情感委顿的凡夫俗子们叹为观止。原来尘世姻缘可以超越媒妁之言，原来爱情之花值得用生命去浇灌。

　　望北看，烟雾笼罩的湖面，一条绿带横贯南北，那就是苏堤。离开雷峰塔，踏上满目翠绿的苏堤。行至"花港观鱼"处，秋雨簌簌下得很大。天色阴暗下来，湖面泛起无数涟漪，黑压压的垂柳在风雨中恣意摇摆，像舞动的水墨铅画。水汽从四面弥漫开，水天一色，混沌不开。远处望，三座石塔，影影绰绰。几叶孤舟，似蝼蚁般游动，湖面上人迹寥寥。这样的西湖缥缈虚空，意境深远。撑一把雨伞在苏堤行走，浑身湿透。"曲院风荷"处，稍作停息。这里是一片深浅不一的绿色海洋：绿色的垂柳、绿色的荷塘、绿色的湖水，连空气中都流动着湿漉漉的绿色素。满塘荷叶，层叠交错，硕大肥美，叶面上滚着晶莹的露珠，像童话里的绿色王国。朱自清的荷塘月色应该没有这么繁华热闹，梅雨潭的绿也应该没有这样静穆纯粹。雨渐停息，继续行路。眼前呈现出一幅宋代水墨画：烟树迷离，白雾苍茫中，一座风姿绰约的石桥彩虹般静卧湖面。桥上行人点点，桥下莲叶田田。那点点行人，如眉弯上的数点痣，亦真亦幻。恍惚间，苏小小乘坐约会的油壁车匆匆而过，岳飞踏着怒发冲冠的脚步踉跄而过，苏东坡吟着"山色空蒙水亦奇"的诗句飘飘而过。那田田的莲叶旁，响起摇橹的欸乃声，浣纱的捣衣声，采菱的嬉闹声。绝版西湖，像一位倾城倾国的佳人，巧笑倩兮，美目盼兮。她荟萃了中国古典山水美之大成，是唐诗宋词里意象的物化聚叠，是音乐中的《春江花月夜》，是绘画里的《富春山居图》。

　　黄昏时逛到了熙熙攘攘的断桥，夕阳将湖面映照成金色。想起元人刘秉忠的小令《干荷叶》："南高峰，北高峰，惨淡烟霞洞。宋高宗，一场空。吴山依旧酒旗风，两度江南梦。"上至帝王将相，下到平民百姓，西湖让所有来这里的红男绿女、善男信女，都变成一样的身份：游客。她波光一闪，嫣然一笑，抚慰了帝王的愁绪，平息了将军的怒火，激发了文人的诗情，消融了情人的眼泪。在中国历史上，西湖无疑是中国人内心深处另一种文化坐标：寄情山水、逍遥隐逸。它不仅集中展示了一个民族的文化品格和审美趣味，更折射出独特的东方式生活哲学。儒家"游方之内"，道家"游方之外"。中国人最大的中庸和最高的生活智慧就是潇洒地行走在儒道之间。而西湖以其湖光山色之魅影，成为滚滚红尘中"偷得浮生半日闲"

的绝佳胜地。

7. 美的历程

那个春天，读王伯敏的《中国绘画通史》，沉醉在中国绘画历史的长河之中，忘却了窗外鸟语花香的自然美。就像一个懵懂无知的孩子，无意中闯进了神奇瑰丽的艺术宫殿，艺海拾贝一般内心充盈着探险奇遇的快乐。尽管只是惊鸿一瞥，浮光掠影，却总想探寻传统文化艺术中的精妙。

新石器时代彩陶上的几何形纹饰，是人类绘画意识的萌芽与开端。商周青铜器上的画像内容丰富、概括性强，反映了狩猎、采桑、乐舞、庖厨、战争等社会生活场景。汉壁画开始变得生动有趣起来。人物像出土的兵马俑，大胡子的门卒傻憨憨的；《夫妇饮宴图》中男女侍从左右站立很讲秩序和排场；戴帽子、着长袍的门下小吏大概是个清秀的儒生；一蓝衣女子在坑坑洼洼的墙壁上挥袖起舞；护乌桓校尉作为使节出访队伍浩荡；汉代砖画厚重有立体感，两只轮子和中间立一把伞状物的《马车图》，是春秋战国时期至汉代贵族官员典型的出行方式。也许是"罢黜百家，独尊儒术"加强中央集权与思想统治的需要，汉画里尊卑秩序的意识形态感比较明显。

魏晋壁画拙朴生动、本色自然，集中反映了民间社会日常生活。如《驿使图》《狩猎图》《饮食图》《灶台女子》《宰猪图》《牛耕图》《屯垦图》《放牧图》等，无不充满浓郁的生活气息。1982年邮电部以《驿使图》为原型发行了一枚纪念邮票，从此《驿使图》成为中国邮政标志。这块嘉峪关魏晋墓出土的彩绘壁画砖，也由此名闻世界。1994年国家邮政储汇局发行储蓄绿卡，《驿使图》再次成为中国邮政的"形象大使"。东晋顾恺之连环画式的《女史箴图》和《洛神赋图》，不仅注重"以形写神"，人物刻画栩栩如生，而且具有较为完整的故事情节。所不同的是，前者表达道德人伦教化，人物举止端庄贤淑；后者描述爱情神话故事，笔法线条"翩若惊鸿，婉若游龙"，充满浪漫主义色彩。这是中国古代绘画从临摹写实向抒情写意、从教化功能向审美功能转变的一次伟大尝试与觉醒，也是魏晋风流思潮在艺术上的灵光闪现。

唐代擅长人物画，它用绚丽的色彩与流畅的线条，勾勒出一个前所未有、美轮美奂的艺术世界，表现出国家的富强开放与人民的乐观幸福。韦贵妃墓中持笏给使眼眉上扬，神气活现；两个卷发圆眼的少数民族人在备马；仪仗队的成员都是高大英俊的帅哥。永泰公主墓中宫女衣着艳丽华美，体态丰满婀娜；一个端着水果拼盘的仕女，脸颊胭脂绯红。长乐公主墓中有威武的红袍将军，仪仗队统一白袍黑帽、英姿飒爽。阿史那忠墓中抱弓韬箭、身着男装的仕女，仪表俊美。段简璧墓中那个斜眼塌鼻、弯腰作揖的官员坏坏的。李震墓中秉烛仕女大红裙拖地的背影很好看。章怀太子墓的《狩猎出行图》旌旗飘扬，策马奔腾，很是雄壮；仪仗队员每人手持大号，头扎红巾，胡须粗硬，像唐传奇中彪悍的"虬髯客"。安元寿墓中挂杖、摆袖的给使动作夸张、变形，持扇仕女红白相间的条纹裙很拉风。李贤墓中仕女观鸟、赏花与扑蝉，饶有生活情趣。绢画《胡服美人图》和《树下美人图》中仕女的云鬟像美丽的蝴蝶翅膀。艺术总是时代精神的表征，后世称"画圣"吴道子的作品"风云将逼人，鬼神如脱壁"，这不仅是对吴道子个人的赞誉，而且是对一个时代作品的总结。在我看来，唐代人物画就像古希腊的雕塑，具有难以超越的光辉的典范作用。

宋元时期，中国山水画达到了巅峰。中国文人向来喜欢把自己安放在自然山水之中。无论是孔子的"知者乐水，仁者乐山"，还是庄子的"山林与，皋壤与，使我欣欣然而乐与"，这份寄情山水的情怀，终于在宋元时期汇聚成绘画艺术的汪洋大海。于是，山水虚灵化、情致化了。西风瘦马、杏花春雨、晓岚晚翠、寒林幽谷、柳溪牧归、疏林夕照，中国文人在道法自然的基础上，又创造了一个比自然山水更加眷顾心灵的充满诗情画意的艺术世界。这艺术山水，在不同时期不同画家的笔下又呈现出不同的特点。北宋多大山大水的全景图，气势雄伟寥廓。如范宽《溪山行旅图》峰峦浑厚、巨岩飞瀑、气象萧疏，视觉上表现为高远和深远，给人以泰山压顶般的雄壮感和压迫感。米芾与米友仁父子则另辟蹊径，其《远岫晴云图》《潇湘奇观图》，表现为云雾缭绕的水墨大写意，能够使人产生如临仙境的缥缈感。与北宋山水画全景式的风貌不同，南宋四大家李唐、刘松年、马远和夏圭，都喜欢边角取景，史称"马一角""夏半边"，如《雪溪放牧图》《烟岫林居图》《遥岑烟霭图》等，画面留白空灵，以一角之"有"反衬出全境之"无"，就像一首短小精致、情意隽永的诗，给人无限遐想。这种"半边一角"的创作手法，或许折射出南宋统治者偏安江南"半壁江山"的社会心理与自我抚慰。元代山水画总体上疏秀空灵、意境幽深，连名字都富有诗意，如《芦花寒雁图》《洞庭渔隐图》《草亭诗意图》。"元四家"中，最喜欢黄公望和倪瓒。黄公望《富春山居图》风烟俱净、丘壑绵延、笔致简远。倪瓒的画布局分明，近景平坡，上有茅屋树亭，中景为平静水面，远景是虚隐的山峦，表现出大道至简的空疏美。相较而言，唐画色彩明艳、线条奔放，充满青春年少的生机与活力。宋元画好比思想成熟的中年人，呈现出宁静致远的简朴与恬淡。唐画中的人物多为贵族、将士和美女，宋元画中的人物多为渔樵、牧童和农夫。唐画反映儒家积极进取的入世情怀，宋元画表现道家逍遥隐逸的出世思想。

　　终于来到封建社会后期的明清。明清绘画派别林立、人才辈出，注重对传统绘画艺术的归纳、梳理和传承。吴门画派大家沈周的《东庄图册》全方位展现农业社会的田园耕读生活，如振衣冈、麦山、耕息轩、朱樱径、竹田、果林、北港、稻畦、续古堂、知乐亭、全真馆、曲池、东城、桑州、艇子浜、鹤洞、拙修庵、菱豪、西溪、南港、折桂桥。其山水小品诗画一体，兼具倪瓒的简淡和米氏的飘逸，属"画中有诗"的文人作品，如《碧树水村图》《杖藜眺望图》《落花诗意图》《莲塘小隐图》《西山观雨图》等，无不借画抒情，意趣幽远，把陶渊明《归去来分辞》中所向往的田园生活理想变成视觉图像。唐寅、仇英的画青绿重彩、结构严谨。亭台馆阁仕女、假山芭蕉荷塘，浓墨重彩犹如《红楼梦》中的大观园，具有鲜明的民族性和装饰性。马麟的《芳春雨霁图》宛如一首早春二月的诗，漫天春雨潇潇，地面流水涓涓，几簇黑黝黝、亮晶晶的枝丫在天地苍茫间，孤独地虬曲盘旋着。任熊的《大梅诗意图册》，最经典的是蒹葭苍苍的水边美人背影图。费丹旭记录了古代女子琴棋书画、折梅采菱、纺线洗衣的诗意生活空间：垂柳条下，执扇倚树的女子背影给人无限遐思；扑蝶的少女碎步轻摇、裙带飘飞，瞬间的婀娜定格成永恒的娇媚；谁家采菱女子荷塘摇橹，惊起一滩鸥鹭。宗白华指出，中国人向外发现了自然，向内发现了自己的深情。这份深情使得明清绘画作品中，作者的主观情思更加自觉、更加鲜明，甚至情不自禁地在画中题起诗来。"但愿身居幽谷里，赤心长与白云游"，在西方国家用坚船利炮打开中国大门之际，这种孤芳自赏的士大夫式的人生态度和生活情趣，就与民族救亡的时代主题有些格格不入了。

　　马克思认为，宗教是人民的精神鸦片。对于中国人来说，艺术和美才是慰藉心灵伤痛、提升精神世界的良药。纵观中国古代绘画史，从模仿自然万物到表现心灵世界，从"客观再现"到"主观表现"，都表现为人与自然的心灵感应，都要求处理好主客观之间的关系。正所谓"外师造化，中得心源"，将反映客观物象的真实性和表现思想感情的主观能动性相结合，这是包括文学在内的一切艺术活动的基本准则。徐复观在《中国艺术精神》中指出，一切艺术都是在主客观之间成立的。只有"形神兼备"，才能"气韵生动"。艺术的价值不在于对现实的简单模仿，而在于与现实生活保持合适的距离。既要立足现实生活，又要引领生活、超越生活，为人类进步与发展提供美学理想。从这个意义上说，对包括绘画在内的中华优秀传统文化进行创造性转化和创新性发展，是时代赋予我们的光荣使命。

后　记

2022年注定是不平凡的一年。党的二十大胜利召开，基础教育第八次课改走过20周年，开启深化探索的新征程。对于笔者而言，2022年是笔者脱离高中教学8年之后，重新回到高中任教高三的第一年，既有沉甸甸的压力，也有久违重逢的喜悦。这一年也是老版高中思想政治教材使用的最后一年，标志着思政课改的一个时代完全落幕，而新教材于2019年全面使用，思政课改新时代也已经到来。站在新旧交替的十字路口，作为伴随新课改成长的见证者和实践者，对自己过去的教育教学经验进行系统回顾和梳理是一件很有意义的事。

人不应该总活在当下的忙碌中而迷失自我，要有一份"此情可待成追忆"的古典情怀和反思意识。2022年暑期，江苏省教研员顾润生老师提出编写"思政课改二十年"的设想，唤醒了笔者的写作冲动。也许是灵光乍现，也许是厚积薄发，写作进行得特别顺畅。美学家宗白华先生把自己的治学方法比作"散步"，笔者的"草根化"写作也是一种心灵散步，是笔者对教育和生活的重新梳理和审视，不追求学术的严谨规范，只是立足教育教学现场的有感而发，但充满"我手写我心"的素朴和真诚。每个人只要愿意如实叙述自己人生中刻骨铭心的遭遇和感受，就都可以写出一部精彩的自传。对于笔者来说，《追寻"有我之境"的思政课堂》书稿撰写的意义，首先不在于它是不是具有较高社会价值的学术著作，而在于它是笔者教育人生的第一部、也许也是最后一部生命自传，记录了笔者教书育人和精神成长的心路历程。任何作品如果对作者自己没有意义，那么对别人也不可能具有价值。

依稀记得多年之前的一个春天，一家人去往南山郊游。春天印在一个孩子吹飞的大泡沫里，于是有了写意的灵动。在笔者看来，思政课的"有我之境"就如"白杨树的湖中倒影""泡沫里旋转的春天"，或者说是一幅光影斑驳的印象派绘画，既有扎根生活的真实，又有高于生活的美丽。任何一种理论都是具有自传色彩的片段，都是作者人格特征的投射。对于笔者来说，"有我之境"不仅是一种教学主张，更是一种孜孜以求的审美理想和人生境界。不管时光如何流逝，人生总需要文艺慰藉痛苦，教育总需要审美净化心灵。笔者始终觉着，一个被技术和欲望控制的快餐化的"指尖社会"，如果教育都不能做到灵魂在场，这个民族是看不到希望和出路的。"有我之境"正是笔者课堂教学的"诗意乌托邦"，是笔者审美型人格在教育生涯中的折射与绽放。作家席慕蓉曾说，戏子总是在别人的故事里流着自己的眼泪。"有我之境"的思政课主张教师和学生"讲述老百姓自己的故事"，因为故事只有发自内心，才能打动人心。汤普逊在其口述史名著《过去的声音》中指出，一旦贩夫走卒的生活经验能够作为原材料来使用，那么历史就会被赋予某种崭新的维度。思政课"有我之境"的教学主张，也是一种突破传统思想政治教育的崭新思维，它与历史研究的口述史方法一样重视当事人的生命卷入和灵魂在场。其最大的特点就是实现了学科教学的"视角转换"，即由"自上而下"的国家视角转向"自下而上"的个体视角，克服了传统思政课堂"目中无人"的缺陷，融通了个体生命历程与政治学科理论，使得思政课兼有理论高度与人情温度。

人生总是充满偶然性，青年时代因为热爱文学，本欲报考中文专业，没想到却被思政专业录取，这阴差阳错反而成全了笔者。思政让笔者有了思想的高度，文学让笔者懂得诗意的表达，两者相结合衍生出笔者的教学主张和风格。教学主张的意义与价值在于是否给该学科提供了一个崭新的角度，为该学科研究带来重要启示和借鉴。笔者的教学主张融合了美学和叙事学相关理论，在一定程度上开辟了思政课教学研究与实践的新视角。在一个全国思政课教师都在大话"议题教学"的时代，笔者的教学主张显得不那么"革命"和"进步"。但是，思政课教学改革绝不应该只有一种声音，既要依据课程标准"唱好同一首歌"，也要结合教学实际"弹好不同的曲"。思政课教学只有"百花齐放""各美其美"，才能真正迎来姹紫嫣红的春天。任何一种教学理论和主张都不可能穷尽对课堂教学的认识，都是具有一定片面性的"局部真理"。思政课"有我之境"的教学主张同样需要吸收和借鉴同行的优秀经验和做法，在课程改革持续推进的时代大潮中不断丰富和完善。为此，笔者依然在路上。

李勇斌
2023 年春节
苏州科技城